同济大学"欧洲研究"一流学科建设项目
"欧洲思想文化与中欧文明交流互鉴"子项目资助课题

理性与情欲之辨
——亚里士多德哲学的体系与精神

李革新 著

同济大学出版社

图书在版编目(CIP)数据

理性与情欲之辨：亚里士多德哲学的体系与精神 / 李革新著. -- 上海：同济大学出版社，2019.10
ISBN 978-7-5608-8724-1

Ⅰ.①理… Ⅱ.①李… Ⅲ.①亚里士多德(Aristotle 前384—前322)—哲学思想—研究 Ⅳ.①B502.233

中国版本图书馆 CIP 数据核字(2019)第 192841 号

理性与情欲之辨——亚里士多德哲学的体系与精神
李革新 著

责任编辑 丁会欣　责任校对 徐春莲　封面设计 陈益平

出版发行	同济大学出版社　www.tongjipress.com.cn	
	（地址：上海市四平路1239号 邮编：200092 电话：021-65985622）	
经　销	全国各地新华书店	
排　版	南京月叶图文制作有限公司	
印　刷	江苏句容排印厂	
开　本	889 mm×1240 mm　1/32	
印　张	11	
字　数	296 000	
版　次	2019 年 10 月第 1 版　2019 年 10 月第 1 次印刷	
书　号	ISBN 978-7-5608-8724-1	
定　价	48.00 元	

本书若有印装质量问题，请向本社发行部调换
版权所有　侵权必究

目 录

导言 ·· 1

第一章　灵魂的学说 ·· 10
　第一节　等级的体系 ··· 10
　第二节　灵魂的概念 ··· 14
　第三节　灵魂的构成 ··· 20
　　　一、感觉 ··· 21
　　　二、情感和欲望 ··· 25
　　　三、理性或努斯 ··· 30

第二章　技术理性和享乐生活 ································ 40
　第一节　技术 ··· 40
　　　一、技术的界定 ··· 41
　　　二、技术的僭越 ··· 51
　第二节　诗术 ··· 59
　　　一、为诗立法 ·· 59
　　　二、诗的反叛 ·· 73
　第三节　修辞术 ·· 77
　　　一、修辞术的本质 ······································ 77
　　　二、修辞术的内容 ······································ 86
　　　三、修辞术的形式 ······································ 94

1

第三章 实践理性和政治生活 ············ 101

第一节 道德理性 ············ 102
- 一、道德理性的概念 ············ 103
- 二、道德理性的内涵 ············ 109
- 三、适度或中道 ············ 115
- 四、道德德性与幸福 ············ 128

第二节 政治理性 ············ 138
- 一、政治的目的 ············ 139
- 二、政体问题 ············ 155
- 三、理想城邦的构建 ············ 185

第四章 理论理性和哲学生活 ············ 208

第一节 沉思的对象 ············ 208
- 一、自然问题 ············ 210
- 二、本体问题 ············ 223
- 三、至善问题 ············ 240

第二节 沉思的形式 ············ 253
- 一、逻辑理性 ············ 255
- 二、辩证理性 ············ 265
- 三、直观理性 ············ 299

第三节 沉思的幸福 ············ 314
- 一、哲人的概念 ············ 315
- 二、哲人的幸福 ············ 329

参考文献 ············ 342

后记 ············ 347

导　言

明末以来，西学东渐，至清末时期，愈演愈烈，于是"中西之争"随之兴起。中体西用、西体中用、全盘否定中学、全盘否定西学等等各种思潮，甚嚣尘上。改革开放以来，随着对西学研究的深入，我们认识到，西学本身并不是铁板一块，其内部存在"古今之争"的问题。欧洲自文艺复兴以来，西方学人一方面批判和继承古希腊罗马的文化遗产，一方面又批判和继承基督教文明，试图创造出一个全新的"现代文明"。这种文明理想在宗教改革、启蒙运动、法国大革命、工业革命等活动中不断发展。但是，这种文明理想也始终受到来自崇古学派的质疑和批评，其中特别以卢梭、尼采、海德格尔等人为代表。他们以某种古代理念来批评现代文明及其价值理念，并且试图创造出不同于现代性理想的新文明、新未来。时至今日，这种"古今之争"仍然没有结束，仍然在影响着西方学术的发展。因此，西方文明并不是"一以贯之"的发展过程，而是充满了内在的冲突和断裂。如何认识这种冲突和断裂，就成为我们当前的重要问题。

我们最初对西方学术的接受和研究都专注于西方"新学"，对西方"古学"的研究相对比较薄弱。但是，对于西方"古学"的研究又是非常必要的，因为西方"新学"的出现和发展都是建立在"古学"的基础上的。如列奥·施特劳斯指出："现代概念通过转化古代（classical antiquity）以来的概念而形成,因此,如果想要理解现代概念,我们就必须首先返回古代的根基。"① 如果我们对西方"古学"一无所知,我们就不可能真正了解西方文明的内在发展和演变过程。而且,通过对西方古学的研究我们会发现,和西方的"新学"相比,西方的"古学"大体上和我们的"中学"更加相似或者接近。因此,"中西之争"大体上可以转换为"古今之争"。对西方古学的研究对于我们认识自己的古代传统哲学,对于认识现代性问题和"古今之争"都是非常有意义的。

如果我们深入研究"古今之争",就会发现,所谓的"古今之争"本质上是"理欲之争"。理性和情欲是人性的两个基本部分。如何理解两个部分,如何处理两者之间的关系,这是古今哲学的基本问题。简而言之,古代哲学的本质是以理性节制情欲,现代哲学的本质是以理性服务情欲。古人认为人的本质是理性,今人认为人的本质是欲望。古人认为以理性节制情欲的生活是美好的,今人认为以理性服务情欲的生活是美好的。所以,从"理欲之争"问题来看,古代哲学和现代哲学在关于人性的问题上,在关于"什么是美好生活"的问题上发生了一个巨大转变。"理欲之争"的问题,即如何理解理性和情欲的关系问题,应该是当前最重要的哲学问题。为了理解现代哲学在"理欲之争"问题上的立场,我们应该首先研究古典哲学在这个问题上的立场。

亚里士多德是古希腊哲学的集大成者,也是西方哲学的重要奠基人。从历史上看,他的哲学似乎比柏拉图哲学对西方哲

---

① 施特劳斯:《古典政治哲学引论——亚里士多德〈政治学〉讲疏(1965年)》,娄林译,华东师范大学出版社,2018,第35页。

学的影响更大。柏拉图的对话形式限制了人们对他的哲学的理解和接受。而亚里士多德的论著则更符合现代人的偏好和需要，特别是他关于学术门类的划分，更是对现代学科的发展奠定了基础。时至今日，现代学术似乎已经远远超出了亚里士多德哲学的范围和深度。但是，现代学术究竟又有多少"创新"和"扩大"呢？在"突飞猛进"的现代哲学和科学面前，亚里士多德哲学还有多少意义和价值呢？我们是不是还需要重新阅读和理解亚里士多德哲学呢？所以，研究亚里士多德哲学对于我们理解古典哲学和现代哲学都是非常必要的。

本书以"理欲之争"为主要问题和线索而进入到亚里士多德哲学的体系和精神之中。亚里士多德在《尼各马可伦理学》中把人类的生活分为三种方式，即享乐生活、政治生活和哲学生活。我认为三种生活可以分别对应三种理性，即技术理性、实践理性和理论理性。或者说，这三种生活是理性的三种不同运用。技术理性的本质就是理性服务于欲望，理性被作为满足欲望、获得享乐的工具。实践理性就是理性节制情欲，理性引导情欲。所谓"发乎情，止乎礼"。理论理性就是纯粹的理性思维，是对永恒不变的事物的沉思。这种理性沉思并不是和情欲无关，理论理性的沉思恰恰产生了最真实、最高贵的快乐和幸福。我认为这三种关系表达了人性中的理性和情欲的最基本的关系。如果我们理解了这三种关系，就认识了人性的事实和真理。当代哲学和文化中的很多问题就在于没有充分认识理性和情欲的三种关系。从某种意义上说，当代文明是技术理性获得极大发展、实践理性逐渐式微、理论理性基本丧失的一种状态。

当然，仅仅认识理性和情欲的关系还不够，我们还必须深入认识理论理性的本质。在理论理性方面,我又区分了逻辑理性、辩证理性和直观理性。这既是蕴含在亚里士多德哲学中的基本概念,也是关于理性的普遍真理。逻辑理性是借助于概念、逻辑进行的认识,是我们最习惯和最熟悉的认识方式。这种理性认识方式对于我们分辨事物的本质和特征是非常必要的。但是这种理性认识方式有其局限性。辩证理性则试图超越概念、逻辑理性的分别性认识,揭示概念和事物之间的相互依存性和观待性。如果概念或者事物之间是相互观待、相互依存的,那么它们就不可能是真实的。这种辩证理性表现为对相互对立的概念和范畴的考察中,例如对存在和非存在、运动和静止、相同和相异等考察。辩证理性仍然是一种概念性的认识方式,仍然不能把握事物的本质。所以,我们还需要从辩证理性上升到直观理性。直观理性则是扬弃了一切概念和语词,直接把握事实本身的认识。这种认识是无中介的、非象征的、对事物的直接认识,它对事实本身的认识才是最真实的、最彻底的。可以说,理性的本质和奥秘是非常深刻而隐秘的,不是随便轻易就能够认识的。我们只有从这三个角度和层次才能真正理解理性的本质。古典哲学的精髓就是对理性的认识和理解,如果我们不能紧紧抓住理性的问题,就不可能真正理解古典哲学。反观当代哲学中的理性概念,逻辑理性获得了极大发展,辩证理性基本式微,直观理性则被抛之脑后。

因此,本书围绕理性和情欲之辨,一方面是对亚里士多德哲学的体系和精神的诠释,使我们可以在这个体系和框架下对亚里士多德哲学有整体性的认识和理解。另一方面,本书也贯穿了对现代性问题和哲学史的反思和探索,试图以古典哲学的体系和精神来反思当代学术。

应该说,一切学术研究都是对人性的研究,而理性和情欲的关系是人性的基本问题。对这个基本问题的理解决定了我们对人性的基本理解。对人性的理解进一步决定了我们对其他问题的理解。古典哲学和现代哲学就是在这个问题上产生了巨大差异。进一步而言,对人性的研究,对理性和情欲的关系的研究归根到底是对"美好生活"的追求。我们的一切行为都是有目的的,一切目的归根到底都是对"善"的追求。这个"善"的目的就是亚里士多德所说的"幸福"。他指出:"几乎所有的人,不论是个人还是集体,都有个目的,为了达到这目的,他们有所为,有所不为。这个目的,概括的说,就是幸福和它的组成部分。"(《修辞学》1361a)① 这是人性的本能,是永恒不变的。离开和忽视了善和幸福这个根本目的,我们就无法理解人性。对于古典哲学来说,我们只有拥有智慧和德性,才能收获真正的幸福和快乐。因此,人生最重要的目标就是追求智慧和德性,也就是成为具有智慧和德性的哲人或者君子。真正的善就是对人性的完善和灵魂的净化的追求。只有人性的完善和灵魂的净化才能使我们过一种美好生活。哲学生活就是美好生活。哲学生活的意义就是人性的完善和灵魂的净化。古典哲学的本质和目标就是培养自由而高贵的人格。做人就是做哲人。这就是古典哲学中蕴含的人性论和目的论。

古典哲学对人性的理解和观察是自然的,不是以历史和文明为前提的。正如亚里士多德所说:"教育的目的及其作用有如一般的艺术,原来就在效法自然,并对自然的任何缺漏加以

---

① 译文引自罗念生:《罗念生全集:第Ⅰ卷,文论》,上海人民出版社,2004。后同,不再标注。

殷勤的补缀而已。"(《政治学》1337a)① 人性的自然是不变的，人性并不会随着所谓历史和文明的进步而改变。但是现代人越来越深地陷入"历史的洞穴"之中，不能窥见人性的自然奥秘。现代人认为人性是随历史和文明的进步而改变的，现代人优于古代人，现代科学优于古代科学。在这种历史进步主义中，古代的思想和著作越来越被抛之脑后。但是我们应该清醒看到，历史和文明的进步可能更多是一种假象，更像是大海表面上的浪花。如果我们被这些翻腾不息的浪花所诱惑，就不能发现大海底层涌动的基础。由于关注这些表层的变化不定的现象，我们的思想和情感变得越来越浅薄和幼稚，却认为自己越来越文明和高尚。只有古典哲学的"自然视野"才能帮助我们揭开这种历史的洞穴假象。

所以，古典哲学并不是枯燥的理论的思辨，也不是为了进行所谓的学术争论，他们的哲学思考是非常实用的。这种实用并不是功利主义意义上的实用，而是"为生民立命，为天地立心"的"无用之大用"。可以说，古典哲学的根本精神就是对真、善、美、乐的不懈追求和探究。学习古典就是学习如何思考，学习如何思考也就是学习如何感觉和感受。因此，研究古典并不是为了让我们成为古典学术专家，也不是为了成为复古主义者；不是为了成为文化民族主义者，也不是为了成为民族虚无主义者。重新阅读古典是对标准、尺度和意义的反思，是对真、善、美、乐的追求。今天，我们应该通过阅读古典著作，学会真正的思考，并且因此获得真正的幸福和快乐。真正

---

① 译文引自亚里士多德：《政治学》，吴寿彭译，商务印书馆，1965。后同。

的思考是极为隐微而细致的,所谓"极高明而道中庸"。正如政治的技艺并不是所有人都能够掌握的,思考的技艺更不是所有人都能够掌握的。我们阅读古典著作就是要学习这种思考的技艺。但在自由的时代,似乎任何人都能成为哲学家,似乎每个人的观点都是真理,都是值得尊重的。这样,真正的智慧反而被遮蔽了。

古典学研究应该努力消除自身的历史性偏见,理解古典哲学中对人性的事实和真理的揭示,回归到对理性和情欲的关系问题的研究上。但是,当代的古典学研究大多仍然属于一种现代学科,仍然以现代社会科学方法论的概念和原则去分析古典哲学。这种研究大多局限在语言、文字、概念的考据上,并不试图去理解古典哲学的体系和"精神"。这种古典学研究更多是在证明现代文明的价值和精神的优越性。同样,现代的"学院哲学"已经变成了一种新的"经院哲学",只是一种咬文嚼字、望文生义、依文解义的"文字游戏"而已,对于人性的完善和灵魂的净化实无裨益。尼采当年反对古典语文学研究,而致力于"古为今用",以古典文化的精神反思和批评现代文明。但是他对古典哲学文化,特别是理性问题的理解仍然受到了基督教及其现代性的影响,并未真正理解古典哲学的精神和意义,以至于离古典哲学的体系和精神越来越远。

对于我们中国人来说,我们拥有更加丰富的古典哲学的思想资源。儒、释、道三家构成了中国古典哲学的重要内容。应该说,在中国的古典和古希腊的古典之间,具有很多异曲同工之处。它们的共同性远远大于差异性。例如,亚里士多德哲学中蕴含的理性和情欲的三种关系类似于我们古代哲学中的"术""德""道"的三个等级和层次。"术"对应的是享乐生活。技艺理性本来应该是"文以载道",但是它们也会变为享乐的工具。"德"对应的是政治生活或者道德生活。道德理性的目的是人格的塑造和培养。"道"对应的是哲学生活,其目的是追求最高的智慧和真理。正如儒家所谓的"志于道,据于德,依于仁,游于艺"。因此,对古希腊古典哲学的研究,也是为了更好地理解中国的古典哲学。反过来,如果我们更好地理解了中国古典哲学,也就能够更好地理解古希腊的古典哲学。两者应该相互对照,相互发明,使我们更好地理解智慧和美德。我们应该超越狭隘的地域和民族等因素,求同存异,以求共同应对现代性的巨大挑战,化解现代性的深层危机,而不是固执于各自的偏见,画地为牢,故步自封。

世界大势,浩浩荡荡,顺之者昌,逆之者亡。人类发展到今天,权力、资本和技术已经成为三个最强大的统治力量,我们越来越沉溺于当前的文化成就和偏见。古典哲学推崇的真、善、美、乐越来越被抛弃和遗忘。但是,离开了古典哲学所揭示的真、善、美、乐,人类的政治生活一刻也不能存在和延续。人类文明越是不断发展,我们就越是需要不断回归源头。如果我们完全遗忘过去,我们就不可能走向我们期待中的未来。历史并不是无限的可能性,人性也不是无限的可能性。"太阳底下无新事。"古典哲学的智慧恰恰可以给出我们真正的未来。在世界历史的大海中,我们更加需要古典的智慧的导航。我们不能遗忘古典的灯塔和坐标,否则,我们可能会在历史的海洋中迷失方向。

我们越是遗忘古典,就越是被他们所牵引,就越是体会到他们的沉潜的光明。古典并不是遥远的过去,并不是在浩瀚的历史尘埃中,并未淹没在发霉的故纸堆中。古典就在当下。古典就在我们心中。古典精神永远不会过时,而是时刻在召唤我们。正如离家出走的浪子,他最终要回归家园。正如天空中翱翔的风筝,始终有一根丝线牵引着。古典是真正的精神家园。

第一章 灵魂的学说

亚里士多德的灵魂学说是其哲学思想的核心内容。我们首先应该把握其灵魂学说的基本内容和思路，这样我们对于他的整个哲学思想的理解才能比较准确。在分析他的灵魂学说之前，我们首先对亚里士多德的整个哲学的思想框架进行分析。我们要看到，亚里士多德的哲学体系框架结构和他的灵魂学说也是一致的。或者说，亚里士多德的哲学体系框架是他的灵魂学说的一种外化形式。不同的学术其实是对应着灵魂的不同部分和层次。

第一节 等级的体系

亚里士多德是希腊古典学术的集大成者，他是一个百科全书式的学者，他几乎涉猎了当时希腊哲学家所讨论的全部问题，留存至今的著作就至少有 30 部。他的著作为现代学科划分奠定了基础。亚里士多德把一切学术分为制作知识、实践知识、理论知识三类。制作知识包含了技艺、诗学和修辞学等；实践知识包含了伦理学和政治学；理论知识包含了自然哲学和形而上学，自然哲学著作包括《物理学》《天象学》《宇宙论》《动物学》《论灵魂》等，《形而上学》则是附于《物理学》之后，主要讨论和本体相关的一些问题。

在《形而上学》中，亚里士多德区分了三种学术，即实践之学、制造之学和理论之学。"一切思想必为实用、制造与理论三者之一，则物学应是一门理论学术，但它所理论的事物，都是那些容受动变的事物，其本体已被界说为不能脱离物质而独立。"(《形而上学》1025b25)① 其中理论之学分为物理学、数学和哲学。实践之学就是伦理学和政治学。制造之学则是技术理性的范围。与此相一致，亚里士多德区分了三种和理性相关的事物。首先是不变的对象和可变的对象，可变的对象又分为被制作的事物和被实践的事物，所以理性的对象有三种，即不变的对象、被制作的事物和被实践的事物。不变的对象是理论理性，被制作的对象是技术理性，被实践的对象是实践理性。他认为制作知识的层次是最低的，实践科学其次，理论科学最高。理论科学的顶峰是形而上学，因为形而上学才真正达到了纯粹的理性的沉思。

亚里士多德哲学贯穿了一个从感觉经验逐渐上升到纯粹理性沉思的过程。我们应该注意亚里士多德哲学中的等级体系和上升过程。"大众修学的程序，宜必如此——经由个别的感觉经验所易识的小节进向在本性上难知的通理。如同我们的行事应始于个别之小善，而后进于所有个别尽为称善的绝对之大善，我们的研究也当始于各自所能知，而后进求自然之深密。"(《形而上学》1029b3) 亚里士多德所列举的知识科学发生的基本顺序大概是感觉—经验—技术—科学—哲学。我们可以把理性活动分为三个层次，即技术理性、实践理性和理论理性。三

---

① 译文引自亚里士多德：《形而上学》，吴寿彭译，商务印书馆，1959。后同。

种理性和三种知识是对应的关系。可以说,亚里士多德关于学科的划分和等级是古典的,本质上和现代学科是不同的。我们要依据灵魂的部分和等级来抓住其哲学的大体和根本。虽然现代学科划分受到了亚里士多德的极大影响,却遗忘了亚里士多德的哲学净化思想。

我们可以结合他的灵魂学说来理解这个等级体系和上升过程。他的灵魂学说包含从感觉、经验的实用理性开始,逐渐上升到道德理性、政治理性,最后上升到理论理性或者纯粹理性的三个层次。这三个层次对应不同的科学和学术。理解灵魂的三个层次是理解亚里士多德的不同科学和著作之间关系的关键。这三种理性也可以说是理性的三个阶段或者三种使用方式。三种理性的区分贯穿了亚里士多德整个哲学体系。所以我们将依据三种理性来讨论亚里士多德的哲学体系,并且表明,亚里士多德的哲学存在一个理性的上升和净化过程。

亚里士多德在《尼各马可伦理学》中曾经区分了三种生活方式,即享乐生活、政治生活和哲学生活。"有三种主要的生活方式:刚刚提到的最为流行的享乐的生活,公民大会的或政治的生活,和第三种,沉思的生活。"(《尼各马可伦理学》1095b15)① 他认为一般人的生活即享乐的生活,是最为奴性的生活,是一种动物性的生活方式。这种生活方式是和实用理性、感觉经验相对应的。而政治人把荣誉和权力作为幸福,他们把追求荣誉和权力作为人生目标。荣誉本质上是依赖于德性而获得的,所以政治生活是和道德理性、政治理性相对应的。

---

① 译文引自亚里士多德:《尼各马可伦理学》,廖申白译,商务印书馆,2003。后同。

这种生活比享乐生活要高级一些,但也是低级的。因为荣誉和权力本身是不自足的,荣誉依赖于他人的承认和授予。最高的生活则是沉思的哲学生活。这种生活是和理论理性对应的。在亚里士多德看来,哲学生活是自足的、圆满的,因此是最幸福的生活方式。人真正应该追求的是哲学生活。在《尼各马可伦理学》和《形而上学》中,亚里士多德讨论了哲学沉思生活。

柏拉图区分了三种人或者三种生活方式,即劳动者、护卫者和统治者。这三种人也对应三种生活方式,即享乐的生活、政治的生活和哲学的生活。他认为哲学生活是最高的,政治生活是中等的,而享乐生活是最低级的;我们应该追求哲学生活。这种划分应该对亚里士多德产生了重要影响。克尔凯郭尔也曾经区分三种生活方式,即审美的、感性的生活,伦理的、理性的生活和宗教的、信仰的生活。这种划分和他的基督教信仰有关,已经和哲学家的划分非常不同,特别是在最高生活方式的界定上。舍勒则把人类知识划分为实用知识、统治知识和救赎知识。这种划分也和基督教信仰相关。我国哲学家冯友兰也区分了三种人生境界,即功利的境界、道德的境界和天地的境界。功利境界类似于享乐生活,道德境界类似于政治生活,天地境界类似于哲学生活。

我们应该看到,对生活方式的划分是和对人性或者灵魂的认识相关的。不同的人性根基对应不同的生活方式,而且不同的生活方式在价值上也并不是平等的,必然有一个价值等级的界定问题。但是在现代性的同质化状态下,不同生活方式之间的差异性被抹平了,不同生活方式之间的价值等级也被抹平了,这意味着人和人之间的差异性和等级性都被取消了,人人都有权利选择自己的生活方式,任何一种生活方式都是价值上平等的。古代所谓的"见贤思齐""从善如流"等价值取向也就随之消失了。

第二节　灵魂的概念

亚里士多德的全部著作都贯穿了一个基本特征，就是从最低问题到最高问题的上升。这是我们阅读亚里士多德著作要注意的。亚里士多德著作的基本思路就是首先陈述前人的观点，并且加以分析和批判，然后再论述自己的观点。在论述自己的观点时，他也总是首先从最基本、最简单的问题开始，然后深入最高深的问题，即灵魂的自我认识问题。可以说，灵魂的自我认识是亚里士多德所有讨论和思考的最后归宿。亚里士多德的哲学思想的归宿就是形而上学的沉思。而形而上学的沉思就是灵魂的自我观照和认识。在《灵魂论》中，就包含了亚里士多德整个哲学的基本问题和思路。

亚里士多德首先强调灵魂问题是非常重要的。"我们在诸先进知识中，举出灵魂（生命）这论题，加之研究，可说是学术上的首要功夫。"（《灵魂论》402a5）① 因为我们对一切事物的认识都是灵魂的认识，离开了灵魂，也就没有认识活动。如果不能认识灵魂，我们就不可能认识世界和真理。亚里士多德的这种思路和柏拉图的哲学思想是一致的。苏格拉底和柏拉图把灵魂作为主要问题引入哲学，特别是在柏拉图对话中，灵魂

---

① 译文引自亚里士多德：《灵魂论及其他》，吴寿彭译，商务印书馆，1999。后同。

问题具有了首要的重要性。亚里士多德也认为我们必须首先认识灵魂的本质，才能进一步认识其他事物。这可以说是哲学的"内在转向"，即从对外在世界的认识转向对内在世界的认识。同样，在近代哲学的开端，哲学家们也转向对人的灵魂和自我的研究，试图以此反对基督教的人性论或者灵魂论。可以说，如果我们要对某些问题进行深入研究，就应该首先转向对人的人性和自我的认识。这是思考一切问题的出发点。

当然，亚里士多德的研究方法和柏拉图有很大差别。柏拉图的讨论更多充满了激情，他没有把灵魂作为一个客观研究对象来认识，而是把灵魂作为一个活生生的对象来展示。而亚里士多德更多从自然哲学的角度研究灵魂。"研究灵魂，或研究——灵魂或限于研究这么一部分的灵魂，随即成为自然哲学的要务。"（《灵魂论》403a25）也就是说，对亚里士多德来说，研究灵魂和研究自然没有方法论上的差异，都是客观冷静的分析立场。但是这种方法论上的差异并不代表他和柏拉图在哲学立场上的差异。也就是说，亚里士多德探究灵魂的目的并未离开人性完善或者灵魂净化的主题，并未脱离从实用理性上升到理论理性的过程。从他对灵魂的不同部分和不同层次的分析可以看出，灵魂的理性和净化占据了他的灵魂理论的最高峰。

亚里士多德首先考察了关于灵魂的若干主要问题，例如灵魂是某个个体还是实体？是一种性质，或数量，或某一别的范畴？是潜在的，还是现实的？是有部分，还是没有部分？是同类，还是不同类？如果不同类，其区别是在属上还是在种上？所有属性是为灵魂所共有，还是任一属性都为灵魂自身所独有？这些问题都是自然哲学中的普遍观点。人们在灵魂问题上有很多争论。亚里士多德把这些观点和争论都列举出来，一一进行分析和批驳。

灵魂是生命的本质，其基本功能就是运动和感觉。一般认为有生命物体和无生命物体的根本区别是运动和感觉。"所谓生命，我们指说自行进食（营养）与生长与衰死的功能。"（《灵魂论》412a15）亚里士多德从这两个方面对灵魂进行分析。

首先，亚里士多德分析批判了前人的"灵魂是运动的因"的观点。毕达哥拉斯、阿那克萨戈拉、柏拉图、德谟克利特等人都把灵魂看作是运动的原因，灵魂推动事物的运动。例如柏拉图认为灵魂是第一推动者，而灵魂自身则是不动的。他们之所以把灵魂看作是运动的原因，主要是因为灵魂是认识、欲望和目的的所在地，或者说，灵魂的作用就是认识和欲望，而身体本身并不感觉和认识。只有灵魂才能决定身体应该做什么，而不是相反。身体的运动离不开认识和欲望。所以柏拉图等人才认为灵魂是身体运动的原因。亚里士多德认为仅仅把灵魂看作运动的因是含混的，需要详细分析。他认为运动分为四种：位置移动、状态变化、衰坏、生长。那么，灵魂究竟是哪一种运动的推动者呢？如果认为身体的运动是灵魂推动的，那么我们同样也可以把身体的运动看作是灵魂的运动的原因。亚里士多德指出："灵魂具有与其躯体相同的运动，凡是躯体的运动，都可向灵魂追迹其运动。"（《灵魂论》406b）所以仅仅说灵魂是身体运动的原因是远远不够的，还要进一步的澄清。他在后面会进一步分析灵魂是运动的原因的观点。

亚里士多德还批判了"灵魂是元素组合"的观念。柏拉图在《斐多》中曾经讨论过这种组合观，他认为如果用"和谐说"来揭示灵魂，那么就可能忽视不同灵魂之间的差异。在他看来，只有智慧的才是和谐的，而俗人的灵魂是不和谐的。亚里士多德认为：第一，灵魂并不是比例本身，也不是不同质料元素依照比例的混合；第二，灵魂如果仅仅是一些质料元素的"恰当混合"，我们就看不出它如何运动，或如何引起运动；第三，和谐是一种描述，适合于说明健康而不适合于说明灵魂，因为和谐总是描述具有广延的题材的（《灵魂论》429a29—30）。依照亚里士多德的看法，自然哲学家用元素的构成上的"和谐"来说明灵魂，都是只看到了质料，而忽视了形式。

亚里士多德以形式来定义灵魂。"于实是（本体）的名义上来说，灵魂就必须是一个自然事物的'形式'①，这个自然物体则'潜在地'具有生命。"（《灵魂论》412a20）也就是说，在亚里士多德看来，灵魂是形式，肉体是质料。在质料和形式的关系中，形式是决定性的，质料是从属性的。质料并不决定事物的本质，也不是认识的对象。正如柏拉图的理念就是指形式和外观一样，我们对事物的区分和认识都是针对其形式，而不是其质料。形式是事物相互区分的标志，是认识得以可能的根据。不同形式的灵魂决定生物的不同形式的身体。身体的形式是灵魂的形式的显现，是由灵魂的形式决定的。例如人的灵魂形式决定了人的身体形状，狗的灵魂形式决定了狗的身体形状。所以形式并不是现代意义上的抽象的概念，而是具有丰富内涵的实质性概念。亚里士多德以形式来定义灵魂，表明他也接受了柏拉图的基本哲学思想。

亚里士多德还进一步从潜能和实现的关系上界定灵魂。灵魂是现实或者隐德莱希。"于实是（本体）上的名义上来说，

---

① 为方便阅读，此处未保留希腊文。后同。

灵魂就必须是一个自然事物的'形式'。实是（本体）正是在形式命意上的实现（现实）。于是，灵魂就正是我们上述这一级类的事物（物身）的'现实'。"（《灵魂论》412a20）在他看来，生命有潜能与现实两个方面，潜能即身体的潜在能力，灵魂使身体的潜能转变为现实的生命活动。灵魂在身体内部推动生命活动，是身体生灭和运动的原因。形式是现实，灵魂也是现实。现实意味着更加具有真实性。灵魂比身体更加真实。这和柏拉图的观点也是一致的。①

对于灵魂和身体的关系，亚里士多德认为一方面灵魂是不可离开身体而存在的。一个生命体既包括灵魂也包括躯体，灵魂的属性和生物的自然质料不能分离，灵魂的本性即存在于质料之中。灵魂不是躯体，而是依存于躯体。躯体并不是灵魂的现实，相反，灵魂是某种躯体的现实。所有自然躯体都是灵魂的工具。动物的躯体就是为其灵魂而存在。另一方面，他又认为灵魂可以离开身体。灵魂是非物质性的。"灵魂是事物［如动物，或人］赖以生活与感觉与思想的最基本的实是（要素），就必须是形式或名称（原理，或比例），而不是物质或底层材料。"（《灵魂论》413b15）正是灵魂使质料成为动物的本质或实体。在灵魂和身体的关系中，灵魂是主导性的、决定性的。亚里士多德的这种观点并不是自相矛盾的，当他说灵魂不能离开身体而存在时，他主要是指和情欲相关的部分；当他说灵魂可以离开身体而存在时，他主要是指灵魂的纯粹理性部分。他在后面的论述中会进一步阐明这个观点。

---

① 佛教唯识论认为身体是阿赖耶识的一种显现，身体本身并无任何的真实性，只有阿赖耶识是唯一真实的存在。

最后，亚里士多德给出了一个比较综合的灵魂的定义："灵魂是有生命物体（生物）之因与原（第一原理）。因与原具有多种命意，而灵魂就通有一切生物诸原因中的三因；灵魂为生物动变所由缘起（动因），又为其动变所趋向的终端（目的，即极因），又为一切生物的'本体'。"（《灵魂论》415b10）具体来说，第一，灵魂是身体运动的原因。这主要是指灵魂的欲望和情感的作用。第二，灵魂是变化的目的。这主要是指灵魂的理性部分，理性才是推动生命运动的根本原因。第三，灵魂是生物的本体。即不同生物的本质是由灵魂决定的。不同的动物有不同的灵魂。灵魂决定了生物的形状和习气。

在《灵魂论》中，亚里士多德还提到了宇宙灵魂的观念。"宇宙灵魂（大全魂）显然有类于'所谓心（心识）'这样的事物；它实与感觉机能或欲念机能，全不相应；这两机能的运动，都不是圆周旋转的。但，心识恰是一个延续而无间的运动，心识之为'思想过程'就是这样的，它和它'——所思想者'合一（同一）。"（《灵魂论》407a5）"'灵魂'是一个命意，是统概了'全宇宙'的。宇宙包含了一切感觉事物和思想（理知）事物，感觉事物相关于感觉，思想事物则为知识所本。"（《灵魂论》431b）宇宙灵魂是推动宇宙物体的运动的原因。柏拉图在《法律篇》《蒂迈欧》等对话中也有这种观点。泰勒斯也认为"万物皆充塞着神性"。这种观点类似于万物有灵论或者泛神论。如果从哲学理性的角度理解，可以说，宇宙灵魂的本质就是理性或者努斯。理性是真正的统治世界的力量。所以柏拉图认为灵魂比肉体或者物质更加古老和原始，灵魂才是自然本身。哲学的净化就是从物质的现象的世界回归到纯粹理性的光明世界。

第三节 灵魂的构成

亚里士多德认为灵魂有三个层次，即植物性灵魂、动物性灵魂和人类的灵魂。植物性灵魂是营养的功能，动物性灵魂是感觉和运动的功能，人类的灵魂则具有理性认识的功能。或者说，人有三种灵魂，理性灵魂、非理性灵魂和植物性灵魂。理性灵魂主要表现在思维、理解、判断等方面，是灵魂的理智部分，又称为理智灵魂，是最高级的灵魂。非理性灵魂主要表现在本能、情感、欲望等方面，是灵魂的动物部分，又称为动物灵魂，是中等的灵魂。植物灵魂主要体现在有机体生长、营养、发育等生理方面，是灵魂的植物部分，是最低级的灵魂。① 低级的灵魂含有的质料多，形式少；高级的灵魂含有的质料少，形式多。人人都具备这三种灵魂，从出生到成人依次呈现出植物灵魂、动物灵魂、理性灵魂。即儿童出生前后主要是身体的发育、生长；到了稍大一点时，就表现出他的本能需求及情感需要；到了成人时，才有思维、理解、判断等能力的出现。人的成长和发展过程应该是理性的发展过程，而不仅仅是身体的发展过程。身体的发展过程是有终点的，而灵魂的、理性的发展则是无限的，没有终点的。

亚里士多德分别对灵魂的三个部分进行了分析。

---

① 亚里士多德的这种划分和柏拉图也有相似之处。柏拉图认为灵魂分为理性、欲望和激情。亚里士多德也把灵魂分为感觉、情欲和理性三个部分。

一、感觉

亚里士多德首先对感觉进行定义。"感觉似乎是某些形态的演变，这须凭外面所加的影响而自己作相应的运动。"(《灵魂论》416b35) 感觉和运动具有一定关系。前苏格拉底哲学家用"流射说"来揭示感觉，也是把感觉看作是一种运动。后来的霍布斯、康德等人也是把感觉定义为一种运动导致的压力。霍布斯就认为："感觉的原因就是对每一专司感觉的器官施加压力的外界物体或对象。其方式有些是直接的，比如在味觉和触觉等方面便是这样；要不然便是间接的，比如在视觉、听觉和嗅觉等方面便是这样。"[①]

他进一步从潜能和现实的角度指出，当外物没有刺激感官时，这时感觉处于潜能状态；只有在外物刺激感官时才能产生感觉。所以吴寿彭先生用"起感成觉"来说明感觉。"殆乎那些直接地（本然）被'每一种'感觉机能所'感应'到的诸事物之'感觉'，才是真切无疑的'感觉'，每种感觉由是而成立为各个'实是'，这就是感觉的本性。"(《灵魂论》418a25) 也就是说，第一，不同的感官具有不同的感觉，例如眼睛只能看，耳朵只能听，不可混淆。第二，不同感觉对应不同的事物。看只能对应颜色和形状，听只能对应声音，不可混淆。第三，感觉到的个体事物是真实的实体。具体事物是形式和质料组合的第三种实体。但他也承认感觉接受的只是事物的形式，

---

① 霍布斯：《利维坦》，黎思复、黎廷弼译，商务印书馆，1985，第4页。

并不是质料。所以归根到底,感觉接受的是形式。这和柏拉图的理念论是一致的。我们对事物的认识就是对事物的形状或者形式的认识。质料并不是认识的对象。

他还详细讨论了视觉、听觉、嗅觉、味觉和触觉五种感觉。他对这五种感觉的分析和佛教唯识论对五识的分析非常相似。视觉具有最重要的地位,因为视觉和人的求知最为相关。人的大部分知识都是通过视觉获得的。他还认为其他感觉可以缺失,但触觉是唯一不可缺少的感觉,如果没有触觉,那么就不可能有生命。而佛教对地、水、火、风四大种的界定也是以身根和触觉作为根据的。而其他根如眼根等感知的地、水、火、风则是假四大种。亚里士多德还讨论了"共同感觉"的问题,例如对于运动、休止、形状、量度、数目、单元等的感觉问题。他认为并不存在所谓的"第六感觉"。这种"共同感"虽然超越了五识,但它仍然是被动的,仍然是前五种感觉的组合而已。①

亚里士多德认为感觉是可靠的、真实的。"对于个别事物的感觉总是正确的,而且所有一切动物的感觉就都是正常的;至于理知(理解),这就可能发生错谬。"(《灵魂论》427b12)在他看来,感觉针对的是特殊事物,而认识针对的是普遍事物。认识可能发生错误。"操持感觉机能,着落之于一一个别(特殊)事物,知识乃为普遍性的表现。普遍性机能蕴在灵魂之内,所以其涵义与感觉的特殊性有别。"(《灵魂论》417b22)一方面感觉是直接的、当下的,没有经过后来的认识和分别,所以感觉

---

① 在西方美学中,例如康德美学承认存在一种"共同感",认为这种审美的共同感是内在感官,是更加高级的感官,是人唯一拥有的。

是真实的。另一方面，每个人的感觉对于他自己来说是真实的、可靠的，即使一个人的幻觉和错觉对于他本人来说也是真实的，虽然他的感觉不具有共同的普遍性或者客观性。胡塞尔正是在这个意义上肯定了感性直观的可靠性和自明性，并且由此建立了现象学的基本原则。柏拉图认为感觉只在一定范围内是可靠的，但是在根本上感觉是不可靠的。感觉告诉我们的只是模糊不清的现象，通过它只能获得似是而非的意见，不能获得永恒不变的知识和真理。真理和知识只存在于内心世界，如果我们想获得真理和知识，只有通过对自己内心的反观认识才是可能的。在这方面，柏拉图和亚里士多德有一定的分歧。斯塔斯认为："柏拉图的体系其于亚里士多德根本不和之处，便在其对于感觉界的极端的鄙视。轻视感觉对象，而认为其知识毫无价值，这是柏拉图思想的全部特征。"[①] 但是，我们也不能断章取义，夸大他们之间的差异性。他们在最根本之处仍然是一致的，特别是在形而上学的知识方面，他们没有原则性的分歧。

亚里士多德认为感觉认识是和身体相关的。"感觉机能与身体不相分离而心识却是离立于身体的。"（《灵魂论》429b5）因为感觉认识必须通过身体感官来进行，所以感觉和身体相关。他甚至发现，最抽象的理性认识也来自于感觉。"人若不备感觉机能，他就永不能学习或理解任何事物；即便他在从事玄想（推理），也必须有些影像，供为着想的资料，这些影像相似于感觉机能所得之于可感觉客体的影像，这些，实际就是

---

① 斯塔斯：《批评的希腊哲学史》，庆泽彭译，华东师范大学出版社，2006，第200页。

除去了物质材料的感觉客体［的形式］。"(《灵魂论》432a8)① 在他看来，理性思维常常以感觉印象为前提。"灵魂绝不能全无一个心理影像而作思想。"(《灵魂论》431a16)心识按照这些心理影像而做出各种选择和行为。也就是说，即使在我们的抽象思维中也蕴含了某些感觉材料。② 但是他也指出，灵魂的、思想的活动更多的是基于思想自身的。仅仅基于感觉的思想只是想象和意见，而基于思想的活动自身就是思想和实践的思想。真正的智慧必然来自于理性的自我观照和认识，无需借助于任何感性的材料。如果我们上升到纯粹理性直观的层次后，这些感觉材料应该都被排除掉了。

当然，按照理性主义的认识论，感觉应该是理性认识的一个部分，是理性认识的低级形式。真正的认识能力是纯粹理性本身，感觉只是理性认识的一种粗糙的形式。所以，我们不能否定感觉的作用，但是也不能过于抬高感觉的作用。亚里士多德也是在有限的意义上推崇感觉的。他并未把感觉作为唯一真实的认识方式。亚里士多德同样看到了感觉认识的粗糙性。"于过度强烈的可感觉物的活动，感觉机能是全不能感应（接受）的。"(《灵魂论》429b1)因此，在《形而上学》中，亚里士多德对感觉的真实性进行了批评："关于真实的性质，我们必须认定每一呈现的物象，并不都属真实；第一即使感觉不错，——至少感觉与感觉对象互相符合——印象也并不一定与

---

① 佛教也认为即使在最抽象的思维中,我们的思想其实是缘法尘而进行的,即缘色声香味触而思考。特别是缘声音而思维的。我们一般认为思考就是灵魂的自我对话,离开了法尘,我们就不可能进行思维。

② 当然,我们也可以说,即使在最粗糙的感觉中也蕴含了细微的理性认识活动。

感觉符合。"(《形而上学》1010b)事物对于不同人的呈现是不同的,远近大小也是不同的,不同感官也不是等同的。所以单纯诉诸感觉是错误的。他也同样看到,思维对于重大严肃的事物有敏锐的能力。理性思维对于我们的行为和决断具有更大的意义和价值。在关于我们如何能够生活得好的问题上,灵魂的思想活动最为重要。从这个角度看,思想优于感觉。归根到底,亚里士多德还是一个形而上学家和理性主义者。我们应该区分开亚里士多德的经验主义和近代的经验主义。亚里士多德的哲学以形而上学的沉思为目的,而近代哲学则是以征服自然、造福人类为目的的。所以简单地以近代的经验主义来理解亚里士多德哲学,是不可能正确的。

二、情感和欲望

亚里士多德认为灵魂中还有情感和欲望的部分,也就是《尼各马可伦理学》中所说的无逻各斯的部分。

首先,一般人的情感和欲望是感觉引发的。"机制之能感觉者,也会得有欲望,欲望则包括贪图,愤怒,意愿(期待);所有的动物统都具有诸感觉之一,即触觉。凡具有这一感觉的,它能会通于欢乐(愉悦)与痛苦,分辨喜欢的厌苦的事物,既感通于这些物情,这就得引起欲望;欲望就是对可喜欢的诸事物的贪求。"(《灵魂论》414b5)也就是说,感觉是感官和外境的一种接触。这种接触所触发的就是内心的感受。感受最主要的就是快乐和痛苦。依据这种内心的感受,能够带来快乐的事物,人们就会追求;而带来痛苦的事物,人们就会极力避免。"感觉,实际只是在肯定或考虑;如它肯定或否定某物为可喜或可厌的,感觉灵魂就相应而作为趋向或违避的感应,感到愉悦(可喜)或痛苦(可厌)而采取某样的态度,以对应那个相涉的客体,这表明了这客体于己为善而有益,或恶而有害。"(《灵魂论》431a10)这就是一切动物的避苦求乐的本性。避苦求乐不但是人的本性,也是一切生物的本性。通过这种避苦求乐的本能,一切生物得以保存自己和延续后代。

由此亚里士多德进一步指出,情感和欲望和身体密切相关。"灵魂的诸感受(感应)大概是全都结合于身体的——愤怒,温和,恐惧,怜悯,奋励与快乐,以及友爱与仇恨,所有这些感应现示时,身体都是有所动忍的。"(《灵魂论》403a17)身体的状态和心理的情感欲望具有密切关系。两者一般是相互影响的。好的身体状态导致好的心理状态,反之亦然,好的心理状态也可能引起好的身体状态。这是亚里士多德对于人的身心一体化关系的揭示。当然,因为我们都很重视自己的身体,所以欲望和情感也会很大地干扰我们。例如老子说:"吾之大患在吾有身。"柏拉图也认为肉体会导致各种痛苦和争斗,会使人无法完全认识真理。只有在死后,灵魂才能完全认识真理。基督宗教则提出了灵肉冲突的观念。可以说,身心关系的问题是古今中外一切思想中的重要问题。

亚里士多德也看到,在人的各种活动中,都贯穿了欲望的活动。"有理性灵魂部分内有意愿,无理性灵魂中有情欲(贪欲)与愤怒,倘使灵魂即此而作三分,那这三部分中,将会发现每一部分中都有欲望(贪欲)在内。"(《灵魂论》432b5)可以说,对智慧的爱欲也是一种欲望。柏拉图认为哲学的爱欲是最高的爱欲。爱欲是灵魂的运动学原则,理性则是灵魂的方向性原则。所以对于爱欲,不是简单地反对或者否定,而是要善于引导,使爱欲趋向美好的智慧和德性。尼采也发现即使在人的最抽象的精神活动中也有欲望的影子,欲望或者爱欲是贯穿灵魂的所有活动的。但是如果因此否定精神活动的独立性也是不合理的。舍勒则把精神和欲望区分开,反对把理性精神的活动还原为欲望和意志。当然,从肉体感官中产生的欲望和情感是比较低级和混乱的,是需要理性的引导来节制的。但是,我们还要看到,在纯粹理性和智慧的境界中,也会产生极乐的情感体验,这种极乐无需任何肉体和感官的刺激,因此是一种最纯粹、最高尚的快乐情感。这种情感体验才是最值得追求的。如果我们只是看到身体感官的刺激能够产生快乐,而看不到纯粹理性本身也能够产生快乐,那么我们对人性的本质和奥秘就仍然缺乏认识。

亚里士多德指出,欲望和欲望的客体乃是运动的因。"欲望的种种形式总舍不了有一个企图(目标):欲望(贪欲)的客体正是实用心识的刺激物:这个客体既是思想过程的'终端',又是行动过程的'始点'。于是,这么该是合理的了,欲望(贪欲)与实用心识,两者合同是一运动的创始。"(《灵魂论》433a)也就是说,对象刺激感官而产生欲望,欲望是一种匮乏,匮乏是一种痛苦。这种痛苦需要被消除。于是欲望进一步引发运动和行动。在这个过程中,实用理性则帮助欲望,思考如何获得对象,最终获得客体而达成目的,欲望得以满足。从这个意义上说,运动是由欲望引发的。在他看来,努斯如果要产生运动,也必须和欲望结合才能产生,否则,单纯的努斯是不能产生运动的。[①]

[①] 舍勒就强调理性本身的无动力性,必须借助于欲望才能产生作用。

亚里士多德进一步指出，欲望的对象也是运动的原因。如果没有欲望的对象，则欲望就无法产生。这种观点是容易理解的。如果我们进一步探究，就会发现，一切欲望对象都是被看作是善的，才被追求的。所以亚里士多德指出，归根到底，善才是运动的因。这种观点在后面讨论形而上学和至善问题时会重点讨论。他的这种观点和柏拉图哲学是一致的。柏拉图也认为至善是一切事物的动因。这也是古典哲学的基本观点。相反，近现代以来的机械论否定了这种至善动因的观点，把事物的机械运动作为最根本的现象。这种机械运动其实是无目的的，也是非理性的。后来尼采等人的有机生物主义的世界观也并不承认至善作为动因的观点，他们认为生物和世界的运动是为了追求自我保存或者强大，其实也是无目的和非理性的。

亚里士多德看到欲望和理性经常是矛盾的。"人可以凭借推理（计算）以为一己行动之准，却也可凭意愿行事；而欲望直可促成其人作出相反于理知所该选取的活动；这里，贪欲便是欲望的一种形式。又，心识常是正确的；但欲望与臆想，可以是或为正确或为谬误的。所以，所欲（欲望客体，即贪欲的标的）常促成运动，但这个运动，可以是良好的，或仅似乎良好，或不必各方面都属良好，而只在实用为良好而已。实用（实利）良好的，可能一转而成为实不良好的。"（《灵魂论》433a25—30）也就是说，推动人行动的因素有两个，或者是理性的判断，或者是欲望和主观想法。其中，只有理性判断是必然正确的，而欲望和臆想可能是正确的，也可能是错误的。因此，这种运动也就有了好坏的差异。如果是出于理性判断的运动就是好的，否则就可能是坏的。有时候，一种行动仅仅是对当前的利益是好的，而对进一步的更大的利益来说，可能就是坏的。而且人们往往是被欲望推动的，即使他的理性认为正确的事情，他也往往不去做，而是去做欲望让他做的事情。"有时，心识已发施了命令，思想（理知）也嘱咐我们，对于某物或驱或避，而我们竟未作出运动。"（《灵魂论》433a）用柏拉图和保罗的术语来说，这就是灵魂和肉体的交战。如果肉体战胜了灵魂，就是被坏的快乐所征服；如果是灵魂战胜了肉体，就是被好的快乐所征服。解决理性和欲望的冲突问题是道德理性或者实践理性的工作，即以理性节制情欲，以达到中道和谐的状态。

依据理性和欲望的关系，亚里士多德实际上也区分了哲人和俗人。俗人就是行动被欲望控制的人。"我们见到［品德］羸弱的人，一为欲望所促，他立即行动。"（《灵魂论》433a3）大多数人大多时候都是被欲望所控制的，这种人就是俗人。俗人是不能充分地发展或者实现理性心识的人。他认为当一个人不是运用理知去思想和行动时，他和动物就没有区别，不能现实地表达人的本质。人类的理性是很难发展，又很容易丧失的。"人类，他们的心识，时或为感情或疾病所暂时的掩蔽，或在睡眠中失却了心识。"（《灵魂论》429a8）当一个人没有受到良好的教育，他的理知没有获得发展，他的理性、心识是可能被欲望所遮蔽的，他的生活和动物无异。俗人总是占人口的大多数。柏拉图认为俗人就是"被快乐征服的人"，俗人的一生都在梦中。而理性必须经过像奴隶一般的千辛万苦的努力才能获得。

哲人是理性心识获得高度发展的人，他可以以理性节制情欲，他的欲望完全受到理智的支配。"这也未必欲望就能完全主宰运动；秉德贞固（具有自制能力）的人们，也可有所愿望,有所贪欲,但他们循从理知,拒不为满足自己某些欲望而有所动作。"(《灵魂论》433a6)这种人就是我们一般所说的圣人或者君子。正如孔子在《中庸》中所说:"君子素其位而行,不愿乎其外。素富贵,行乎富贵;素贫贱,行乎贫贱;素夷狄,行乎夷狄;素患难,行乎患难;君子无入而不自得焉。"君子或者圣人不为外界的条件和因素所控制和干扰,他们在各种环境中都能够安贫乐道、洒脱自在。他们是人之理性的最完全的实现者,是人性的楷模和榜样。亚里士多德当然是推崇君子和哲人的。在他的哲学的最高峰,就是哲学形而上学的沉思。在这种形而上学的沉思中,排除了一切感性的事物,也排除了情感和欲望的要素,哲人就沉浸在自己的沉思中。这种沉思就是思维对自身的思维。① 在这种纯粹的理性智慧的沉思中,哲人获得了最纯粹、最高贵的至乐和幸福。

三、理性或努斯

亚里士多德认为灵魂不但具有感觉和欲望等部分,还具有心识(努斯)或者理性的部分,这个部分是灵魂的本质部分。在他看来,当我们说灵魂是生命的形式的"寓所"时,这种说法并不适用于整个灵魂,而只适用于思维能力。因为灵魂如果只具有感觉而不具有思想,就"只是潜在的而不是现实的"(《灵魂论》429a28—30)。也就是说,在他看来,努斯或者理

---

① 这种沉思和佛教中的禅定是非常接近的。当然,这可能更多是一种外道的禅定,还不是一种真正彻底的净化和解脱。

性才是灵魂的本质。感觉、情感和欲望都是在理性的本体上显现出来的。我们不能只看到感觉、情感和欲望，而忘记了沉潜在人类精神活动之下的纯粹理性光明。① 柏拉图就认为只相信感觉认识的人是粗俗的，没有教养的。但是，我们大多数人却是更多地认识和服从情欲，而对纯粹理性的清静光明一无所知。可以说，这种理性观是古典哲学中最重要、最核心的部分，如果我们不能理解古典哲学的理性观，我们就不可能理解古典哲学。

亚里士多德对努斯或者心识进行了分析。他把努斯或者心识分为两个部分，即实用心识和理想心识。"实用心识所顾虑的，专在如何获致所企求的客体（目标，或终极），理想心识则没有自己的终极（无所企求）。"（《灵魂论》433a15）实用心识和人的生存活动相关，而理想心识和人的道德和理论生活相关。实用心识是被动的，理想心识是主动的。虽然实用心识显得是积极的，但是实用心识是和肉体生存相关的，因此它的作用和意义都是比较低级的。实用心识是在理想心识的基础上派生的，是理想心识的低级形式。理想心识就是目的，就是本原。所以它没有自己的目的。形而上学的沉思就是理想心识的自我认识和自我观照。因此，准确地说，理想心识才是灵魂的"本来面目"。但是，因为我们都被自己的感觉、欲望和情感所迷惑和控制，我们看不到理想心识，看不到灵魂的"本来面目"。

---

① 阿那克萨戈拉认为灵魂是纯粹的努斯。"心识之为物，即旨在控制（主宰）一切，才可认识一切，这就必须是纯净而无杂的；如其掺入了杂物，这些外来的渣滓全将蔽塞它的禀赋而妨碍其容受功能，这样，除了具备容受功能之外，心识一无所有。"（《灵魂论》429a20）

用现代哲学术语来说，实用心识类似于知性或者技术理性，理想心识则类似于道德理性或者纯粹理性。技术理性以人的肉体生存和延续为目的，而道德理性和理论理性则以智慧和美德为目的，以人格的完善和灵魂的净化为目的。但是近代以来，技术理性获得了极大的发展，而道德理性和理论理性则日益衰落。科学理性的目的不是认识世界，而是征服自然、造福人类。所以康德的理论理性应该和实用心识有关，而康德的道德理性或者实践理性应该和理想心识有关。而形而上学的沉思在康德哲学中是阙如的。现代哲学基本上否定了这种理性的存在。亚里士多德关于纯粹理性或者主动心识或者努斯的概念是最重要的，也是区别于现代哲学的主要方面。

亚里士多德认为理想心识是不变的、独立的、自在的。感觉、情绪等是和身体相关的，身体的变化会影响它们，但是身体的变化并不影响能动的努斯或者理性。"但心（心识）[于灵魂中]似乎具有某种独立存在，而不入于坏死程序。……思想与推理（玄思）的功能削减时，盍是由于心识（理知灵魂）所寓在之某个物身的衰损，实际心识（理知灵魂）是不受影响的。思想与有爱或憎恨，实不是心本（心识）的属性，而是那个具此心本（心识）的人身（物身）的属性，这只是那个物身作出的一些表现。"（《灵魂论》408b20—29）也就是说，纯粹理性或者心识本身是主动的，不会被身体的状态所干扰。一个人虽然老了之后，思维会下降，但这并不是他的心识能力的下降，而是能动的心识的表现的下降。如果能动的心识被身体所干扰和支配，那么它就不是永恒的、独立的。如果我们把灵魂比喻为大海，感觉、情感和欲望类似于大海表面的浪花，而理想心识则是最静谧的深海。所以我们应该通过哲学学习，逐渐深入大海的底层,发现灵魂的本来面目,这样才能获得真正的智慧、美德和幸福。

亚里士多德认为感觉部分是朽坏的,而理性部分是不朽坏的、神圣的。"在作主体活动中的心识是'(独立的)可分离的,不被动的,是单纯的(不含杂物的);主动要素总是优于被动要素,原因(本因与动因)总是高于物因(材料)'。"(《灵魂论》430a18)"心识有时不考虑知识(不作理知活动),有时是全不活动(不行思想)的。心识,可是,只有在它'分离了'以后,才显现其真实的存在。只有在这情况,它才是'不死灭的,永恒的'。既然它不是被动体(而是主动体),所以它不作记忆,(于以前的思想无所回想),作为被动体的心识,是要死灭的,而灵魂(理智灵魂)失去了被动心识就再不能思想(理解)任何事物(任何实用思想的外感客体)了。"(《灵魂论》430a25)亚里士多德把心识的这种独立性和超越性称为神性。"心识多少含有些神性,所以它是不受影响的(不被动的)。"(《灵魂论》403b30)在他看来,人的心识或者努斯具有神性,充分发展了理想心识的哲人则是最接近神的人,而神就是纯粹理性本身。所以,在古希腊哲学中,真正的神性就是纯粹理性,而不是宗教意义上的神。这是我们理解古希腊哲学中的神的观念的重要角度。否则,我们就无法把哲学和宗教区分开。

这种观点和柏拉图关于灵魂的独立性的观点是一致的。在《斐多》中,柏拉图明确指出灵魂是单纯的、可分离的、主动的,如果一个人一生从事哲学,他的灵魂就会获得理性的净化,就能够摆脱身体的情欲的干扰,最终死后就可以往生极乐净土或者理念世界。哲人学习哲学的目的就是净化灵魂,往生净土。柏拉图也区分了灵魂中的可朽的部分和不朽的部分，认为欲望等部分是可朽的，理性部分则是不朽的，不会随着肉体的死亡而消失，而是会根据这一生的所作所为而受到奖罚，而选择不同的命运。所以学习哲学就是练习死亡，目的就是消除情欲对灵魂的控制，最终把纯粹理性从灵魂中剥离出来，达到不朽和永恒。同样，在《理想国》中，他也认为只有哲学才能被称为神性的，而其他一切人间的事务都是俗事。

亚里士多德还指出，努斯或者理性本身是不动的。"知识机能常是不动而静止的。"（《灵魂论》434a16）在他看来，运动是欲望和情绪的活动，不是灵魂的本质方面。一切运动都是一种欲求和不足，所以是低级的形式。实用理性是和欲望、生存相关的，所以实用理性是有所变化的。而纯粹理性则是如如不动的。因为纯粹心识本身是完全的、完善的，它不需要追求什么来完善自己。理想心识是自体自根的，是永恒不变的。理想心识是最高的存在，它没有更高的目的。如果纯粹理性本身也会变化，它只能是败坏的，而这违反了理性的本质。所以他认为静止高于运动。静止意味着完满，而运动意味着缺乏。正如老子所说的"静为噪君"。柏拉图也认为灵魂的理性本身是不动的。他认为灵魂是"第一因"，是一切运动的推动者，灵魂是做自我旋转运动，不被任何事物推动。

但是，亚里士多德也说，欲望和心识是运动的两个原因。"显然，这里有两个致动者，欲望与心识，这里，该把臆想当作某种思想过程；人们常跟着反乎知识（理性）的臆想行动，而且人类以外的诸动物是既不会思想，也不会计算，它们就专靠臆想行事。这样，心识与欲望该正是空间运动所由发生的本原了。"（《灵魂论》433a10）也就是说，心识在引起运动方面是必要的。因为一切运动都是有目的的，"所有欲求都是为着某一目的"（《灵魂论》433a16）。而一切目的是善的，或者说，一切目的只有被理解为善的，才会被追求。所以一切运动本身都是在追求至善。事物的善来自心识的理解与认识。因此引起人的活动的最终原因只能是善。事物的善是思想所识别和确定的目的，是欲求的东西所指向的方向。因此，心识和至善是一致的，心识唯一所追求的就是善。换言之，心识本身就是善。如果没有心识对至善的认识，运动就不可能产生。同样，欲望是推动身体和事物运动的力量。没有欲望，单纯的心识也不能引发运动。所以人的一切行动的动力因，既有一个直接的原因即欲求，也有一个间接的原因即努斯。欲求是在人自身中唯一的动力因，但是它又受到和善在一起并沉思着善的努斯的影响。或者说，欲望是动力因，努斯是目的因，两者的结合产生了运动。所以亚里士多德认为简单地把灵魂作为运动的原因是不准确的。

亚里士多德还指出，理想的纯粹心识是非实用的。"心识之作用于推理方面者，绝不管实际事情，它不过问（考虑），什么该讳避，或什么该追求。"（《灵魂论》432b27）他敏锐地看到，理想心识和人的生存活动无关，或者说，超越了人的现实的生存活动。实用心识并不是和理想心识对立的，它只是理想心识的低级形式。纯粹的理想心识是非实用的，但是这种非实用性并不是说理想心识纯粹是无用的，理想心识是和至善相关的，理想心识是对至善的观照和呈现。形而上学的沉思就是对至善的观照。这是理想心识的"大用"，是理想心识的"无用之用"。纯粹理性或者主动心识的意义就是自我观照，它自体自根，并不向外求索，而是沉溺于自身。所谓"心外无物"

"唯识无境"。① 如果我们没有对至善或者努斯本身的观照和沉思，那么，我们就不可能获得真理和智慧，就不可能达到自足和幸福。反观我们现代人，我们遗忘了最高的哲学生活，而仅仅专注于现实的物质生活。我们越来越远离从容大度、淡泊宁静的心境，生活变得越来越猥琐和低贱。我们还能够实现自己的理想，能够获得真正的幸福吗？

那么，这种理想心识或者努斯是如何沉思的呢？亚里士多德指出，形而上学的沉思就是努斯对自身的思维。心识和对象是同一的。"正在实现中的知识是与知识客体相同的。"(《灵魂论》430a19)"'心识'恰是一个延续而无间的运动，心识之为'思想过程'就是这样的，它和它'——所思想者'合一（同一）。"(《灵魂论》407a7)努斯的认识对象其实就是努斯自身，认识对象同时就是认识主体。"心识（思想）就自为其思想（理知）客体，恰如其他诸思想客体（可思想物）。于事物之不含有物质材料者而言，思想过程与被想到的事物是合同的；专于纯理知识作想，思想（知识）主体就同一于纯理（知识）客体。……心识（思想机能）实不系属于思想客体，而思想（理知）客体乃系属于心识（理知）。"(《灵魂论》430a3—10)努斯对自身的思维就是对至善的思维。努斯本身就是至善，努斯最终和至善是同一的。

因为认识对象和认识主体是先天同一的，所以理知对于普遍事物的认识是绝对正确的。所以努斯和绝对真理也是同一的。"当心识着想于事物的'实是之所由以为成其实是者'（物

---

① 托马斯·阿奎那也指出，前苏格拉底自然哲学的一个观念是："灵魂含有一切要素，故能认识一切事物。"

性的抽象即普遍,命意),而不是着想于任何个别,即特殊,事物时,心识(理知)就常是正确的。"(《灵魂论》430b27)也就是说,感觉对于个别事物的认识有可能是错误的,而心识、理知对于普遍事物的认识是不会错误的。所以绝对知识和绝对真理是可能的。① 努斯本身就是绝对真理的显现。

但是这种同一的真理有潜在和现实之分。亚里士多德指出:"思想客体与思想(心识,理知)潜在地为同一,但现实地来说,不是同一,惟有心识正在思想的一刻,才是同一的。"(《灵魂论》429b31)"知识,当其正在实现时,同一于其客体(可知或所知事物)。潜在知识,在个别事物上,于时序而论,为先于现实知识;但通概而论(普遍地说),虽在时间上,也没有先予;凡物之终而成实者,必由某一原就内蕴有些实是者出生。"(《灵魂论》431a)"潜在知识于个别(特殊)事物而言,较其实现了的知识而为先于时间,但于普遍而言,则不先于时间。"(《灵魂论》430a20)在时间上,潜在知识先于现实知识,也就是说,对潜在知识的认识有一个时间过程。但是在普遍性上,现实知识先于潜在知识,也就是说,现实知识是永恒的、不变的,没有一个从无到有的过程。而潜在知识则有可能存在,也有可能不存在。亚里士多德还指出,人在不思想的时候,他是不和他的思想合一的,只有在他思想的时候才是合一的。也就是说,纯粹理性要排除感觉经验和情感欲望,才能达到自身的同一性和纯粹性,否则,灵魂沉溺于外在的现象和感觉,而不能认识灵魂的理性光明。正如柏拉图所说,理念潜在于人的灵魂之中,但是由于灵魂和肉体的结合,我们遗忘了理

---

① 黑格尔的绝对知识的概念也是来自亚里士多德的这种观点。

念的内在真理,只有在我们净化灵魂的欲望之后,我们才能看到理念,获得现实的知识。就理念已经存在于人的灵魂中而言,理念知识是在先的,但是因为我们不认识它,所以它又是潜在的。

亚里士多德的这种思想和黑格尔的精神哲学非常相似。黑格尔曾经高度评价他道:"亚里士多德论灵魂的著作及其关于灵魂的各种特殊的方面和状态的讨论,就一直是关于这个对象的具有思辨兴趣的最优秀的甚或惟一的作品。"① 对于亚里士多德来说,沉思就是努斯对自身的思维。但是努斯要思维自身就必须排除情感和欲望的干扰,因此,形而上学的沉思就是理性的自我净化。所以把纯粹理性本身划分为思想活动和思想对象仍然是不彻底的。纯粹理性本身是不可分的同一性,是灵魂的一种光明清静的至善状态。哲人通过哲学的训练就达到了这种理性的纯粹性和同一性。黑格尔借鉴了古典哲学的思路,也认为"实体就是主体",思想的对象并不外在于思想本身,而是内在于思想之中。但是黑格尔哲学是现代性哲学的总结和完成。他的哲学同样缺少了形而上学的沉思。他的哲学是政治意识形态的话语体系。在黑格尔那里,哲学形而上学的沉思不是自足的、至高的。而亚里士多德哲学是超政治的,它的顶峰和终点在于哲学自身,在于至善。所以两者是完全不同的。

综上所述,亚里士多德的《论灵魂》包含了他关于灵魂的从低到高的完整认识,同时也是他的全部哲学的等级体系的基础。虽然亚里士多德对灵魂的研究显得是客观的、冷静的,类

---

① 黑格尔:《精神哲学》,杨祖陶译,人民出版社,2006,第4页。

似于现代科学的价值中立主义。① 但是，亚里士多德并不是现代社会科学的遵奉者，而是一个热情地追求真善美乐的古典哲人。如果我们看不到他冷静分析背后的价值追求，我们就不可能理解他的哲学研究的思路和精神。最后，我们以《政治学》中的一段话做总结："人的灵魂有两个不同部分：其一，为内涵理性；另一，内无理性，而蕴藏着服从理性并受之役使的本能。我们称某人为'善'时，便认为他的灵魂的两个部分都存在着善德。但人生的目的究应置重点于哪一部分呢？所有接受我们上述区分的人们，在此都可得到一致的解答。凡较低较劣的事物常常因为有较高较优的事物而得其存在，这在自然世界与人为世界中，全属相同。就灵魂而说，具有理性的部分是较高较优的部分。[所以，人生的目的理应在这一部分中寻求。] 但是照我们素所研习的说法，[这一部分] 还得再划为二：因为理性有'实践理性'与'玄想理性'之别，当然，灵魂中那内含理性的部分也必须作相应的区划。灵魂的各个部分和区划既有尊卑之别，则相应于其各部分和区划所表现的操作也一定有优劣之异。人们凡是足可以造诣于这三项（全部）操作［即玄想理性和实践理性所表现的操作以及无理性的本能所表现的操作］或者其中的两项，须置重点于其中较高较优的一项。我们谁都力求造诣于各人能实现的最高最优的宗旨（目的）。"
(《政治学》1333a15）

---

① 现代性的价值中立本质上是对自由主义的价值认同，或者是以现代自由主义价值观为前提的，并不是真实的价值中立。这种价值中立实质上掩盖了自己的价值基础,反而是更加自欺欺人的。

第二章 技术理性和享乐生活

在此,我们首先讨论最低级的理性活动,即技术理性或者工具理性。亚里士多德把知识分为三类,即制作知识、实践知识和理论知识。制作的知识就是技艺理性的产物,可以分为技艺、诗术(诗学)和修辞术(修辞学)三种。这三种制作知识可以划归政治学之中,但是它们也会在一定程度上脱离政治和道德理性,而特别和人的享乐欲望相关。尤其在现代性的状态下,我们可以把技艺理性和享乐生活对应起来。所以,我们在此使用的技术理性的概念主要就是指理性服务于情欲的情况。这是我们对技术理性的定义。

第一节 技　术

亚里士多德在很多著作中提到了技艺或者技术(techne)的概念,他也提出了"实用心识"的概念。实用心识是和生物的生存活动相关的心识或者理性,也可以和实践理性的概念相关。在此,我们主要把实用心识看作类似于现代的技术理性或者工具理性的概念。这种技术理性或者工具理性是最低层次的理性,或者是理性的最低层次的运用。

我们首先讨论技术理性的问题,也是为了和当代技术问题作一个关联。我们的学术研究并不是纯粹的考据学或者掉书袋,而是为了对当代的重要问题进行反思,古典哲学可以为我们提供一个观察和反思的坐标系。如果不重视古代伟大哲学,不把他们的观点作为重要的标准,而仅仅凭借个人的随意的想法和分别念,是很难对这些问题有深入的反思的。

一、技术的界定

技艺是人类政治生活中的主要组成部分。我们大体可以从技术的起源、技术的对象、技术的主体、技术的目的和技术的地位等几个方面对技术的本质进行分析。

(一) 技术的起源

我们知道,亚里士多德非常强调感觉和经验。在《灵魂论》中,他对感觉进行了详细的分析。他认为感觉认识是和身体相关的。感觉是可靠的、真实的。即使在最抽象的理性思维中也潜藏着感觉的影像。这里我们就不再赘述。

感觉的积累会形成经验。经验是感觉的沉淀和积累。感觉凭借记忆而成为经验,如果我们没有记忆,也无法形成经验。记忆是感觉影像的留存和延续。这些留存的感觉影像就会逐渐积累,而形成经验。这样在我们遇到相似情况的时候,我们就可以很容易地根据以前的经验来解决。"现在,人从记忆积累经验;同一事物的屡次记忆最后产生这一经验的潜能。"(《形而上学》981a)感觉是经验的主要来源。如果没有感觉,就很难有经验。经验是比感觉更加复杂和稳定的东西。例如成年人总是比小孩子更有经验。经验是一种指导,一种智慧。在《工具论》中,亚里士多德指出:"正如我们所确定的,从感官知觉中产生出了记忆,从对同一事物的不断重复的记忆中产生了经验。因为数量众多的记忆构成一个单一的经验。经验在灵魂中作为整体固定下来即是普遍的。它是与多相对立的一,是同等地呈现在它们之中的统一体。经验为创制和科学(在变动世界中是创制,在事实世界中是科学)提供了出发点。"(《论题篇》100a5)[1] 虽然经验不是完全的智慧,但是它在实际生活中是非常重要和实用的。人们有时凭借经验就可以做出正确的判断。

经验进一步发展就会形成实用心识或者技术理性。亚里士多德指出:"经验很像知识与技术,但实际是人类由经验得到知识与技术。"(《形而上学》981a)从经验上升到技术的主要原因就是普遍性因素的加入。"从经验所得许多要点使人产生对一类事物的普遍判断,而技术就由此兴起。"(《形而上学》981a6)我们的经验总是有限的,也具有很大的偶然性。而且经验必须要亲自体验过才能获得。这样,经验的适用范围是有限的。但是,技术理性的适用范围就广泛一些。经验是个别性的,而技术则是普遍性的。"经验为个别知识,技术为普遍知识,而业务与生产都是有关个别事物的。"(《形而上学》981a15)技术比经验具有更大的普遍性。但是只有理论而没有经验,也不可能很好地认识事物和解决问题。

经验上升为技术理性,我们能够解决更多新问题。即使新问题比较复杂和未知,我们也可以凭借技术理性的普遍性来考察和解决。所以技术理性可以突破个人经验的局限性,而获得

---

[1] 译文引自亚里士多德:《工具论》(上、下),余纪元等译,中国人民大学出版社,2003。后同。

更大的生产能力。这在现代技术产生中已是非常明显的。当然，技术的普遍性仍然是有限的。正如康德所揭示的，科学或者技术理性只适用于现象界，不能扩展到本体界。技术理性没有达到理论理性的普遍性。

这是亚里士多德对技术的认识论起源或者发生学起源的探究。他从感觉经验出发，逐渐揭示了技术理性的发展过程。其中，普遍性是技术理性的重要特征。技术的可传授性和可复制性都和这种普遍性相关。柏拉图在《普罗泰戈拉》和《政治家》中也涉及技术的起源问题，他的探讨主要是和神话结合在一起的。

(二) 技术的对象性

技术的主要目的就是生产一些事物。亚里士多德把事物的产生划分为三种方式，即自然、技术和偶然。"关于创生的事物，有些是自然所成，有些是技术所成，有些是自发所成。"（《形而上学》1032a18）一切事物分为三种：一种是自然生成的事物，即自然物。一种是人为制造的事物，这和技术相关。还有一种是自发或者偶然产生的事物。这种事物一般不是正常的事物，也是人的理智很难理解的。"事物之创成为实是或由技术〈人工〉或由自然，或出机遇或出自发。技术之为动变原理出于被动变事物以外之另一些事物，自然之为动变原理则出于事物本身（如人生人），其他的原因则为两者之阙失。"（《形而上学》1070a8）也就是说，一切可理解的事物要么是出于自然，要么是出于人为（技术）。其他的事物都是不自然或者反自然的，因此是不可认识的。因为偶然产生的事物是没有原因的。这表明他对所谓的奇异之物或者神迹等持否定态度。① 对于他来说,自然是可知的,是理性的,不是神秘或者不可知的。

在有的地方,亚里士多德只区分了自然和技术两种产生方式。"自然产物是这样生成的,其他产物则称为'制品'。一切制品或出于技术,或出于机能,或出于思想。"(《形而上学》1032a28)他还说明了技术制作的基本过程。制造过程一部分是思想,一部分是制作。制造过程的起点与形式是由思想进行的,下一步进行的工夫是制作。也就是说,我们对任何事物的制作,都是首先在头脑中有一个观念和想法,有一个计划和设计,然后,根据这种观念和计划进行制作。思想在前,制作在后。这是一切技术制作的基本步骤。

在《尼各马可伦理学》中,亚里士多德区分了技术制作和道德实践。他指出,技术制作不同于道德实践,它们也不相互包含。制作不是实践。② 制作和技艺相关,如果没有制作相关的品质,就没有技艺。"所有的技艺都使某种事物生成。学习一种技艺就是学习使一种可以存在也可以不存在的事物生成的方法。技艺的有效原因在于制作者而不是被制作物。因为,技艺同存在的事物、同必然要生成的事物以及同出于自然而生成的事物无关,这些事物的始因在它们自身之中。"(《形而上学》1140a10)也就是说,技术制作的特征是产生可以存在,也可以不存在的事物。依据自然而产生的事物是必然存在的,所以不是技艺的范围。例如树木结出果实,这是按照自然必然会产生的。一张桌子只有通过技艺才能产生,如果没有技艺,这张

---

① 这里我们可以对比基督教关于神迹的观念。
② 我们现在往往把生产活动看作是最重要的实践活动。

桌子就不可能产生。在现代文明中，例如汽车、电脑、原子弹等都是通过技术而产生的。所以现代文明具有特别明显的技术特征。而自然之物反而被看作是被动的、偶然的。

他还指出，一切事物的产生都依据两个因素，即物质和形式（通式）。物质是一切事物的基质，并不决定事物的本质，而形式则决定事物的本质，事物凭借形式而得以划分，我们对事物的认识就是对形式的认识。"每一制品均将成为可区分的两部分，其一必然是物质，另一必然是通式。"（《形而上学》1034b14）亚里士多德并不承认"无中生有"的观念，而认为"无中不能生有"。"假如先无事物，就不能产生任何事物。明显地，现存各物必出于先在各物；物质就是先在的部分；物质既见于创生的过程，也由此创成为某些事物。"（《形而上学》1033a）一切事物的生产都是形式和物质相结合的产物。正是出于这种观念，亚里士多德把个体事物称为实体。

可以说，技术生产事物的本质是"模仿自然"。但是技术（人为）低于自然，自然高于人事。这是古希腊哲学关于自然和技术（人为）的基本立场。只有通过人为和技术，我们才能上升到自然。所以苏格拉底和柏拉图在对话中经常提到技艺。技艺是他们进行哲学思考的重要坐标。技术的产物可以称为器具和用具。我们生活的周围世界主要就是由器具和用具组成的。政治哲学在转向人类日常生活现象时，就需要对技术和用具等问题进行研究。但是我们却往往忽视了用具的存在。海德格尔对现象学本原性的研究使他突破了胡塞尔的意识现象学，对用具进行了现象学分析，这在哲学史上是很有意义的。

(三) 技术的主体性

对技术本质的界定，我们还要从灵魂的本性，也就是从理性和情欲的关系来界定。首先，技术和理性相关。动物也有感觉和经验，动物没有理性，所以动物不能把自己的经验理性化和普遍化，不能把它传授给下一代。相反，人类是理性的动物。人可以通过理性活动，把自己的感觉和经验普遍化，并且传授给下一代，如此可以使人类的文明得以延续。"除了人类，动物凭现象与记忆而生活着，很少相关联的经验；但人类还凭技术与理智而生活。"(《形而上学》980b25) 技艺展现了人的理性本质，把人和动物区分开来。正如马克思所认为的，人和动物的区别就在于人使用工具。工具就是技术的产物。所以技艺的本质是理性和智慧。如果没有理性，就不会有技艺。

但是，技术并不仅仅和理性相关，技术还和灵魂的另一个重要因素相关，即欲望。离开了对快乐、对欲望的满足的追求，我们就不能理解技艺的本质。人的天性都是避苦求乐的。在这种避苦求乐的本性中，人首先感受和追求肉体的快乐。为了获得肉体的快乐，人需要借助于技术。于是，人有了纺织术就可以御寒、遮羞、装饰，有了建筑术就可以安居，有了医术就可以获得健康，有了造船术就可以航海，最重要的是人有了政治的技艺，可以建立美好的国家等。所以技艺对于人类来说是必不可少的。这种重要性就和人的避苦求乐的天性有关。当然，快乐只是一种主观的感受和体验。如果我们进一步思考，就会看到，人对快乐的追求本质上是对善的追求。只是我们一般都认为快乐是一种善，或者快乐就是善。如果一种快乐不是善，我们就不会追求。"每种技艺与研究，同样地，人的每种实践与选择，都以某种善为目的。所以有人就说，所有事物都以善为目的。"(《尼各马可伦理学》1094a) 所以，人类技艺的一个重要因素就是为了满足欲望、获得快乐。如果人类没有欲望，也就没有技术的发展。虽然动物也避苦求乐，但是动物对快乐的认识和追求是有限的，人对快乐的理解和追求是无限的。动物依靠自己的机体能力就可以满足，人类则必须依靠技术获得无限的快乐。

所以技术是理性和欲望的结合的产物。这是我们理解技艺问题的两个重要方面。离开了这两个方面，我们不可能理解技术的本质。

（四）技术的目的

我们仅仅看到技术包含了欲望和理性两个方面，还是不够的。我们还应该厘清在技艺中理性和欲望的关系。或者说，我们还要理解技术的目的。

技艺和制作有关，而制作不是无目的的，是和人类的生存活动相关。"无论谁要制作某物，总是预先有某种目的。制作活动本身不是目的，而是属于其他某个事物。"(《尼各马可伦理学》1139b) 技术的目的是为人类的生活提供方便，技术理性不关心抽象的和生存无关的问题。"从事于实用之学的人，总只在当前的问题以及与之相关的事物上寻思，务以致其实用，于事物的究竟他们不予置意。"(《形而上学》993b20) 所以，准确地说，技术的本质就是理性服务于欲望。理性和欲望之间的关系并不是并列的或者分裂的，而是理性服务于欲望。欲望是主人和主导的方面，理性是仆人和被动的方面。也就是说，人有了欲望，欲望需要获得满足，然后理性就出谋划策，为欲望提供可行的服务，最终使欲望得以满足。欲望的满足就是快乐。这是技术理性的最根本的目的和特征。

人的欲望是无限的，所以技术进步也就是无限的。技术的无限和欲望的无限是一致的。"医疗技术从求得健康来说是没有限度（止境）的，一般的技术在其所拟想的目的（效益）上也都没有限度（止境）——各行业都希望在其本业上获得最大的成果——但是每一种技术在它的本业上实际各有范围，用以达到目的的手段也不是没有限度的。"(《政治学》1257b25) 也就是说，虽然技术的进步可以是无限的，但是每一种技术本身都是有其限度的，即合乎自然。因为技术的目的就是模仿自然。"技术活动一是完成自然所不能实现的东西，另一是模仿自然。因此，既然技术产物有目的，自然产物显然也有目的。"(《物理学》199a10)[1] 技术不可能超越自然而发展。

所以在适当的范围内，技术的发展是必要的、有益的。但是如果超越了这个限度，技术理性的发展就是灾难性的。正如柏拉图指出的："在这原则统治下，我认为理性和激情将被迫折节为奴。理性只被允许计算和研究如何更多地赚钱，激情也只被允许崇尚和赞美财富和富人，只以致富和致富之道为荣耀。"(《理想国》553d)[2] 亚里士多德认为："人类的恶德就在于他那漫无止境的贪心，人类的欲望本是无止境的，而许多人正是终生营营，力求填充自己的欲望。"(《政治学》1267b) 或者说，技术理性是颠倒错乱的。本来理性高于欲望，欲望应该服务于理性，但是在技术理性的领域，理性却反过来服务于欲

---

[1] 译文引自亚里士多德：《物理学》，张竹明译，商务印书馆，1982。后同。
[2] 译文引自柏拉图：《理想国》，郭斌和、张竹明译，商务印书馆，1986。后同。

望,成为欲望的奴隶,这是反自然的。

在亚里士多德的哲学体系中,技术理性是和享乐生活一致的。技术的目的和本质就是快乐,当然首先是肉体的快乐。这是技术理性区别于实践理性和理论理性的重要标志。

(五) 技术的地位

要理解技术的本质,我们还应该注意技术在古希腊哲学中的地位。技艺问题在古希腊哲学中确实具有重要地位。例如苏格拉底和他人的对话就经常从技艺问题开始,他人认为苏格拉底总是谈论鞋匠、木匠等低贱的事情,非常低俗搞笑。柏拉图也经常讨论技艺问题,《蒂迈欧》中的创世论也是按照技工的思路设想的,德穆革就被认为是技术家;在《政治家》中,他把政治也看作是一种技艺,认为政治技艺是最大的技艺。亚里士多德的四因说也被认为是根据制造的、技艺的思路来设想的。因此人们认为古希腊哲学和中国哲学是不同的。古希腊哲学受到了技艺的影响,古希腊哲学是技术主义的起源。这种看法是片面的。

亚里士多德认为技术隶属于政治学。"我们也看到,那些最受尊敬的能力,如战术、理财术和修辞术,都隶属于政治学。"(《尼各马可伦理学》1094b) 因为政治学追求的是最高的善,技术追求的是局部的、低级的善,低级的善从属于最高的善,一般技术都从属于政治学。按照柏拉图的观点,政治是最大的技艺,其他技艺都应该从属于政治的技艺。这是我们在理解技艺问题时必须要注意的。技术问题本身就是政治问题。技术统治本质上也是政治的统治的一种形式。没有脱离了政治的技艺的其他技艺。如果我们认为一般的技术可以独立于政治的技艺,那么这只是现代人的一种偏见和无知。

技术和物质财富相关,物质财富是一种善,但是这种善是最低级的善。"外物诸善,有如一切实用工具,一定有所限制。实际上,一切应用的事物,在这里情况完全相同;任何这类事物过量都对物主有害,至少也一定无益。灵魂的各种善德都愈多而愈显见其效益。"(《政治学》1323b7)人类对物质财富的追求归根到底是对善的追求。人们对物质财富的追求并不能够带来真实的幸福。我们不能缘木求鱼、舍本逐末。灵魂的善德才是最重要的。"灵魂之所以为物,要是在本质上以及它在人生所表达的境界上,比我们的财产或躯体则更可珍贵,最高尚的灵魂也一定比我们最富饶的财产或最健壮的躯体为更可珍贵。又,所有这些外物之为善,实际都在成就灵魂的善德,所以一切明哲的人正应该为了灵魂而借助于外物,不要为了外物竟使自己的灵魂处于屈从的地位。"(《政治学》1323b15)他认为幸福和德行是一致的。"各人所得幸福的分量,恰好应相等于他的善德和明哲以及他所作善行和所显智慧的分量。神的本性正该是这一真理的征信。神是快乐幸福的;但神之所以为至乐而全福,无所凭于外物诸善,他一切由己,一切为乐而道福的诸善已全备于他的本性之中了。"(《政治学》1323b21)

因为技艺服务于财富和欲望,所以技术在古希腊文化中的地位是低下的。我们不能过高评价技艺在古希腊哲学中的重要性。古希腊哲学区分了自然和人为,技艺属于人为的范围。智者哲学把自然和人为片面地对立起来,以自然否定习俗(人为)。但是在苏格拉底、柏拉图、亚里士多德等古典哲人看来,我们应该从人为上升到自然。我们应该遵循和沿着技艺(人为)的起点上升到自然,而不是把自然和人为技艺片面地对立起来。这才是一种真正的智慧。也就是说,人事与天道是不二的,人事也是天道的显现,人事是天道的一部分。舍弃了人事,我们也不可能认识天道。因此,苏格拉底、柏拉图和亚里士多德对人事、技艺的探讨就不是简单地推崇技艺,而是要从技艺、人事上升到自然的天道。如果我们认为古希腊哲学就已经被技艺绑架,那么我们就不可能真正理解古希腊哲学的基本精神。

二、技术的僭越

首先,我们应该明白技术本身是中立的,技术本身并无善恶。技术的目的是生产生活用品,使人生活更为舒适和便利。我们生活中的几乎所有用品和工具都是技术的产物。如果没有技术,我们无法设想我们的生活会怎样。但是技术并不是独立存在的,它必须在人的"生活世界"中发挥作用。而生活世界是具有善恶价值的,所以技术的作用和意义就必然会有善恶的性质。它可以为好的目的服务,因此而成为好的;也可以为恶的目的服务,因此而成为恶的。当然,不论技术如何发达,技术也不违越因果规律。技术本身也是"因缘所生法"。

其次,我们还要看到古代技艺和现代技术的区别。古代也有技术问题。但是古代技术是从属于政治生活的,技术的地位是比较低的。柏拉图就指出:"手工技艺似乎又全都是有点低贱的。"(《理想国》522b)亚里士多德也认为技艺专家不能作为城邦的公民。"城邦显然不会以从事贱业为生而行动有碍善德的工匠和商贩为公民。忙于田畴的人们也不能作为理想城邦的公民;培育善德从事政治活动,都必须有充分的闲暇。"(《政治学》1328b40)因此从事技术活动的人都被看作是地位很低的人,这和我国古代对手艺人的看法是一致的。古代技艺之所以被看作是低级的,是因为技术家或者手艺人的工作就是制造和生产一些器物,相比于政治的、道德的和哲学的生活而言,这种生活是低级的。技术是最低的享乐生活的一部分。技术本质上是理性服务于欲望,这并不是正义的和自然的。欲望服务于理性才是自然的、正义的。例如柏拉图就认为:"正义的人不许可自己灵魂里的各个部分相互干涉,起别的部分的作用。他应当安排好真正自己的事情,首先达到自己主宰自己,自身内秩序井然,对自己友善。"(《理想国》443d)柏拉图还讨论了"无技术时代"的问题。在《政治家》中,柏拉图谈到,在克洛诺斯的时代,因为神的统治,人不需要为自己的生存担忧,所以人类不需要技术。随着神的统治的消失,人不得不面临生存的痛苦,所以人类发明了各种技艺,来维持自己的生存。可以说技术是人类生存的忧虑和痛苦的产物。在《普罗泰戈拉》中,柏拉图用普罗泰戈拉的神话来说明这一点。厄比米修斯因为愚蠢和疏忽大意而忘记给人类配备必要的机能,人类和其它动物相比是非常脆弱的,人类只能以技艺来弥补自己的不足。这也表明技术的产生是和人类生活的不自足相关的。对于自足的人来说,技术是不需要的。可以说,柏拉图和亚里士多德哲学中包含了对技术的反思和批判。[1]

---

[1] 《庄子》中关于机心和道心的区分与此非常一致。"子贡南游于楚,反于晋,过汉阴,见一丈人方将为圃畦,凿隧而入井,抱瓮而出灌,搰搰然用力甚多而见功寡。子贡曰:'有械于此,一日浸百畦,用力甚寡而见功多,夫子不欲乎?'为圃者仰而视之曰:'奈何?'曰:'凿木为机,后重前轻,挈水若抽,数如泆汤,其名为槔。'为圃者忿然作色而笑曰:'吾闻之吾师:有机械者必有机事,有机事者必有机心。机心存于胸中,则纯白不备;纯白不备,则神生不定;神生不定者,道之所不载也。吾非不知,羞而不为也。'子贡瞒然惭,俯而不对。"(《庄子集释》卷五下《外篇·天地》)

但是在现代文明中，技术的地位和意义得到极大提升，技术理性主义获得了长足进展。可以说，现代理性主义的本质就是技术理性主义。近现代哲学为这种技术理性主义进行辩护和论证。培根把促进科学进步、征服自然、造福人类作为人类的新目标提了出来，他力图通过一套新方法来促进科学的复兴和知识的进步，建立一个不同于古代世界和基督教世界的全新世界。他认为人类只要知道事物产生的原因，就能够产生结果，从而达到征服自然的目的，于是"知识就是力量"的口号成为现代人的座右铭。笛卡尔在《谈谈方法》中指出，我们应该撇开经院哲学，发现一种实践哲学，把一切事物的力量和作用认识得一清二楚，就像熟知什么匠人做什么活一样，然后就可以因势利导，充分利用这些力量，成为支配自然界的主人。

霍布斯也明确提出理性就是计算，理性的目的就是服务于欲望。"思想对于欲望说来，就像斥候或侦探一样，四出窥探，以发现通向所希望的事物的道路。一切心理运动的稳定和敏捷性都是由这里产生的。"① 科学发展和技术进步成为人类获得享乐和幸福的主要手段。如果培根和笛卡尔等人主要关注的是科学技术的方面，那么霍布斯则把这种享乐主义理想贯彻到政治生活领域，建立了真正现代意义上的政治科学。

康德的科学知识论也可以说是现代技术理性主义的一部分。康德的第一批判的目的是为现代科学知识辩护。他认为科学的普遍性和有效性不是来自外在世界的客观性，而是来自人类主体的先验知性范畴。我们知道，他的知识范本和原型就是牛顿的物理学。牛顿物理学是现代机械论世界观的代表。机械

---

① 霍布斯：《利维坦》，黎思复、黎廷弼译，商务印书馆，1985，第54页。

论是技术理性主义的最大成就。现代机械论科学归根到底是和征服自然、造福人类的功利主义活动相关的。我们不能在纯粹理论认识的意义上理解康德的科学知识观。康德所说的科学的普遍有效性本质上也是技术理性主义。

随着技术理性主义的发展，对技术理性主义的批判也随之出现。尼采就明确指出现代理性主义的本质就是享乐主义。"他们用尽全力想要获取的，是绿茵茵草地上羊群的普遍幸福，是每一个人的生活有保障、安全、舒适和慰藉；他们最常高唱和吟诵的两首歌曲和学说是'权利平等'和'同情所有受苦的人'——痛苦本身被他们视为必须去除的东西。"① 他认为欧洲人在追求技术、理性和享乐的生活中堕落了。虽然技术是人类的权力意志的表现，技术的目的同样是控制、征服、强大等，但是对技术的依赖反而导致人类变得弱小和无能。在技术发达的同时，人自身变得更加脆弱和无能。尼采试图以哲学控制技术和科学，以悲剧精神提升欧洲的精神品质。他在《悲剧的诞生》中把欧洲技术理性主义的起源回溯到苏格拉底，认为苏格拉底是欧洲技术理性主义和科学主义盛行的罪魁祸首。但是他的这种看法仍然是基于现代性的理性主义观念，所以不可能克服现代理性主义。

海德格尔早期以生存论现象学解构现代科学技术主义。他认为此在的本质是在世，就是在世界之中的生存筹划，人的周围世界的活动主要是和人造物即用具的关系。自然物的照面也是基于人的筹划活动，并不存在原初意义上的自然物。科学是此在的生活世界的筹划活动的一部分，理性是从此在的理解

---

① 尼采：《善恶的彼岸》，朱泱译，团结出版社，2001，第47页。

（领会）中派生的，是第二位的。在后期，他则从历史主义角度解构科学技术理性主义。他认为科学世界观只是存在之历史天命的一个阶段和解蔽形式。而存在之天命则是超出科学理性的，是神秘的、不可知、不可说的。现代技术的本质是"座架"，也是存在的天命的一种解蔽活动。"作为现代技术之本质的座架源出于希腊人所经验的'让呈现'，亦即逻各斯，源出于希腊语中的创作和设置。"① 座架有"摆置"(stellen)、"订造"(bestellen)、"持存"(bestand)等特性。技术成为座架是基于主体形而上学。而主体形而上学不过是传统形而上学遗忘存在的一种表现。他认为现代性的重要特征就是技术统治。在技术统治下，人类的大地持存性已经被连根拔起，整个地球已成为一个巨大的生产车间或大工厂。人之人性和物之物性都有了可制造、可计算的市场价值，并且通过市场进行买卖。人类自身也被技术力量安排着、控制着。现代技术的统治导致人类生存的无根基状态和精神上的沉沦。他认为对于技术，我们既不能简单地推崇，也不能简单地反对，而应该"泰然任之"。他的工作就是解构西方传统形而上学，回归存在之天命的本真面目。

但他们对技术的批判都仍然是在现代性的视野中进行的，他们的哲学反思都是非政治性的或者是历史主义的。尼采基于历史主义把人的自然规定为权力意志，海德格尔则以"存在的天命"把这种历史主义本体论化了。他们没有看到或者忽视了人的避苦求乐的自然本性。避苦求乐是人的永恒的自然天性，技术是人追求善或者快乐的一种方式。不论历史如

---

① 海德格尔：《海德格尔选集》(上)，上海三联书店，1996，第305页。

何进步或者演变，人的这种本性是不变的。但是这种显而易见的观点却被人忽视了。他们认为人性是随着历史和文化而变化的。人没有一成不变的规定性。人是无限的可能性。这样我们对一切问题的反思和认识都丧失了基本的标准和尺度。这是我们当代哲学思想的最大问题。因此他们的批判不可能是彻底的、严格的。我们应该从古代政治哲学角度来反思和批判现代技术理性主义。

技术理性之所以在现代政治生活中占据崇高的地位，是因为现代技术理性主义和政治享乐主义结合在一起。也就是说，现代哲学的政治理想完全不同于古代哲学。现代政治观念是享乐主义的政治观念。出于对罗马天主教会和教义的反对，近代哲学家试图建立一种世俗化和理性化的政治国家。这种国家理念本质上就是一种政治享乐主义的国家理念。例如霍布斯反对亚里士多德所说的，政治生活的目的是追求高尚的生活的观念。他认为国家是和机器一样的人造物装置，政治国家的目标不是对高贵生活的追求，而是人类对舒适享乐生活的追求。"使人们倾向于和平的激情是对死亡的恐惧，对舒适生活所必需的事物的欲望，以及通过自己的勤劳取得这一切的希望。"[①] 他的政治理论成为后来自由主义和享乐主义政治学的开端。

这种享乐主义的国家理念需要技术理性主义的支持。在现代政治享乐主义意识形态中，技术不再被看作是低级的、需要抑制的。技术理性主义本身成为政治意识形态的一部分，技术的发展成为国家发展的主要推动力。技术和政治的结合是现代

---

① 霍布斯：《利维坦》，黎思复、黎廷弼译，商务印书馆，1985，第96—97页。

政治的基本特征。因此,现代理性主义本质上就是技术理性主义。而技术理性主义则是服务于政治享乐主义的目标的。可以说,技术理性主义本质上是非理性主义和享乐主义。"科学没有能力证明科学是好的,因为科学不可能进行价值判断。这么一来,科学本身就是基于一种非理性的选择。"① 现代理性主义是服务于欲望、享乐的理性主义,并不是真正彻底的理性主义,所以现代理性主义是理性主义的变异和堕落。我们在反思现代理性主义的时候,往往变为反对理性主义本身,或者,用一种非理性主义的思想反对理性主义。这是错误的。我们应该用古典理性主义反对现代理性主义。只有复兴古典理性主义,我们才能克服现代理性主义。

像尼采和海德格尔那样,把现代理性主义和技术主义追根溯源到古希腊哲学,是不正确的。在《关于马基雅维利的思考》中,施特劳斯指出:"我们可以说,使得古典意义上的好城邦成为空中楼阁的,并不是技术创新本身,而是为了造成这些技术创新而对于科学所作的利用。从古典思想家们的视角来看,科学本质上是一种理论追求,而对于科学所作的那种利用,则已经被科学所固有的这种本质属性排除了。"② 也就是说,在古典哲学中,哲学或者科学具有最高的、最神圣的地位。科学或者哲学不服务于任何政治目的。但是现代哲学则变为政治意识形态的一部分,政治和哲学的结合才是现代技术理性主义产生的根本原因。他还指出,现代技术主义的发展和现

---

① 施特劳斯:《弗洛伊德论摩西与一神教》,载刘小枫、陈少明主编《政治哲学中的摩西》,华夏出版社,2006,第 29 页。

② 施特劳斯:《关于马基雅维里的思考》,申彤译,译林出版社,2003,第 478 页。

代极权主义是一脉相承的。"古典思想家们懂得,如果我们不对发生在技术领域的变革怀抱不信任态度的话,我们就不能对政治领域和社会领域的变革采取不信任态度。所以他们就不赞同对技术创新予以怂恿鼓励,也许只有一个例外,就是僭主暴政,在那种政体构制之下,技术变革显而易见被认为是称心合意的好事。"① 所以现代技术理性主义的发展最终会促进暴政的发展。只有在极权暴政中,人们对技术才是鼓励和欢迎的。这是技术理性主义的真正恐怖之处。技术的发展已经成为极权主义的最大帮凶。技术越来越成为政治野心家的工具。人类本来想借助技术实现更好的享乐主义的生活,但是他们却可能陷入最大的、痛苦的、绝望的深渊。

在当代,随着技术和政治、资本的结合,技术似乎越来越脱离了政治的控制,所以有人提出了"技术统治"的概念,人类文明似乎正在变为"类人文明",人工智能、生物技艺、基因工程、克隆技术等正在使人和机器的界限模糊甚至消失。人类从未对技术如此的忧虑。技术本来是人类为了自己的生存和快乐而存在的,但是现代技术却成为威胁人类生存的一种力量。当然,单纯的技术统治是不存在的。技术统治的本质还是政治对技术的依赖和利用。对现代技术的反思和控制应该是国家行为,正如现代国家最初是为了自己的强大而利用技术,当代为了控制技术的发展,也应该是国家主动采取行动。但是在现代国际竞争的关系中,没有哪个国家会放弃甚至限制技术的发展。如果我们不改变政治国家的理念,不改变当代的追求享

---

① 施特劳斯:《关于马基雅维里的思考》,申彤译,译林出版社,2003,第477页。

乐的生活方式,我们是不可能控制技术的。我们对技术的反思和反对也只是无病呻吟,隔靴搔痒。

我们应该看到,技术问题本质上是政治问题,是关于"什么是美好生活"的问题。对于真正的美好生活,技术是无能为力的。如果我们不正本清源,重新思考这个问题,我们就不可能克服技术主义。我们只有复兴真正的哲学理性主义,限制政治享乐主义,才能抵制技术理性主义。

第二节 诗　术

亚里士多德在《诗学》中讨论了和诗歌艺术相关的问题。在《政治学》中,他也探讨了艺术教育特别是音乐教育的问题。诗歌和政治具有密切的相关性。

一、为诗立法

在《诗学》中,亚里士多德主要讨论了悲剧的写作问题。《诗学》类似于一本"写作指南"。但是这本写作指南类似于为诗歌、戏剧或者悲剧立法,正如柏拉图在《理想国》《法律篇》等对话中也为诗歌立法一样。戏剧面对的主要是人民大众,所以戏剧诗学也属于政治学的范畴。

在《诗学》中,亚里士多德主要讨论了关于诗艺本身和诗的类型、每种类型的潜力、应如何组织情节才能写出优秀的诗作、诗的组成部分的数量和性质等问题。

在前五章中，亚里士多德讨论了艺术的一般本质。他认为一切艺术的本质都是模仿。不同艺术形式采取了不同的方式模仿。"史诗的编制、悲剧、喜剧、狄苏朗勃斯的编写以及绝大部分供阿洛斯和竖琴演奏的音乐，这一切总的说来都是摹仿。它们的差别有三点，即摹仿中采用不同的媒介，取用不同的对象，使用不同的、而不是相同的方式。"（《诗学》1447a5）[①] 有人用色彩和形态模仿，展现许多事物的形象；有人凭借节奏、话语和音调进行模仿等。他还区分了艺术的模仿与技艺的模仿，他把一般技艺称作实用的艺术，而把艺术称作模仿或模仿的艺术。

模仿说是古希腊人关于艺术起源的基本观点。据说，最早提出模仿说的哲人是德谟克里特。他认为在许多重要的事情上，我们是模仿禽兽的小学生。我们从蜘蛛那学会了织布和缝纫；从燕子那学会了造房子；从天鹅和黄莺等那学会了歌唱。所以艺术活动最早也来自模仿。柏拉图也强调了艺术的模仿本质。他在《理想国》中对诗歌和绘画的模仿本质进行了揭示。他认为真实存在的是理念。现实事物是对理念的模仿，艺术是对现实事物的模仿。诗人是模仿者，其作品和理念隔了三层。诗人只是抓住了事物的外形，而不认识事物的本质。艺术是不真实的。这里表现了他对诗歌和艺术的批评。

在古希腊人看来，诗人也是制作者（poietes）。一首诗是制成品。陈中梅先生指出："从词源上来看，古希腊人不把做诗看作是严格意义上的创作或创造，而是把它当作一个制作或生产过程。诗人做诗，就像鞋匠做鞋一样，二者都凭靠自己的

[①] 译文引自亚里士多德：《诗学》，陈中梅译注，商务印书馆，1996。后同。

技艺，生产或制作社会需要的东西。"① 这是和我们这个时代非常不同的。虽然在古希腊，诗人享有崇高的地位和荣誉，但是他们并不被看作是非常了不起的人。在古代社会中，诗歌艺术活动都被认为是雕虫小技，即使像李白这样的天才也不把写诗看得很重要，治国安邦才是他的真正理想。但是现代社会却把诗歌看作是很高端的"创作"，认为诗歌或者艺术创作是神秘的不可认识的精神活动，所以诗歌被称为创作或者创造。这和现代文化特有的浪漫主义审美精神等倾向有关。

在第四章中，亚里士多德讨论了诗歌的起源："作为一个整体，诗艺的产生似乎有两个原因，都与人的天性有关。首先，从孩提时候起人就有摹仿的本能。人和动物的一个区别就在于最善摹仿，并通过摹仿获得了最初的知识。其次，每个人都能从摹仿的成果中得到快感。可资证明的是，尽管我们在生活中讨厌看到某些实物，比如最讨人嫌的动物形体和尸体，但当我们观看此类物体的极其逼真的艺术再现时，却会产生一种快感。这是因为求知不仅于哲学家，而且对一般人来说都是一件最快乐的事，尽管后者领略此类感觉的能力差一些。"(《诗学》1448b2—10) 一切艺术都源于模仿。因为模仿可以带来知识，知识可以带来快乐。所以模仿可以带来快乐。因为这种快乐，人类又喜欢模仿。这就是模仿、知识和快乐之间的关系。这是亚里士多德的理性主义原则。

当然，仅仅有模仿还是不够的。诗歌还必须配有音乐。"由于摹仿及音调感和节奏感的产生是出于我们的天性（格律文显然是节奏的部分），所以，在诗的草创时期，那些在上述

---

① 亚里士多德：《诗学》，陈中梅译注，商务印书馆，1996，第28页。

方面生性特别敏锐的人,通过点滴的积累,在即兴口占的基础上促成了诗的诞生。"(《诗学》1448b15)因为诗歌是要传唱的,必须配有音乐。其他艺术如绘画、雕塑等则不具有音乐性。例如荷马就是最早的吟游诗人。与柏拉图不同,亚里士多德对荷马是非常推崇的。"荷马不仅是严肃作品的最杰出的大师(唯有他不仅精于作诗,而且还通过诗作进行了戏剧化的摹仿),而且还是第一位为喜剧勾勒出轮廓的诗人。他以戏剧化的方式表现滑稽可笑的事物,而不是进行辱骂。"(《诗学》1448b27)

亚里士多德认为诗歌的发展经历了很长的过程,可以分为两大类。"诗的发展依作者性格的不同形成两大类。较稳重者摹仿高尚的行动,即好人的行动,而较浅俗者则摹仿低劣小人的行动,前者起始于制作颂神诗和赞美诗,后者起始于制作谩骂式的讽刺诗。"(《诗学》1448b15)前者逐渐发展为悲剧,后者逐渐发展为喜剧。"悲剧——喜剧亦然——是从即兴表演发展而来的。悲剧源于狄苏朗勃斯歌队领队的即兴口诵,喜剧则来自生殖崇拜活动中歌队领队的即兴口占,此种活动至今仍流行于许多城市。悲剧缓慢地'成长'起来,每出现一个新的成分,诗人便对它加以改进,经过许多演变,在具备了它的自然属性以后停止了发展。"(《诗学》1449a40)两者对待历史人物和事件是不同的。"在喜剧里,这一点已清晰可见:诗人先按可然的原则编制情节,然后任意给人物起些名字,而不再像讽刺诗人那样写具体的个人。在悲剧里,诗人仍在沿用历史人名,理由是:可能发生之事是可信的;我们不相信从未发生过的事是可能的,但已经发生之事则显然是可能的,否则它们就不会发生。"(《诗学》1451b12)

在第九章中，亚里士多德比较了诗歌和历史的内容差异。"诗人的职责不在于描述已经发生的事，而在于描述可能发生的事，即根据可然或必然的原则可能发生的事。历史学家和诗人的区别不在于是否用格律文写作（希罗多德的作品可以被改写成格律文，但仍然是一种历史，用不用格律不会改变这一点），而在于前者记述已经发生的事，后者描述可能发生的事。所以，诗是一种比历史更富哲学性、更严肃的艺术，因为诗倾向于表现带普遍性的事，而历史却倾向于记载具体事件。"（《诗学》1451b1—10）所谓带普遍性的事指根据可然或必然的原则，某一类人可能会说的话或会做的事。历史的具体事件指某个人物做过或遭遇过的事。所以亚里士多德认为诗歌高于历史。诗歌包含了对普遍事物的认识的因素，而历史只是对事件的记录。只有我们对人类生活有所认知，我们才能进行诗歌制作。所以他认为不能按照是不是格律文来区分诗歌和历史。诗人本质上是情节的编制者，而不是格律文的制作者。

以上内容是对诗歌的起源和本质的讨论。下面，我们讨论诗歌的内容问题。

在第二章中，亚里士多德讨论了诗歌或者戏剧的人物性格。他指出："既然摹仿者表现的是行动中的人，而这些人必然不是好人，便是卑俗低劣者（性格几乎脱不出这些特性，人的性格因善与恶相区别），他们描述的人物就要么比我们好，要么比我们差，要么是等同于我们这样的人。"（《诗学》1448a）所谓行动着的人是指在政治生活中的人，政治生活和实践、行动性格。相反，沉思的人（哲人）则不是悲剧或者喜剧的主人公。当然，阿里斯托芬的《云》以苏格拉底为主人公。柏拉图写作了以苏格拉底为主角的"哲人剧"。这种哲人剧大概不能列入悲剧或者喜剧的范围。亚里士多德认为悲剧和喜剧描写的人物是不同的。"喜剧倾向于表现比今天的人差的人,悲剧则倾向于表现比今天的人好的人。"(《诗学》1448a15)这里,亚里士多德表现了明确的道德观念。一般来说,悲剧产生于贵族时代,喜剧产生于民主时代。悲剧大多描写的是贵族或者英雄,喜剧一般描写的是市民或者平民。在德性上,贵族自然是高于平民的。陈中梅先生指出:"作者认为,人有'高雅'或'高贵'和'低劣'或'低俗'之分,前者指注重品行、有责任心和荣誉感的、能够认真对待生活(因而也应被认真对待)的'君子',后者指能力和品行欠佳的、无足轻重的、不值得认真对待的'小人'。"① 我们必须注意到,亚里士多德的诗学思想也贯穿了严格的道德立场,"文以载道"是他的诗学思想的本质核心。如果我们忽视了这一点,我们就不可能理解他的诗学思想。相反,现代的文学艺术则不再关心道德善恶的问题。它们似乎更多关注人物社会身份方面。例如现实主义文学表现社会中的小人物等。另一方面,现代文明特别强调平等主义,所以不允许在人和人之间进行高低贵贱的区别。这也是现代文明不再重视道德品质的表现。

在第五章中,亚里士多德指出:"喜剧摹仿低劣的人;这些人不是无恶不作的歹徒——滑稽只是丑陋的一种表现。滑稽的事物,或包含谬误,或其貌不扬,但不会给人造成痛苦或带来伤害。现成的例子是喜剧演员的面具,它虽然既丑又怪,却不会让人看了感到痛苦。"(《诗学》1449b5)在此,他强调喜剧

---

① 亚里士多德:《诗学》,陈中梅译注,商务印书馆,1996,第39页。

的基本特征是滑稽可笑,喜剧并不表现那些邪恶的人。可以设想,亚里士多德是不允许儿童观看喜剧的,这会对儿童的教育不利。在《政治学》中,亚里士多德指出:"不端正的语言既须要禁止,显然,我们也应该杜绝秽亵的图画展览和秽亵的戏剧表演。因此执政人员就得视察全邦的雕塑和图画,不让它们描摹任何秽亵的形象。"(《政治学》1336a10)只有等儿童长大到一定年龄,不容易被不良事物污染时,才允许他们观看低俗的演出等。

在第六章到第十二章中,亚里士多德对悲剧进行了讨论。在第六章中,他界定了悲剧的定义。"悲剧是对一个严肃、完整、有一定长度的行动的摹仿,它的媒介是经过'装饰'的语言,以不同的形式分别被用于剧的不同部分,它的摹仿方式是借助人物的行动,而不是叙述,通过引发怜悯和恐惧使这些情感得到疏泄。"(《诗学》1450a5)对于这个定义,我们是非常熟悉的。我们知道,悲剧的意思是"山羊之歌"。演员身披山羊皮,表演羊人萨提尔的样子,向酒神献祭,唱酒神颂,后来发展为悲剧。这个定义包含几个含义。第一,从模仿对象说,悲剧是对一个严肃、完整、宏大行为的模仿。"完整的活动具有开端、中间和结尾。"① 第二,从模仿方式说,悲剧是以行动而不是叙说的方式模仿。第三,悲剧的要素包含六种,情节、性格、思想、台词、扮相和歌曲。行动构成的情节是悲剧冲突的基础。悲剧的好坏取决于情节。第四,悲剧摹仿的不仅是一个完整的行动,而且是能引发恐惧和怜悯的事件。恐惧和怜悯可以出自戏景,亦可出自情节本身的构合,当然后一种方式比

---

① 后来的古典主义根据这种思想总结出"三一律"的原则。

较好。此类事件既要发生得出人意料,又能表明因果关系,那就最能取得这种效果。

接下来,亚里士多德讨论了组成悲剧的六个要素。"作为一个整体,悲剧必须包括如下六个决定其性质的成分,即情节、性格、言语、思想、戏景和唱段,其中两个指摹仿的媒介,一个指摹仿的方式,另三个为摹仿的对象。"(《诗学》1450a20) 其中,悲剧是对行动的摹仿,情节是悲剧的根本,是悲剧的灵魂。人物性格的重要性占第二位。第三个成分是思想。思想指能够得体地、恰如其分地表述见解的能力。第四个成分是话语中的言语。言语指用词表达意思,其潜力在诗里和在散文里都一样。在其余成分里,唱段是最重要的装饰。戏景虽能吸引人,却最少艺术性,和诗艺的关系也最远。如果情节不能吸引人,可以使用戏景吸引人。例如现代好莱坞电影就主要使用戏景吸引人。

在第十一章中,亚里士多德讨论了情节的三个要素:突转、发现和苦难。突转是指行动的发展从一个方向转至相反的方向,这种转变必须符合可然或必然的原则,否则,会让人觉得不真实或者不可信。发现是指从不知到知的转变,使置身于顺达之境或败逆之中的人物认识到对方原来是自己的亲人或仇敌。例如《俄狄浦斯王》的情节。苦难是指毁灭性的或包含痛苦的行动,如人物在众目睽睽之下的死亡、遭受痛苦、受伤以及诸如此类的情况。可以说,这些要素的使用决定了悲剧的好坏。

在第十三章中,亚里士多德讨论了诗人在写作悲剧时应追求什么,避免什么,以及应该怎样才能使悲剧产生功效。他指出:"首先,悲剧不应表现好人由顺达之境转入败逆之境,因为这既不能引发恐惧，亦不能引发怜悯，倒是会使人产生反感。其次，不应表现坏人由败逆之境转入顺达之境，因为这与悲剧精神背道而驰，在哪一点上都不符合悲剧的要求——既不能引起同情，也不能引发怜悯或恐惧。再者，不应表现极恶的人由顺达之境转入败逆之境。此种安排可能会引起同情，却不能引发怜悯或恐惧，因为怜悯的对象是遭受了不该遭受之不幸的人，而恐惧的产生是因为遭受不幸者是和我们一样的人。所以，此种构合不会引发怜悯或恐惧。介于上述两种人之间还有另一种人，这些人不具十分的美德，也不是十分的公正，他们之所以遭受不幸，不是因为本身的罪恶或邪恶，而是因为犯了某种错误。这些人声名显赫，生活顺达，如俄底浦斯、苏厄斯忒斯和其他有类似家族背景的著名人物。"(《诗学》1453a5—18)这就是著名的"悲剧人物过失论"。悲剧人物应当是介于好人和坏人之间的人，即犯有过失的好人。例如伦理行为上的不完美和认识上的不自知。这种人并不为非作歹，却遭受不应有的厄运，所以当他们从顺境转入逆境，就会引起我们的怜悯。这种人与我们相似，我们怕像他一样遭受厄运，所以我们就会产生恐惧。

其次，他还指出要达到悲剧效果，诗人在人物关系的安排上要明白，互相争斗的行动必然发生在亲人之间、仇敌之间或非亲非仇者之间。如果是仇敌对仇敌，那么除了人物所受的折磨外，无论是所做的事情，还是打算做出这种事情的企图，都不能引发怜悯。如果此类事情发生在非亲非仇者之间，情况也一样。但是，当惨痛事件发生在近亲之间时，比如发生了兄弟杀死或企图杀死兄弟、儿子杀死或企图杀死父亲、母亲杀死或企图杀死儿子、儿子杀死或企图杀死母亲或诸如此类的可怕事例，悲剧冲突的效果就会产生了。诗人应该寻找此类事例来描写。他认为怜悯和恐惧的对象不能和我们太亲近或者太疏远，否则都不可能产生两种情感。同样，彻底绝望的人和极度幸福的人都不能使人产生恐惧和怜悯。

在悲剧人物性格的刻画方面，他认为诗人应做到以下四点：第一，人物性格应该好。当然每一类人中都有自己的好人，妇人中有，奴隶中也有。第二，人物性格应该适宜。一个男人应该有男子汉气概的性格，如果让女人表现男子般的勇敢或机敏就是不合适的。第三，人物性格应该和现实中的人物性格相似，这一点与性格的好或者适宜是不同的。第四，人物性格应该前后一致。即使人物性格不一致，诗人应做到寓一致于不一致之中。另外，他认为诗人刻画性格，就像组合事件一样，必须符合必然或可然的原则。这样才能使某一类人按必然或可然的原则说某一类话或做某一类事，才能使事件的承继符合必然或可然的原则。这类似于"典型论"的观点。也就是说，模仿存在三种方式，照事物现实的样子、照人们所想象的样子和照事物本来应当有的样子去模仿。第三种就是现代艺术理论中的典型理论。

在悲剧情节的描写方面，亚里士多德认为诗人在组织故事情节，并将它付诸言词时，应尽可能地把要描写的情景想象成就在眼前，犹如身临其境，极其清晰地看到要描绘的形象，从而知道如何恰当地表现情景，并把出现矛盾的可能性压缩到最低的限度。而且，诗人还应尽可能地将剧情付诸动作，不能过多诉诸语言，否则会使情节不生动激烈。诗人还应该善于体察人物的情感。那些善于体察到人物情感的诗人的描述最使人信服。例如，体验着烦躁的人能最逼真地表现烦躁,体验着愤怒的人能最逼真地表现愤怒。因此,"诗是天资聪颖者或疯迷者的艺术,因为前者适应性强,后者能忘却自我"(《诗学》1455b10)。这里和柏拉图所说的"灵感说"比较接近。在《伊安》中,柏拉图认为诗人创作包括诵诗人依赖的是灵感(缪斯的附体),而不是理性的技艺。这包含了对诗人的贬低。

亚里士多德还认为一部悲剧可以分为结和解两个部分。剧外事件,再加上一些剧内事件,组成结;其余的剧内事件则构成解。"所谓'结',始于最初的部分,止于人物即将转入顺境或逆境的前一刻;所谓'解',始于变化的开始,止于剧终。"(《诗学》1456a3)也就是说,"结"就是故事情节中的矛盾冲突的产生过程,"解"则是矛盾冲突的化解和完成。这个悲剧情节都应该是围绕矛盾冲突的产生和化解来展开的。他还强调解应该是情节本身发展的结果,而不应借机械的作用,否则就是低劣的情节。此外,亚里士多德还讨论了悲剧的语言问题,例如外来词、隐喻词等,我们在此不再赘述。

在最后四章中,亚里士多德对悲剧和史诗进行了比较。他认为悲剧分四种:简单剧、复杂剧、性格剧和苦难剧。史诗的种类和悲剧的相同,也分为简单史诗、复杂史诗、性格史诗和苦难史诗。除唱段和戏景外,史诗的成分也和悲剧的成分相同。史诗中也应有突转、发现和苦难,此外,它的言语和思想亦要精美。史诗和悲剧的差异在于:史诗和悲剧在结构方面长短不同、所用的格律不同、模仿的方式不同、产生效果的方式不同等。

亚里士多德最后提到,人们一般认为史诗的对象是有教养的听众,而悲剧则是演给缺少教养的观众看的。当然,喜剧应该比悲剧还要低劣,其观众也当然更加低劣。① 他对这种看法进行了批评。他认为人们对诗人的批评可以分五类,即诗人描述了不可能发生之事、不合理之事、有害之事、前后矛盾之事和技术上处理欠妥当之事。他认为这不是对诗艺,而是对演技的指责。例如史诗吟诵艺人可能犯装腔作势的毛病。他认为悲剧优于史诗。因为悲剧具有史诗所有的一切。悲剧有一个分量不轻的音乐成分,悲剧能以极生动的方式提供快感。无论是通过阅读还是通过观看演出,悲剧都能给人留下鲜明的印象。悲剧还能在较短的篇幅内达到模仿的目的,更能给人快感。还有,史诗诗人的模仿在整一性方面欠完美。悲剧的模仿则更加完整、统一。

以上是《诗学》的基本内容。其中,最重要的就是亚里士多德关于悲剧的理论和净化理论。亚里士多德非常重视悲剧的心理效果,要求悲剧应该达到伦理的、教育的目的。这主要表现在他对悲剧净化作用的看法上。他认为悲剧可以产生恐惧和怜悯。恐惧是对可能降临到自己身上的即将到来的大灾难的痛苦情感。怜悯是对不应遭难却遭难的人的情感。怜悯是由恐惧引起的。但是,悲剧的目的并不要激发这些情感,悲剧是要使这些情感获得宣泄和平衡。这就是悲剧的净化(katharsis)。净化的对象是恐惧和怜悯,净化的方法是激发这些情感,使它们得到宣泄。净化的目的是使这些情感达到平衡。所以净化主要是指艺术经由审美欣赏给人一种"无害的快感",从而达到

---

① 我们大体可以说,史诗产生于英雄时代,史诗建立了神权政治;悲剧产生于贵族时代,是神权政治开始受到怀疑和动摇;喜剧则产生于民主时代,是神权政治已经丧失的表现。当然,古希腊的神权政治和犹太教、基督教的神权政治并不相同。

伦理教育的目的。这种净化使人产生行动的意向、向善的意志、克服恶的决心，使人能够在现实生活中"把握有利的时机，按照理性的指令而感受，而行动"。按照《尼各马可伦理学》的思路，情感的净化就是使两种情感保持适中的状态。他认为通过观看悲剧，人们就会经常体验到怜悯和恐惧，在这种反复体验中，人们就逐渐练习学会了以理性控制这些情感，这样就达到了适度和中道的德性。

最后，我们可以补充一下，在《政治学》中，亚里士多德也提到了《诗学》。"音乐的三种利益为：其一，教育；其二，祓除情感——现在姑且先引用'祓除'这一名词，等到我们讲授《诗学》的时候再行详解；——其三，操修心灵，操修心灵又与憩息和消释疲倦相关联。"（《政治学》1342a）这里的"祓除"应该就是"净化"（katharsis）。他还提到了《诗学》中讨论的恐惧和悲悯的情感。"如果听取他人的演奏，就可列入行动乐调和热忱乐调这类节目。怜悯、恐惧、热忱这类情感对有些人的心灵感应特别敏锐的，对一般人也必然有同感，只是有强有弱、程度不等而已。"（《政治学》1342a5）可以说，《诗学》是对《政治学》的补充。《诗学》讨论的并不是文艺问题，而是政治的公民教育问题。伦理学和政治学的目的就是培养自由而高贵的人，自由人的本质就是理性节制情欲。所以，悲剧可以激发他们的恐惧和怜悯，最终使他们可以很好地控制这些情感，从而达到理性的自律和节制。

柏拉图也曾经对诗歌进行立法。他对当时的诗歌和戏剧进行了批评。他认为哲学和理性是为了教化合格的具有理性和道德的公民，而诗歌和戏剧则倾向于放纵观众的情欲。柏拉图在《理想国》中说："我们是只许可歌颂神明的赞美好人的颂诗进入我们城邦的。如果你越过了这个界限，放进了甜蜜的抒情诗和史诗，那时快乐和痛苦就要代替公认为至善之道的法律和理性原则成为你们的统治者了。"(《理想国》607a)所以柏拉图要把诗人驱逐出理想国，以免诗人的作品放纵人民的情欲，败坏城邦人民的德性。诗人很容易为了自己的名利而迎合和讨好大众的低级趣味，使诗歌艺术等最终成为享乐主义的手段。所以他认为哲学和诗歌的斗争是极为重大的。"这场斗争是重大的。其重要性程度远远超过了我们的想象。它是决定一个人善恶的关键。因此，不能让荣誉、财富、权力，也不能让诗歌诱使我们漫不经心地对待正义和一切美德。"(《理想国》608b)

柏拉图也指出，如果诗人能够按照哲人的立法进行创作，诗歌和戏剧还是可以存在的。他认为自己的对话就是诗歌和悲剧的典范，把自己看作是悲剧作家。"我们自己都是悲剧作家。我们的悲剧作品都是我们能够创作出来的最好作品。不论如何，我们整个国家的建设都是一种'表现'，它表现的是一种最好最高尚的生活——这种生活就是真正的悲剧。"(《法律篇》817b)① 这表明在柏拉图看来，哲人就是真正的立法者，而立法本身就是艺术创作活动。哲人作为诗人和其他诗人不同的地方在于，哲人关注的是人的人格品质，哲人的立法诗是把人生或者人的灵魂作为自己的对象，以塑造人的灵魂或者人格的品质为目的。一般的诗人关注的是表达或者迎合人的情感喜好，而不关心塑造人的性格或者灵魂。

---

① Plato: *The Laws of Plato*, Translated by Thomas L. Pangle, Basic Book, Inc., 1980.

综上所述，柏拉图和亚里士多德对诗歌问题的讨论都是为诗立法，他们都坚持"文以载道"的理性主义原则。诗歌艺术应该以理性来节制情欲，使情欲不过于放纵，以此培养自由而高贵的公民。诗歌艺术也是理性和情欲结合的产物。单纯的理性和情欲都不可能制作出诗歌和艺术作品。柏拉图的哲学对话一方面是理性的、哲学的、思辨的，一方面是艺术的、非理性的、形象的。他把两者完美地结合在一起。真正的诗术和艺术应该达到理性和情欲的和谐。如果情欲超过了理性，诗歌艺术成了享乐的工具，这就是诗术的造反。

二、诗的反叛

我们看到，后世欧洲的文化思想史中确实贯穿了哲学和诗歌的斗争。诗术在诗人那里越来越成为他们满足享乐欲望的工具。

在欧洲文艺复兴时期，维柯的《新科学》试图通过语言学和哲学的结合来研究各民族共同的、永恒的历史过程。他认为人类历史经过三个阶段：神的时代、英雄时代和人的时代。他认为在最早的时代，人类具有诗性智慧。所谓诗性智慧具有以下含义：第一，诗性智慧是人类最初的智慧。诗性智慧是形象思维，形象思维在先，是抽象思维的基础。第二，诗性智慧的基本方式是"以己度物"的隐喻。寓言、神话源于诗性智慧。第三，诗性智慧是一种"想象性的类概念"，是以具体的个别事物代表同类事物。第四，诗性智慧还具有认识和教化的作用。人类因为无知而引发好奇，好奇引发求知。他认为诗人的想象是真实的,诗人是"通奥义者"。

德国早期的浪漫主义进一步提升了诗歌艺术的地位,提出了"诗的本体论"的思想。荷尔德林和施勒格尔都把诗放在了历史、科学、艺术和哲学之上。荷尔德林认为:"诗会因此获得更高的尊严,它将于最终又成为其最初所是——人性的老师;不再有哲学,不再有历史,唯有诗的艺术将超越所有其余的科学和艺术而长存。"① 施勒格尔认为:"鉴于戏剧只有在诗里才是可能的,难道诗不应该因此是所有艺术中最高级、最尊贵的艺术吗?"② 诗歌在浪漫主义那里承担了一种形而上学的使命,诗歌的目标是去揭示和把握绝对者、超越者、不可见者、未知者。但是浪漫主义不使用哲学概念去揭示最高存在者,而是使用类似于神秘主义的感觉和信仰的方法去传达无限者。诺瓦利斯强调诗的神秘性。"诗的感觉颇近于神秘主义的感觉。这种感觉乃是针对那种奇特的、个人的、未知的、神经的、需要敞开的、必要而偶然的事体。它表现不可表现的,它窥见不可见的,感觉到不可感觉的……"③ 也就是说,浪漫主义诗歌就是努力营造这种神秘、浪漫的氛围和情绪。这种浪漫化、神秘化、陌生化就是诗化。诺瓦利斯还认为:"诗是纯粹而绝对的实在。这是我的哲学的核心。愈是诗性的则愈真实。"④ 对于诺瓦利斯来说,诗歌已经不再是一种艺术形式,而是成为一种最高的实在,诗歌具有了形而上学的特性。

---

① 荷尔德林:《荷尔德林文集》,戴晖译,商务印书馆,1999,第 282 页。
② 施勒格尔:《浪漫派风格》,李伯杰译,华夏出版社,2005,第 73 页。
③ 诺瓦利斯:《夜颂中的革命和宗教》,林克等译,华夏出版社,2007,第 127 页。
④ 同上书,第 123 页。

尼采推崇艺术和诗歌，推崇非理性的生命力观念，贬低哲学和理性。在《悲剧的诞生》中，他认为苏格拉底是科学和理性主义的代表，现代性的理性主义就是发端于苏格拉底哲学。他试图以诗歌艺术取代哲学，提出了"艺术形而上学"的观念。"艺术是生命的最高使命和生命本来的形而上活动。""艺术是对抗一切要否定生命的意志的唯一最佳对抗力，最反基督教的、反佛教的，尤其是反虚无主义的。艺术是对认识者的拯救——即拯救那个见到、想见到生命的恐怖和可疑性格的人，那个悲剧式的认识者。艺术是对行为者的拯救，也就是对那个不仅见到而且正在体验、想体验生命的恐怖和可疑性格的人的拯救，对那位悲剧式的、好战的人，那位英雄的拯救。艺术是对受苦人的拯救——是通向痛苦和被希望、被神化、被圣化状态之路，痛苦变成伟大兴奋剂的一种形式。"① 尼采的诗歌艺术观对后世产生了很大影响。后来很多艺术诗歌的思潮都受到尼采哲学的影响。

海德格尔继承了尼采的这种思路，他把艺术、诗与哲学、真理联系起来。他试图以诗歌解构哲学。他认为诗不是一种文学体裁，而具有一种本原的意义。"诗不是此在的一种附带装饰，不只是一种短时的热情甚或一种激情和消遣。诗是历史的孕育基础，因而也不只是一种文化现象，更不是一种'文化灵魂'的单纯'表达'。"② 也就是说，诗歌或者诗人是原初政治生活的开创者。诗歌或者史诗建立了一切政治民族的原初生活。诗比哲学更加古老。诗人通过命名创造属人的诗意的世

---

① 尼采：《权力意志》，张念东、凌素心译，商务印书馆，1991，第443页。
② 海德格尔：《海德格尔选集》（上），孙周兴编译，上海三联书店，1996，第319页。

界。作诗就是确立尺度。"作诗乃是'采取尺度'(Mass-Nahme)——从这个词的严格意义上来加以理解;通过'采取尺度',人才为他的本质之幅度接受尺度。"① 诗的原初活动是命名,命名是筑居,因此诗本质上是筑居或者安家。诗的目的就是要构造出一个诗意的世界。在诗人的诗歌言说之中,人类才拥有了属己的政治世界。与此一致,他认为理性和哲学不具有原初性,理性不能够认识世界和存在,理性主义的对象化方式不可能把握事物的本来面目,只能导致人和物的双重丧失。"理性根本不是公正的法官。它肆无忌惮地将所有那些与它不相符的东西都看作是臆造之物,并且还将他们排挤到由它自己划定的非理性主义的泥潭之中。"② 在《论真理的本质》一文中,他否认了人可以认识绝对真理的可能性,认为真理本质上包含了非真理。"非真理必然源出于真理的本质。只是因为真理和非真理在本质上并不是互不相干的,而是共属一体的。"③ 所以根本没有普遍绝对的真理,没有评判真理性的最终标准。只有诗歌才是最原初的,诗歌才能开创一个新时代和新世界。

综上所述,现代诗歌和艺术都试图摆脱政治和哲学的控制,推崇所谓的"为了艺术而艺术"。我们看到,现代艺术一方面表现为极度的个人化和内在化,以至于除了作者本人,无人可以理解其艺术的意义,当然他本人也未必理解;另一方面,现代艺术又是极度的日常化和大众化,甚至取消了艺术和

---

① 海德格尔:《海德格尔选集》(上),孙周兴编译,上海三联书店,1996,第472页。
② 同上书,第611页。
③ 同上书,第225页。

生活的界限,例如许多行为艺术。这两种趋势最终都走向"艺术的终结"。因此,这种摆脱了政治和哲学的诗歌艺术在体验上是神秘主义和享乐主义的,在真理和价值上是虚无主义的。享乐主义和虚无主义是一体两面的。

第三节 修 辞 术

亚里士多德的《修辞学》是西方最早的系统阐释修辞术原理的著作,奠定了西方修辞学的传统。"Rhetoric"一词一般译成"修辞学"。其字根 rhe,意思是"使用语言",亦即"说话";rhetor 则是"使用语言的人"。但 rhe 所指的"使用语言"与一般的说话有别,它是包括声调、表情、动作在内的说话,与"在公众场合中发表演说"意思比较相近。可以说,修辞学既是一种研究演说的技艺(演讲术),也是一种研究散文写作的理论。

《修辞学》全书共分三卷,第一卷开篇阐述修辞学的定义、演说的分类、说服方式和题材;第二卷着重分析听众的情感和性格以及论证方法;第三卷讨论文体风格与构思布局,涉及演说的立意取材、辞格运用、语言风格、谋篇布局、语气手势和情态等。

一、修辞术的本质

随着古希腊民主政治的兴起,演说和论辩成为古希腊城邦政治生活的重要方面。修辞术（修辞学）是在智者派运动中发扬光大起来的。其中，高尔吉亚、普罗泰戈拉、普罗狄科等智者派曾经风靡一时。在他们那里，修辞术的目的只是为了说服。因此，修辞术沦为论辩乃至诡辩的技巧。智者追求说服的目的并不是为了获得真理，而是为了展示自己的所谓"才华"，从而获得个人的名利。因此在智者派那里，修辞术成为他们满足自己的享乐欲望的工具。

苏格拉底、柏拉图看到了智者派修辞术的这种目的，因此他们都反对智者派修辞术。柏拉图在《高尔吉亚》《斐德若》等对话中讨论了修辞术的问题。他的主要观点就是否定修辞术是一种技艺。在《斐德若》中，他指出，如果修辞术不顾及真理，修辞术就不是一种技艺。"如果一个演说家不认识真理，只追随信念，他的技艺就是一种可笑的技艺，或者说根本不是技艺。"（《斐德若》262c）[1] 柏拉图认为一种活动是不是技艺，主要在于它是否合乎事实本身。如果修辞术是为了迎合人的主观感觉，那就不是技艺。例如他认为烹调术就不是一种技艺。同样，如果修辞术主要是为了控制人的情感和判断，那么它就不是一种技艺。在《高尔吉亚》中，苏格拉底舌战群儒，和高尔吉亚、波卢斯和卡利克勒进行了针锋相对的激烈辩论。他们三个人一个比一个大胆放肆、无所顾忌。辩论的目的就是柏拉图试图以哲学驯化修辞术，使修辞术的目的从追求说服转变为传播真理和智慧。在《斐德若》中，柏拉图指出一个人要成为一个伟大的演说家，首先必须具备天赋、知识和训练三个方

---

[1] Plato: *Complete Works*, Edited, with Introduction and Notes, by John M. Cooper, Hackett Publishing Company, 1997.

面，欠缺任何一个方面都不可能成功。他说："一切伟大的技艺都需要有一种补充，这就是对事物的自然的研究。"(《斐德若》270a)这种对于事物本身的研究就是哲学辩证法的目的和工作。所以真正的修辞术应该以哲学的真理和事实为基础和前提。

亚里士多德重新讨论了修辞术的问题。他似乎变得更加"中立"，更多从写作技艺的角度讨论修辞术。但是我们也同样可以说，他是在为修辞术立法。其目的也是要把事实和真理确定为修辞术的依据和目的，反对把修辞术单纯作为语言游戏或者混淆是非的做法。罗念生先生指出："亚里士多德写《修辞学》的动机，在于反对柏拉图否定修辞学是技艺的说法。他的另一个动机，在于反对伊索克拉底的教学方法。"① 我们看到，亚里士多德在一开始就对修辞术是技艺进行了证明。当然，亚里士多德写作《修辞学》的目的还有更深的政治思考。正如施特劳斯指出的："在《尼各马可伦理学》结尾，亚里士多德用了很长的篇幅讨论了一些人对政治学的错误做法。他在那里表明了，智者在实践中将政治学简化为修辞术。这当然意味着，他们相信社会仅仅被演说控制，否则的话，他们不会认为政治学能简化为修辞术。"② 如果政治生活完全被修辞术控制，那么这就是政治生活的灾难，也不符合政治生活的事实。政治生活总是包含了理性和真理的颗粒。政治生活是不可能完全或者永远被修辞术控制的。

---

① 罗念生:《罗念生全集：第Ⅰ卷，文论》，上海人民出版社，2004，第131页。
② 施特劳斯:《修辞术与城邦》，何博超译，华东师范大学出版社，2016，第61页。

他批评了之前的有关修辞术的著作和教学。他认为:"可是今日的修辞术课本编撰者只提供了一小部分修辞术,只有或然式证明才属于修辞术范围,其他一切都是附属的。然而这些编撰者却从来不谈作为或然式证明的躯干的修辞式推论。他们只注意题外的东西。"(《修辞学》1354a)亚里士多德则重点讨论或然式证明或者修辞式推论。其次,在题材方面,他认为:"尽管政治演说的方法与诉讼演说的方法相同,尽管是更高尚的活动,可是这些编撰者对政治演说却一句不提,他们只讲究诉讼演说的艺术,其原因是由于政治演说更不宜于讲题外的话,或玩弄诈术。"(《修辞学》1354b)所以他的这种批评和柏拉图应该是一致的。他则系统地研究了修辞术的一般问题。

亚里士多德认为修辞术和辩证法、论辩术一样,是一种技艺。"修辞术是论辩术的对应物,因为二者都论证那种在一定程度上是人人都能认识的事理,而且都不属于任何一种科学。人人都使用这两种艺术,因为人人都企图批评一个论点或者支持一个论点,为自己辩护或者控告别人。"(《修辞学》1354a)在柏拉图那里,辩证法或者论辩术属于技艺。辩证法是和发现真理相关的。如果修辞术也能够使我们发现真理,那么修辞术也就是技艺。亚里士多德认为修辞术也是技艺。但是修辞术不是科学。因为任何科学都有自己的特定的研究对象。例如伦理学研究道德问题,政治学研究政治问题,物理学研究自然问题,形而上学研究本体问题。修辞术没有自己的特定研究对象,所以它是一种技艺,不是科学。也就是说,修辞术和诗术一样,都是一种单纯的"技术"。这里体现了科学和技术的根本区别。

亚里士多德提出了"或然式证明"和"修辞式推论",来证明修辞术是一种技艺。他把推论分为三种：证明式推论、论辩式推论和修辞式推论。证明式推论就是指科学的证明，是从确定可靠的命题出发的，其结论也是确定的；论辩式推论是指辩证法的推论；修辞式推论则是修辞术特有的。后两者都从不确定的或然性的"意见"出发，其目的在于辨明是非，发现真理。"按照艺术的原则制定的法则同或然式证明有关系，或然式证明是一种'证明'，因为在我们设想事理已经得到了证明的时候，我们就完全信以为真。修辞式'证明'就是'修辞式推论'，一般说来，这是最有效力的或然式证明，因为修辞式推论是一种三段论法，而且整个论辩术或一部分论辩术的功能在于研究各种三段论法，所以，很明显，一个善于研究三段论法题材和形式的人，一旦熟悉了修辞式推论所运用的题材和修辞式推论与逻辑推论的区别，就能成为修辞式推论的专家。"（《修辞学》1355a）所以他认为修辞术和论辩术是姐妹技艺，两者有很多相同点，不同在于论辩术采取了问答的方式，修辞术采取了叙述和演说的方式。

亚里士多德还指出，修辞术是一种技艺，因为有些人凭借修辞术获得成功。"大多数人，有一些是随随便便地这样做，有一些是凭习惯养成的熟练技能这样做。既然这两种办法都可能成功，那么，很明显，我们可以从中找出一些法则来，因为我们可以研究为什么有些人是凭熟练技术而成功的，有些人却是碰运气而成功的。人人都承认这种研究是艺术的功能。"（《修辞学》1354a）从现实情况中，我们经常看到，有些人可以凭借修辞术的技艺获得成功。因此修辞术是一种技艺，修辞术是值得研究的。如果我们把其中的法则总结出来，我们就能够建立一种修辞术的技艺。

亚里士多德认为修辞术是可教的，所以修辞术是一种技艺。"很明显，一个善于研究三段论法题材和形式的人，一旦熟悉了修辞式推论所运用的题材和修辞式推论与逻辑推论的区别，就能成为修辞式推论的专家。"（《修辞学》1355a）技艺的一个重要特点就是可教，例如读写、弹琴、射箭、骑马等。修辞术作为一种技艺，并不研究个别事物，而是研究一般的普遍的事物。如果我们发现了修辞术的一般原则，就可以传授修辞术。当然，在智者派那里，修辞术就已经作为可教的技艺被传授了。

修辞术作为一种技艺，应该以事实本身为标准，不能诉诸人的情感，而应该诉诸人的理智判断。"敌视、怜悯、愤怒以及诸如此类的情感激发与事情本身无关，其目的在于影响陪审员的心理。不应当影响陪审员的情感，使他们发怒、忌妒或发生怜悯之情。诉讼当事人只因证明事情是这样的或不是这样的，是发生了或没有发生；至于事情是大是小，正当不正当，凡是立法者所没有规定的，都应由陪审员来判定，而不应由诉讼当事人来指导他们。"（《修辞学》1354a）这是修辞术之所以是一种技艺的最根本的特点。如果修辞术可以以事实和真理为标准，它就确实可以是一种技艺。智者派的诡辩术则往往诉诸人的情感和喜好，通过影响人的情感，而左右他人的判断。

因为修辞术是一种有用的技艺，如果不善于使用，我们应该受到责备。"修辞术是有用的。真理和正义自然比它们的对立面强一些，所以，如果判决不当，当事人应该对自己的失败负责，受到责备。"（《修辞学》1355a）在实际生活中，如果我们在一种技艺上做得不好，就会受到责备。例如琴弹不好，或者马骑不好等等，都会受到责备。如果做得好，则会受到颂扬。这也是技艺的一种重要特征。如果修辞术不是技艺，那么它就无法被人精通，如果使用不好，也不应该受到责备。

修辞术作为一种技艺，在使用语言上有普遍的法则。"当我们面对广大听众的时候，我们的或然式证明和论证必须建立在普通的语言上。正如在逻辑的论证中一样，在演说中，演说者应当能从两方面论证，这并不是说我们应当从两方面去说服人（因为我们不应当劝人做坏事），而是说，这样论证，事情的真相才不至于被我们疏忽，而且在别人不正当的使用论证时，我们便能把他驳倒。在各种艺术中，惟有论辩术从两方面论证。"（《修辞学》1355a）修辞术本身就是一种演说和论辩，只有使用普通语言才能使他人听懂。同样，和辩证法一样，修辞术也应该从两方面进行论证，才能使真相清楚地显现出来。这是亚里士多德对修辞术的语言方面的基本规定。

亚里士多德认为作为一种技艺，修辞术是有益的，不能把错误地使用修辞术归结为修辞术本身的问题。"说一个人不能用体力来保护自己是可耻的，不能用演说来保护自己则没有什么可耻，这个说法是可笑的。如果说不正当地使用演说的力量可以害人不浅，那么，除了美德之外，许多好东西，如体力、健康、财富、将才，都应当受到同样的非难：这些东西使用得当，大有好处，使用不得当，大有害处。"（《修辞学》1355b）这是亚里士多德针对批评修辞术是有害的观点的反驳。我们不能因为修辞术被智者派滥用而批评修辞术本身。智者派滥用修辞术的原因不在于修辞术本身，而在于智者派的意图。"修辞术的功能不在于说服，而在于在每一种事情上找出其中的说服方式。造成'诡辩者'的不是他的能力，而是他的意图。"（《修辞学》1355b）归根到底，我们为什么要使用修辞术、如何正确使用修辞术才是最重要的。我们不能因为有些人滥用修辞术就批评修辞术。这里体现了亚里士多德和柏拉图的一种争辩。

在第一章第二节中，亚里士多德给修辞术下了一个定义。"修辞术的定义可以这样下：一种能在任何一个问题上找出可能说服方式的功能。"(《修辞学》1355b) 这个定义似乎和智者关于修辞术的定义没有不同。但是，我们应该知道，亚里士多德重点是要强调一种说服的技艺不符合和适宜事情本身，而不能一味地以说服为目的。亚里士多德把事实和真相作为修辞术的核心。按照柏拉图的看法，任何技艺的本质都是合乎事实和真相，如果不顾事实和真相，只以说服为目的，那就是诡辩术。所以亚里士多德的修辞术定义虽然也是以说服为目的，但是和智者的混淆是非、颠倒黑白的诡辩术说服是完全不同的。他将修辞术当作一种劝说或者辩论的技艺，而不是一种创作引人入胜演说的技巧。他强调的是对说服方式的探讨和对修辞能力的培养。这种说服方式是指言之成理、合乎逻辑的论证方式。目的在于彰显真理，伸张正义，把复杂的事情表达得通俗易懂，可以驳论和辩护。

接下来，亚里士多德指出，有的或然式证明是技艺，有的或然式证明不是技艺。"有的或然式证明不属于艺术本身，有的或然式证明属于艺术本身。所谓'不属于艺术本身的或然式证明'，指不是由我们提供的，而是现成的或然式证明，如见证、拷问、契约；所谓'属于艺术本身的或然式证明'，指所有能有法则和我们的能力提供的或然式证明。"(《修辞学》1355b) 只有属于技艺的或然式证明才是修辞术推论。其次，他把或然式证明分为三类。"由演说提供的或然式证明分三种。第一种是由演说者的性格造成的，第二种是由听者处于某种心情而造成的,第三种是由演说本身有所证明或似乎有所证明而造成的。"(《修辞学》1355b)第一,演说者可以凭借其性格或者人格魅力来说服人,例如好人的话总是容易让人相信,所以,如果演说者表现自己是好人,他就能够达到说服的目的。演说者的性格是一种最有效的说服力。这也合乎我们的日常经验。第二,演说者可以利用听众的心理来达到说服的目的,即通过对听众的心理产生影响来达到。"当听众的情感被演说打动的时候,演说者可以利用听众的心理来产生说服的效力,因为我们在忧愁或愉快、友爱或憎恨的时候所下的判断是不相同的,正如我们所说的,惟有这种事情是今日的修辞学作者所注意的。"(《修辞学》1356a)在第二卷中,亚里士多德也探讨了这种方法。但是亚里士多德似乎对这种方法并不是特别推崇。如果我们只是希望通过影响听众的心理来达到说服,就可能颠倒是非、罔顾事实。第三,说服也可以从演说本身中产生出来,即我们采取合乎问题本身的说服方式,来证明事情是真的。这应该说是亚里士多德写作修辞术的主要目的。

亚里士多德认为修辞术的说服方法有两种,即修辞式推论与例证法。例证法是一种归纳法,修辞式推论是一种三段论法。用很多例证来进行证明,在论辩术中就叫作归纳法,在修辞式就叫作例证法。这种方法类似于佛教因明学中的"喻"。例证法容易说服人,修辞式推论因为机智而赢得喝彩。有的演说擅于例证法,有的演说擅于修辞式推论。修辞式三段论的前提是或然性的。命题可能真也可能假,可能发生也可能不发生,所以需要修辞术。如果命题是必然性的,就不需要推论。在修辞式推论的证据和论点之间,有的类似于一般和个别的关系,有的类似于个别和一般的关系。

在第二章中，亚里士多德明确了修辞术的性质。他指出："既然或然式证明是用这些方法产生的，那么，很明显，演说者要掌握这些方法，他要能作逻辑推论，要能分析人的性格和美德，还要能分析人的情感以及产生情感的原因和方式。所以修辞术实际上是论辩术的分支，也是伦理学的分支，伦理学应当称为政治学。由于这个缘故，修辞术貌似政治学。"(《修辞学》1356b)这可以看作是亚里士多德对修辞术的一个定位。因为修辞术也要使用三段论推理，所以修辞术和论辩术有关。因为修辞术也要研究人的情感和欲望，所以修辞术也和伦理学有关。因为修辞术对于城邦公民的教育有益，所以修辞术也和政治学有关。我们应该在这个范围内理解修辞术的本质。如果修辞术脱离了这种关系，就可能成为诡辩术。但是，我们现在似乎更多地把修辞术单纯看作是演说的技艺。

二、修辞术的内容

不同的场合有不同的演说和论辩方式，对修辞术的研究要考虑到演说的类型及其场合。从第三章开始，亚里士多德开始讨论修辞术的具体内容。他认为按照听众的不同，演说可以分为三类，即政治演说、诉讼演说和典礼演说。"政治演说用于劝说和劝阻，诉讼演说用于控告或答辩，典礼演说用于称赞或谴责。政治演说涉及未来的事，因为劝说或劝阻都是对未来的事提出劝告。诉讼演说涉及过去的事，因为当事人都是就过去发生的事，进行控告或答辩。典礼演说最易于涉及现在的事，因为所有有所称赞或谴责的人都是着眼于现状，虽然也时常追忆过去，预测未来。政治演说的目的在于指出有益的还是有害的，劝说的人认为是比较好的，劝阻的人认为是比较坏的，其他一些问题，例如正义不正义、光荣不光荣，都是次要的。诉讼演说的目的在于指出行动是正当的或是不正当的，其他一切问题都是次要的。典礼演说的目的在于指出行动是光荣的或是不光荣的，但也涉及其他一切问题。"(《修辞学》1358b) 三者演说涉及不同的题材、不同的技巧和不同的形式，亚里士多德分别进行了讨论。

（一）演说的题材

一个合格的演说者首先必须精通三种内容或题材，即什么是有益的或者有害的，什么是正当的或者不正当的，什么是光荣的或者不光荣的。其次，他还要掌握什么是可能的或者不可能的，什么是已经发生的或者没有发生的，什么是将会发生的或者不会发生的命题或者题材。最后，演说者还必须掌握由事情的大小或者比较大、比较小构成的命题。例如什么是比较大的好事，什么是比较小的好事，等等。这实际上是亚里士多德在强调演说者必须具有真实的知识，而不是似是而非的意见。亚里士多德希望以知识和真相来主导修辞术，而不是以华而不实和混淆是非来主导修辞术。"各种演说的目的都在于追求好事。"(《修辞学》1393a) 所以我们只有知道什么是好事，才能更好地进行演说。

他首先讨论了政治演说。政治演说是关于可能发生或者可能不发生的事情的审议，对于一定好的事情不需要审议。政治演说主要涉及赋税问题、战争与和平问题、国家保卫问题、进出口问题和立法问题。演说者应该对这些问题有足够的知识。

其中，立法问题是最重要的，因为法律是保证城邦安全的基础。所以演说者应该对政体问题有所认识。

在第五章到第九章中，亚里士多德讨论了关于幸福、好东西、什么更好更有用、政体类型等。对于幸福，他认为："几乎所有的人，不论是个人还是集体，都有个目的，为了达到这目的，他们有所为，有所不为。这个目的，概括地说，就是幸福和它的组成部分。幸福的定义可以这样下：与美德结合在一起的顺境，或自足的生活；或与安全结合在一起的最愉快的生活；或财产丰富，奴隶众多，并能加以保护和利用。如果幸福的性质是这样的，那么它的组成部分必然是：高贵出身、多朋友、贤朋友、好儿女、多儿女、快乐的老年；还有身体上的优点，如健康、漂亮、强壮、高大、参加技能的能力；名声、荣誉、幸运；还有美德。一个人具有这些内在的和外在的好东西，就算完全自足。内在的好东西指身心方面的好东西，外在的好东西指出身高贵、朋友、钱财和荣誉。还要加上权势和好运，这样，他的生活才能完全有保障。"(《修辞学》1361a) 这个关于幸福的定义和《尼各马可伦理学》中的定义是一致的。他之所以首先讨论幸福问题，是因为幸福是我们人生的最高的、唯一的目的。我们只有对幸福认识清楚，我们才能正确地思考、选择和行动。同样，演说者只有清楚知道幸福的本质，他的演说才是有意义的。当然，他的这个定义是非常完满的，一个人恐怕很难同时具备这些方面。所以，只有哲学生活才能真正使人获得幸福。

对于好东西，他认为："好东西的定义可以这样下：本身可取的东西；选择别的东西时所为的东西；一切生物或是一切有感知或理智的生物或是能获得理智的生物所追求的东西；凡是理智会分配给每个人的东西和凡是理智在某种情况下分配给每个人的东西；对每个人说来都是好东西。还有，其出现能使人感到舒适和自足的东西，自足，能产生或保全这些东西的东西，或随这些东西而来的东西，或可能阻止或毁灭那些与这些东西相反的东西的东西。获得好处，避免灾难，都是好事。牺牲小益而获得大益，避免大难而遭受小难，也都是好事。美德必然是好东西，因为具有美德的人感到舒适，还因为美德能招致许多好东西。快感也必然是好东西，因为所有的生物都天然的追求快感。所以所有使人愉快的东西和美丽的东西，也必然是好东西。"（《修辞学》1362b）亚里士多德还列举了很多其他的好东西，这些都是建立或然式命题的题材。其目的也是为了确定修辞术的价值标准。只有符合这些标准的演说才是具有技艺的，否则即是害人害己的。

接下来，他讨论了什么更好和更有用。他认为目的比手段更好；从更好的东西里面产生出来的东西更好；本身是更可取的东西比本身不是更可取的东西更好；不大需要一个或几个别的东西帮助的东西更好；本源比不是本源的东西更好；较少的好东西比较多的好东西更好；爱朋友比爱金钱更好；事物引起的欲望更高尚，事物就更高尚；更好的人所具有的品质也是更好的；更好的人所选择的事也是更好的；更使人愉快的东西更好；更值得称赞的东西更好；大多数人所选择的东西是更好的；好东西的最好部分更好；最可贵的东西是更好的东西；等等。这些也是对价值标准的确立，给人们在演说和诉讼时提供一个参考标准。

在第九章，他讨论了典礼演说的问题，涉及美德和恶德、高尚的事和可耻的事等。这里的讨论也涉及如何理解美德和恶德、高尚和可耻的基本原则和标准。典礼演说是在公众典礼仪式上进行的演说,比如英雄纪念大会、葬礼等,旨在对做出巨大贡献的公民进行赞扬,对罪大恶极的罪犯进行指责,对故去的人表示最沉痛的纪念和哀悼。其目的是强化与正义密切相关的价值观,引导人们效仿品德高尚的人的行为,并强调对个人本质起决定作用的品格,它以称赞和谴责的形式宣扬美德、抨击邪恶,为公民社会树立正面的榜样和反面的典型。如果对什么是美德、什么是恶德、什么是高尚的、什么是可耻的问题一无所知,我们就不可能进行典礼演说。在日常生活中,我们经常看到一些"不以为耻、反以为荣"的人,这样的人就是对这些标准和原则无知的人,他们是不可能进行好的典礼演说的。

对于美德的定义,他认为:"高尚的事是本身可取而又值得称赞的事,或本身既好而又由于好而使人愉快的事。如果这就是高尚的事的定义,那么美德一定是高尚的,因为美德是好东西,而且是值得称赞的。美德似乎是一种能取得并能保持好东西的功能,一种能在任何情形下给所有人许多重大好处的功能。美德的成分是正直、勇敢、节制、大方、豪爽、慷慨、和蔼、见识、智慧。"(《修辞学》1366b)然后,他又列举了一些高尚的事情。例如美德的因和果必然是高尚的;为荣誉而不是为金钱做的事是高尚的;不顾自己的利益而效忠于祖国是高尚的;可以使人在死后而不是在他生前获得好处的事是高尚的;为别人的缘故而做的事是高尚的;一切恩惠都是高尚的;人们毫不畏惧争着去做的事是高尚的;报复是正当的事,正当的事是高尚的;值得记忆的事是高尚的;死后留名是高尚的;不操下贱的职业是高尚的;每个民族特有的习惯是高尚的;凡是与本人相称的行动都是高尚的;等等。

应该说，这部分内容是非常重要的，因为这涉及修辞术的实质性内容的方面。幸福、美好、真理当然是美好的，但是真理却不一定被人认识，也不一定被人接受，所以人们需要修辞术进行说服和引导。修辞术应该引导人选择更加正确和美好的生活，因此我们需要对什么是幸福、什么是美好东西、什么更好等问题有所认识。如果我们对这些问题一无所知，我们就不能从事修辞术。亚里士多德在此进行的证明和列举，就是为了给我们确立一个基本的原则和标准，这样我们就能够根据这些标准和原则进行修辞术演说。所以我们不能简单地对待这些原则和标准。这是亚里士多德这位伟大哲人的真实智慧的结晶。我们只有对这些标准和原则烂熟于心，我们才能从事修辞术。如果修辞术脱离了这种基本原则和标准，那么就会变为诡辩术。

从第十章到十五章，亚里士多德讨论了诉讼演说，即控告和答辩的问题。其中包括三个主要问题，即害人动机的性质和种类、害人者的心情、受害者的为人和性情。第十一章讨论了什么事情使人快乐。第十二章讨论了害人者有什么心情，受害人是什么样的人。第十三章讨论什么是正当的行动，什么是不正当的行动。第十四章讨论了什么罪行更为严重。第十五章讨论了什么是不属于技艺的或然式证明，例如见证、拷问、契约等。在此不再赘述。

综上所述，这里讨论的是关于内容的方面。亚里士多德强调我们必须具备相关知识，才能进行正确的演说。他要以知识引导演说和修辞术。这是我们必须要记住的。"我们应当注意的是力求避免在演说中使听众感到苦恼或喜悦；我们应当根据事实进行论战，除了证明事实如此而外，其余的活动都是多余的。"(《修辞学》1404a)也就是说,亚里士多德一方面在其修辞学中注入大量逻辑论证内容,使得修辞学成为一门逻辑的、说服的技艺,使修辞学也成为和诗学一样的"制作性知识";另一方面,亚里士多德在修辞学中加入了政治学、伦理学的相关内容,使修辞术和人的政治生活相关,这与现代修辞学是大相径庭的。

(二)听众的心理

在第二卷中,亚里士多德开始讨论如何影响听众的心理。在第一卷第一章中,他曾经说,演说者不能影响听众的心理。但是在这一部分,他却开始讨论这个问题。其主要目的仍然在于说明,我们不能误导听众的情绪,但是也不能对听众的情绪一无所知。我们必须正当地引导听众的情绪,使他们处于某种情绪中,这样他们就会做出正确的判断。这要和智者派的诡辩术区别开来。也就是说,一场好的演说不但要"晓之以理",还要"动之以情"。情理兼备,才能达到说服的目的。

亚里士多德指出,演说者要使人信服,必须有三种品质,即见识、美德和好意。如果三个缺失一个,就不容易说服人。这样,演说者不仅必须考虑演说如何能够证明论点,说服他人,还应该显示他具有某种品质,懂得怎样使听众处于某种心情。"情感包括所有使人改变看法另作判断的情绪,伴之而来的是苦恼或快感,例如愤怒、怜悯、恐惧和诸如此类的情绪,以及和这些情绪相反的情绪。每一种情绪都应从三个方面来分析,例如对于愤怒,须分析动辄发怒的人出于什么样的心情,他们惯于对什么样的人发怒,在什么时候发怒,如果我们只知道其中之一二而不知道所有这三个方面,我们就不能激起愤怒

的情绪。同样的办法适用于其他的情绪。"(《修辞学》1378a)

接下来,从第二章到第十一章,亚里士多德分别讨论了发怒、温和、友爱、畏惧、羞耻、慈善、怜悯、愤慨、忌妒、羡慕等情绪。接下来,他讨论了青年人、老年人和成年人的心理特征。最后,他讨论了凭运气得来的影响人们性格的好东西,例如出身高贵、富有、权力等,这些因素也会影响人的性格和心理。我们只有熟悉这些不同因素,因人而异,因地制宜,对不同的人说不同的话,才能更好地控制他们的情绪,进而引导他们做出有利的判断。

从中我们可以看到,亚里士多德对人性有深刻的观察和认识,非常精通人情世故。他并不是柏拉图批判的那种不谙世事的自然哲人。如果我们要从事哲学,就必须精通人事。所谓"世事洞明皆学问,人情练达即文章"。这并不是要我们成为一个庸俗的市侩,而是因为哲学必须是从对人的现实生活的观察出发,必须是从某些常识出发。"真理就藏在表面。"真理就蕴含在一般的常识和意见之中。这是古典哲学给予我们的重要启示。近现代哲学的最大问题就是偏离了对常识的尊重和对人性的观察,而是从某些抽象的观念出发,并且试图以此对人性进行彻底的改造。当代社会科学方法论更加脱离了人的现实生活和常识,封闭在自己的学术话语中,对于世道人心茫然无知,对政治生活也毫无裨益。

当然,我们也要看到,亚里士多德的这种纯粹技术性的讨论也难免被人滥用,正如他在《政治学》等著作中表现出来的中立一样。这种"技术性的中立"虽然有助于我们"客观地"认识一些问题,但是也会使人以不同的动机和目的所利用。如果我们不理解亚里士多德整个哲学思想和价值取向,我们就很容易误解和滥用他的这种中立性。柏拉图对话则避免了这种客观的中立性。当代社会科学也追求这种客观的中立性，其本质却是以对价值和意义的否定为前提的，也就是以对现代性的价值的认同为前提的。

三、修辞术的形式

这一部分不涉及具体的价值和意义问题，是纯粹的技术性问题。这部分对后世修辞术的影响恰恰是最大的。因为后人的价值观、世界观都已经和亚里士多德不同了，他的价值观、世界观未必能够被人接受，但是这些技巧性的东西却是可以被利用的。

（一）通用的技巧

在第二卷第十八章至第二十六章，他讨论了一般性的、通用的题材和说服方法。这方面内容更多属于技巧性的方面，和内容的关系不是很大。专用部目（*eidei topos*）是由每一种类的事理所特有的命题组成，仅适用于某一特定的修辞场合或演讲类型，例如政治演说和诉讼演说等。专用部目与演说题目、案件性质、学科性质密切相关，而大多数修辞式推论是用专用部目的题材构成的。通用部目（*koinoi topos*）的事例通用于法律、自然科学、政治等各种不同的学科，分为可能、过去、未来和比较四种。"在通用部目中，夸大法如前面所述，最宜用于典礼演说；过去部目最宜用于诉讼演说，因为过去的事需要判断；可能部目与未来部目，最宜用于政治演说。"（《修辞学》1392a）

第十九章推论了可能部目。可能部目包含事情可能或者不可能发生,是发生了或者没有发生,是会发生还是不会发生,是大是小等。第二十章讨论了例证法。例证法就是举例说明。例证法和修辞式推论可以结合使用。"没有修辞式推论可以利用,就用例子来证明自己的论点,因为例子具有说服力;有修辞式推论可以利用,就把例子作为证据使用,作为修辞式推论的结束语。"(《修辞学》1394a) 第二十一章讨论了格言的用法。格言是一种陈述,但不是对个别事理的陈述,而是对一般事理的陈述。第二十二章和第二十三章讨论了修辞式推论的部目,包含对立面部目、变格部目、相互关系部目、更多更少部目、时间部目、使用对方的话反驳对方部目、定义部目、一字多义部目、分类部目、归纳部目、判断部目、部分部目、后果部目、对立部目、相反部目、类推部目、因果部目、相反的抉择部目、可能有的动机部目、原因部目、解释部目、矛盾部目等共 28 个部目。这些通用部目是论辩所依赖的论据和策略,并适用于各种话语论辩场合。这种部目理论是寻找论据的指南针,它能够帮助人们抓住事物的本质属性。

第二十四章讨论了假冒的修辞式推论。例如措辞部目、分和部目、愤慨部目、或然的证据部目、偶然事件部目、后果部目、非因作因部目、省略部目、混淆特殊和绝对部目,等等。第二十五章讨论了提异议的反驳方法,分为四种,即攻击对方的修辞式推论、指出相反的说法、提出相似的说法、利用名人的判断。我们在此不再赘述。

(二) 演说的风格

在第三卷中,亚里士多德讨论演说的风格。演说者不但要知道说什么,还要知道怎么说。不同于诗的风格,演讲的风格不应当有诗意,而应更接近于散文风格,并力求明晰与适合。他首先提到了朗读的问题,朗读的作用非常大。朗读要注意三个方面,即音量、音高和节奏。他认为我们不应当使听众感到苦恼或喜悦,我们应当根据事实进行辩论。但是听众是有情绪的,情绪会影响他们的判断,所以演说者也要注意演说的风格。不同的讲法会有不同的效果。他认为风格也是一种技艺。表演天才不需要技艺,但是风格需要技艺。"朗读艺术一经形成,就能收到表演艺术的同样效果。"(《修辞学》1404a)风格是诗人促使形成的,诗人也大多依靠风格获得名声。

他认为风格的标准是明晰。"风格的美可以确定为明晰(证明是,一篇演说要是意思不清楚,就不能起到它应起的作用),既不流于平凡,也不能拔得太高,而应求其适合。"(《修辞学》1404b)他认为在名词和动词中,只有普通词才能使风格显得明晰。同样,话要说得自然才有说服力,矫揉造作就会适得其反。他还认为隐喻词最能够使风格显得明晰。隐喻词应该从意义之美、声音之美中进行选择。反之,风格的呆板有四种,即滥用双声复合词、滥用奇异词、使用过长过多的附加词、滥用隐喻词。明喻也是一种隐喻。

他认为希腊语的正确性是风格的基础。正确性有五个要求。第一,连系词需要按照自然的顺序安排,或前或后,视需要而定。第二,使用本名而不使用属名。第三,不使用含糊的词句。第四,把名词分为阳性、阴性和中性。第五,正确说出少数、多数和单数。描写而不称名或者称名而不描写,也可以使风格显得有分量。"风格如果能表现情感和性格,又和题材相适应,就是适合的。求其适合,就是对大事情不要太随便,对小事情不要太认真,而且不对普通的字加以修饰,否则就会显得滑稽。"(《修辞学》1408a) 在谈到暴行的时候要使用愤怒的口吻,在谈到丑恶的事情时要使用厌恶和谨慎的口吻,在谈到可怜悯的事情时要使用忧伤的口吻等。适合的风格可以使人认为事情是可信的。

至于句式,亚里士多德主张采用结构紧凑的环形句,这种意思完整又有对比、反衬的句子,听众更加容易记忆和理解。他还认为:"散文的形式不应当有格律,也不应当没有节奏。散文有了格律,就没有说服力……可是没有节奏,就没有限制,限制应当有……因为没有限制的话是不讨人喜欢,不好懂的。"(《修辞学》1408b) 但是节奏不能太严格,只要有一定的严格性就可以。散文的句法应该像酒神颂那样使用连系词联系起来。他还讨论了如何讲巧妙的话和受人欢迎的话,即使用隐喻词和使事物活灵活现的方法,等等。

风格是有区别的。"不要忘记不同的风格适合于不同的演说。笔写文章的风格不同于论战演说的风格(政治演说的风格也不同于诉讼演说的风格)。这两种风格都应当精通,精通后者,使我们能掌握正确的希腊语;精通前者,使我们不至于在我们想把事情传达给别人的时候,像那些不会写作的人那样迫不得已而默默无言。笔写文章的风格最精确不过;论战演说的风格最适合于口头发表,后者又分两种,即表现性格的风格和表现情感的风格。"(《修辞学》1413b) 他认为风格还应该让人愉快。风格太繁琐就不明晰,太简单也不明晰。只有不简不繁的风格才是合适的。相反,富丽堂皇是浪费口舌。

(三) 部分的安排

从第十三章开始，亚里士多德开始讨论各个部分的安排问题。他首先指出："一篇演说分两部分，因为必须对事情有所说明，然后加以证明。因此不能只说明而不证明，也不能只证明，而不是先说明。"(《修辞学》1414b) 一篇演说分为"提出"和"或然式证明"两个部分。序论是演说的开头，其任务是说明演说的目的或者主题。如果主题很明确或者不重要，就不需要序论。序论一般涉及演说者、听众、主题和对方。涉及演说者或者对方的序论在于消除或者引起反感。向听众呼吁则涉及引起他的好感或愤怒，吸引或者分散他的注意力。序论可以表现自己的善意，让听众喜欢听自己的话。听众一般对重大的、有利害关系的、惊人的或者愉快的事情感兴趣。序论可以夸大事情的严重性或者缩小事情的严重性等。序论还可以作为一种装饰。序论消除反感的方法有用辩解扫除怀疑，直接针对争论的问题，否认事实或者否认伤害，或者说明事情在于出于错误不幸或者不得已，指出原告也收到过类似的控告，对原告进行反击等等。

典礼演说中的陈述不应当是连续的，而应该是断断续续的。因为演说者需要对构成演说的题材进行叙述，演说是由不属于演说技艺的部分和属于演说技艺的部分构成的，后者是要证明事情确实发生，或者证明行动是什么性质。陈述不应该太长，应该适中。陈述还要讲一些表现自己美德的话和表现对方恶德的话。陈述应该表现性格，即把我们的选择表现出来，选择表现性格。陈述还要表现情感，要叙述大众熟悉的表现情感的话。陈述应该放在几个地方，不要放在开头。政治演说不需要陈述，因为政治演说涉及未来的事情，对未来的事情无法陈述。陈述可以用来谴责人或者称赞人。

争论的焦点一般有四种，即事情的有无、事情是否造成伤害、事情是否重大、事情做得是否正当等。不同的演说适宜不同的方法。在典礼演说中可以使用夸张法证明事情是高尚的或者有益的。政治演说中证明某些建议不能实现，或者虽然可以实现，但是没有意义。政治演说适宜用例证法，诉讼演说适宜用修辞式推论。在陈述或者或然式证明中适宜用格言。典礼演说应该穿插一些赞颂词。否定式修辞式推论比证明式修辞式推论更受人赞扬。

他还讨论了发问的时机问题。发问的最好时机是在对方承认相反的观点，再问一句即可以使他陷入荒谬的时候。其次好的时机是在前提之一是确实可信的，你再问他另一个前提，他就会承认的时候。第三好的时机是在对方自相矛盾或者与一般人意见矛盾的时候。第四好的时机是在对方无法反驳，只好诡辩的时候。其他情况下就不要发问了。

最后，亚里士多德讨论了结束语的问题。结束语有四种：使听者对自己发生好感、对对方产生恶感、打动听者的情感和使听众回忆。在证明自己的话是真的、对方的话是假的后，演说者应该指出自己是相对的或者绝对的好，对方是相对的坏或者绝对的坏。在证明事情属实后，演说者应该对事情进行夸大或者缩小。在确定了事情的性质的大小后，演说者应该打动听众的情感，使他们产生怜悯、愤怒等。演说者可以通过多次重复观点，让听众回忆。结束语中，演说者应该对自己的论证进行扼要的重复。

《修辞学》是欧洲第一部系统完整的修辞学著作，亚里士多德不但总结了古希腊修辞学的精华,也奠定了后世西方修辞学的基本理论框架,在当代修辞学研究中,我们依然可以看到亚里士多德修辞学体系所产生的深远影响。但是当代修辞学逐渐抛弃了亚里士多德关于幸福、美德、高尚、好的思考,沦落为纯粹的中立性技术,其能否引人向善是值得怀疑的。

总而言之,技术、诗术和修辞术都是城邦政治生活的必要组成部分,它们都应该服务于城邦的道德教化。但是在很多情况下,它们成为技术家、诗人和政治家等人的享乐生活的工具。享乐生活低于政治生活。按照亚里士多德的看法,政治生活是高尚的伦理的生活。当这些"术"成为欲望工具的时候,它们就成为享乐生活的推动力。

第三章 实践理性和政治生活

亚里士多德的理性概念的第二个层次就是实践理性。如果说技术理性的本质是理性服务情欲，那么实践理性的本质就是理性节制欲望。在《尼各马可伦理学》中，他同样把灵魂分为有逻各斯的部分和无逻各斯的部分。无逻各斯的部分包括植物性的部分，即营养和生长的部分，和动物性的部分，即欲望。有逻各斯的部分则是灵魂的本质性的部分。他认为欲望和逻各斯有可能是和谐的，也可能是冲突的。在大多数人那里，欲望为了追求快乐，而常常反对逻各斯；在自制者那里，欲望也似乎分有逻各斯；在节制者和勇敢者那里，欲望完全服从逻各斯。（《尼各马可伦理学》1102b25）实践理性的目的就是以理性控制欲望和情感，从而使人拥有自由而高贵的美德，能够获得真正的幸福。所以实践理性高于技术理性。技术理性只能使人获得欲望的满足，而未必能够给人真正的美德和幸福。

我们大体上可以把实践理性分为道德理性和政治理性。《尼各马可伦理学》主要讨论了道德理性的问题。《政治学》主要讨论了政治理性的问题。至于伦理学和政治学的关系，亚里士多德认为伦理学是政治学的起点和目标。在《尼各马可伦理学》开头，他指出：政治学考察高尚和公正的行为。因此，"希望自己有能力学习高尚［高贵］与公正即学习政治学的人，必须有一个良好的道德品性。因为，一个人对一件事情的性质的感觉本身就是一个始点"(《尼各马可伦理学》1095b5)。人们组成政治社会的目标不是为了活着,不是为了肉体的舒适和享乐,而是过一种高尚的美善的生活。只有在我们确立了什么是自由的、高贵的、美善的品德后,我们才能以此建立真正的属人的政治城邦。因此,在他看来,伦理学是政治学的导言,道德理性高于政治理性。这是我们讨论亚里士多德的实践理性概念时要注意的。① 实践理性的概念类似于中国哲学中的"工夫论"或者"修养论",属于"德"的方面。

第一节 道德理性

在《尼各马可伦理学》中,亚里士多德主要区分了两种德性,即道德德性和理智德性。"理智德性主要通过教导而发生和发展,所以需要经验和时间。道德德性则通过习惯养成,所以它的名字'道德的'也是从'习惯'这个词演变而来。"(《尼各马可伦理学》1103a15) 这两种德性大概对应的是政治生活和哲学生活。理智德性更多和理性的沉思、静观相关,而道德德性更多和习惯、实践的行为相关。在此,我们主要讨论道德德性。我们认为道德德性就是理性在道德实践领域中的运用,所以道德德性就是道德理性,两者不作区分。

---

① 从马基雅维里开始,现代政治学把政治和伦理区分开了,统治者可以摆脱一切道德价值的束缚而为所欲为,这就使政治生活成了纯粹的权谋之术。这是政治生活败坏的开端。

一、道德理性的概念

首先，道德德性是实践性的。在亚里士多德看来，道德德性不是一种理论知识的学习，而主要是通过长期的练习养成的习惯。他认为道德德性是一种实现活动，如果不反复进行实践，就不可能获得德性，正如不通过反复学习游泳，就不可能学会游泳。所以从小养成什么样的习惯绝对不是小事，而是事关重大。所谓"性相近，习相远"；"勿以善小而不为，勿以恶小而为之"。所以道德理性是特别和行为、习惯相关的活动。一个行为上不具有德性的人就不能说是有德性的。"的确可以说，在行为上公正便成为公正的人，在行为上节制便成为节制的人。如果不去这样做，就永远无望成为一个好人。但是多数人不是去这样做，而是满足于空谈。他们认为自己是爱智慧者，认为空谈就可以成为好人。"(《尼各马可伦理学》1105b10)可以说道德理性是一种实践理性。道德德性是通过实践、习惯才能获得的。①

接下来，亚里士多德区分自然和习惯。首先，他强调了自然对于习惯的超越性。"由自然造就的东西不可能由习惯改

---

① 在犹太教和中国礼教中就比较重视行为的重要性。所谓"因行称义"，只要一个人在行为上是正义的，那么他就是一个正义的人。但是，如果我们稍加反思，就会承认，仅仅有外在行为的正义，并不一定是正义的。很多道貌岸然的伪君子就是以外在的行为美化自己。但是大多数人只能做到外在行为的正义，我们也不能完全贬低和否定外在行为的意义。而且如果连外在行为的正义都做不到，那么也很难说就有真正的正义。对于这个问题是需要具体分析的，不能一概而论。

变。"(《尼各马可伦理学》1103a18)这类似于我们一般所说的"江山易改,本性难移",这是强调人的自然本性的"顽固性"。我们试图通过习惯或者实践改变人的本性是非常困难的。我们必须顺应人的自然天性来进行教育和引导,如果违反了一个人的自然天性,那么是不可能成功的。所谓"因材施教""因势利导",这种教育理念是永远正确的。像行为主义或者教育万能论认为的,我们可以通过行为习惯的训练随意改变或者塑造一个人,这是非常无知和危险的。

但是习惯和自然也不是对立的。亚里士多德继续说明:"德性在我们身上的养成既不是出于自然,也不是反乎于自然的。首先,自然赋予我们接受德性的能力,而这种能力通过习惯而完善。其次,自然馈赠我们的所有能力都是先以潜能形式为我们所获得,然后才表现在我们的活动中。"(《尼各马可伦理学》1103a24—29)这句话包含了以下的含义。第一,人的自然并不反对德性。这是和智者派不同的观点。智者派认为德性(习俗)和自然是对立的,他们以自然反对习俗(文明、法律),依据自然而生活就应该反对道德和法律文明。但是亚里士多德认为德性和自然并不是对立的。人的自然就包含了对道德和文明的需要,人的自然就是道德的动物。一个人只要是人,他就必然是道德的。即使他反对道德,也是道德的。因为一个人要成长为一个人,就必须接受教育,而接受教育的过程就是道德化的过程。如果认为在道德文明之外还有一个人的自然,那是错误的。第二,人的道德本能并不是完善的,必须通过教育或者习惯来发展和完善。人的道德本能首先是以潜在的形式存在的,必须通过教育才能成为现实。如果没有后天的教育,这种道德本能就无法成长而变为现实。这类似于孟子所说的人的"四端"。"四端"就是人的道德本能，但是"四端"必须经过培养和教育，才能成长为真正的德性。也就是说，它才能对人的行为和生活产生真正的作用。

亚里士多德认为德性的实践活动和技艺的实践活动是不同的。他认为德性的实践活动必须具备三种条件。第一，他必须知道那种行为。如果不知道则不是道德实践。例如小狗救主人就不能称为道德行为。第二，他必须经过选择而那样做，并且是出于活动自身而选择它。如果一种行为出于迫不得已而做，也不能称为道德行为。例如拾金不昧是出于他人的强迫就不是道德行为。或者，如果一个行为是为了达到另外的目的，这种行为也不是道德行为，例如见义勇为是为了获得表彰和名声。第三，他必须出于稳定的品质而选择那样做。如果一个行为是出于偶然的冲动，那么这种行为也不是道德行为。道德行为必须是稳定的。这里，他主要强调了道德德性的习惯性和长期性。而在技艺活动中，第一条最重要；在德性活动中，第一条并不重要。

其次，道德德性是理性的实践。亚里士多德区分了理性的五种活动，即技艺、科学、明智、智慧和努斯。其中，技艺是技术理性或者工具理性，是理性服务于情欲的理性活动。这是理性的最低级运用。明智是和实践理性相关的，是以理性节制情欲的活动，主要和人类事物相关。科学、努斯和智慧是和理论理性相关的，它们关注的是超越人类的永恒事物。科学是对普遍的、必然的事物的认识，科学是依靠证明的。努斯则是和始点相关的。智慧是科学和努斯的结合。

实践理性就是明智。"明智就是正确的逻各斯。"第一，明智就是所谓的"实践智慧"。明智不同于技艺。明智也不同于科学，不考虑永恒的事物。"明智的人的特点就是善于考虑对于他自身是善和有益的事情。"（《尼各马可伦理学》1140a26）这种有益不是局部的个别的，而是总体上的。明智是知道并且关心自己的利益。明智也不同于智慧，智慧超出人类事务，思考永恒不变的对象。智慧与个人利益不相关。智慧是唯一的，而明智则是多样的。明智并不是最高等的知识，智慧或者理论理性才是最高的。明智和智慧的关系也就是实践理性和理论理性的关系。严格来说，只有有智慧的人才能真正做到明智。"智慧不考虑那些增进人的幸福的事物，……明智是同对人而言的公正的高尚的善的事物相关的。"（《尼各马可伦理学》1143b20）智慧和明智有相同点。智慧和明智本身就是值得追求的，即使它们不产生任何结果。智慧和明智都能够产生幸福。智慧是德性总体的一部分，应用它就可以产生幸福。第二，"明智是一种同善恶相关的、合乎逻各斯的、求知的实践品质。"（《尼各马可伦理学》1140b6）明智的人应该是管理家政和国家事务的人。他可以使其他人遵守最好的律法，达到最佳的状态。第三，技艺包含德性，技艺的高超就是技艺的德性。明智不包含德性，明智本身就是一种德性。保持明智就是节制的意思。一个节制的人就不会被快乐和痛苦所摧毁，他能辨别始点，不忘初心，明白自己的选择和行为都是为了善的目的。第四，明智是和意见部分相关的德性，而不是和知识相关的德性。意见是和可变事物相关的。知识则是和永恒的事物相关。明智要求审时度势、因势利导，而不能墨守成规、顽固不化。柏拉图在《政治家》中就对政治家的这种实践智慧进行了分析。

亚里士多德分析了明智的三种具体形式，即好的考虑、好的理解和体谅。第一，考虑不是科学，也不是意见，也不是判断。考虑和善恶相关。好的考虑是为了达到善的目的，而对手段的正确的考虑。好的考虑是某种善，即手段的善的选择。① 好的考虑是正确的考虑的一种。好和正确是一回事。一个坏人的考虑不是好的考虑，因为坏人的目的和手段往往都是坏的。第二，明智还是好的理解。理解和学习类似，是应用科学和意见的能力的学习。理解既不在于具有明智，也不在于获得明智。明智发布命令，而理解只做判断。也就是说，理解就是对明智的命令的一种学习和判断。第三，体谅是我们善于体谅别人的一种品质，和公道相关，能够进行正确的区分。例如对于一个人的行为，如果我们能够理解他的动机和目的，那么我们就能够更真实地理解他的行为。只有更好地理解行为的目的和动机，我们才能对这个行为做出公正的判断。否则，我们简单地根据外在行为就做出判断，是很难做到公正的。

亚里士多德认为明智可以分为两大类。首先，主导性的明智是立法学。立法学的目的就是让人们学会对自己的情欲活动进行理性的控制和节制，其特征就是以立法的形式来规定哪些事情可以做，哪些事情不可以做。因此，主导性的明智主要就是政治家和立法家的德性。立法的成功与否就依赖于立法家的明智或者实践智慧。在《米诺斯》和《法律篇》中，柏拉图就讨论了立法的问题。其次，明智是个人处理具体事物的明智，这是个人依据自己的理性判断，学会恰如其分地面对和解决个人的具体事务。这种明智就是指作为被统治的公民的明智，它和作为统治者的、政治家的明智稍有不同，但也没有原则性的

---

① 在《政治学》中，亚里士多德似乎也说过，为了达到好的目的，有时候选择坏的手段也是可以的。

差异。亚里士多德认为两者都可以被称为政治学。政治学又可以分为考虑的明智和决断的明智。考虑的明智是对事务进行充分而周密的分析和研究,决断的明智是指精确的判断力,能够在特殊情况中正确地行动。

亚里士多德认为只有明智才能产生德性。"在道德的方面也有两个部分:自然的德性与严格意义的德性。严格意义的德性离开了明智就不可能产生。"(《尼各马可伦理学》1144b15)自然的德性是生来就有的德性,或者是一个人在成长过程中自然而然就具有的。这是人的道德天性或者道德本能。人是道德的动物。但是,这种自然的德性并不是稳定的和明晰的,或者不是出于自觉自愿的,而是容易动摇的和丧失的。例如大多数人的道德行为都是出于被迫或者恐惧等原因而做出的。自然的德性并不是从明智产生的,这样的道德行为虽然也可以称为道德德性,但不是严格意义上的道德行为。严格意义上的道德德性是一个人能够充分运用自己的理性能力,对自己的情感和欲望活动进行自觉的主动的控制,使自己的情感和欲望完全服从和符合自己的理性要求的行动。只有从明智产生的德性才是真实的德性。"道德德性是明智的始点,明智则使道德德性正确。"一个人具有了明智,那么他就具有了所有德性。如果没有明智,就没有严格意义上的德性。作为实践理性,明智依赖于对情感和欲望的长期的训练和控制。年轻人可以数学学习很好,但是不一定明智。因为年轻人的情感和欲望活动比较强烈,而理性控制能力比较欠缺。

亚里士多德对明智的分析表明了他的理性主义伦理学的立场。这种立场和苏格拉底、柏拉图的伦理学没有本质差别。苏格拉底的"知识就是美德"就强调了理性对于道德行为的重要性。只有建立在理性和智慧的基础上的道德才是真正的美德。当然，我们也不能因此否定大多数人的道德行为。虽然大多数人的道德行为并不纯粹和理性，但是有一点总比没有好。正是大多数人的道德行为维持着人类公共生活的秩序和善良。

二、道德理性的内涵

道德理性是实践理性，其基本的实践内容是以理性逻各斯来控制情感和欲望。道德理性主要面对和解决的就是人的欲望情感问题。亚里士多德认为："道德德性和快乐和痛苦相关。"（《尼各马可伦理学》1104b5）亚里士多德认为我们从小就和苦乐相伴，或多或少地以苦乐来决定行为。我们知道，快乐和痛苦是人类心灵中的重要力量。它们经常左右我们的行为和选择。一切生物，包括人类的本性就是避苦求乐。这是我们认识人性的重要维度。如果偏离了这个视角，就不可能真正理解人性。柏拉图在《法律篇》中也说指出，快乐和痛苦是支配人类的两种强大的力量，所以法律就是依据快乐和痛苦进行制定，应该依靠法律来控制人的情欲。后来，边沁的功利主义伦理学和政治学也看到肉体的苦乐对于人类行为的决定性作用，他要求依据肉体的苦乐来制定法律，以引导人们的行为。

亚里士多德指出，虽然每个人都能够感受苦乐，但并不是所有人都能够正确地感受苦乐。有的人可以正确地感受苦乐，有的人则错误地感受苦乐。因此，是否正确地感受苦乐，对于我们的行为至关重要。"快乐使得我们去做卑贱的事，痛苦使得我们逃避去做高尚的事。"（《尼各马可伦理学》1104b10）也就是说，我们往往为了快乐而去做那些我们知道是错误的事情，也往往为了避免痛苦而不去做那些我们知道是正确的事情。这种情况我们一般称为人性的软弱。在苦乐问题上，同样存在正确与错误、高尚与卑贱的问题。如果我们只是单纯地被苦乐所支配，而不去关心这种苦乐是否正确，那么就是非常愚蠢的。所以我们应该实践正确的道德理性，使人们对应该快乐的事情感到快乐，对应该痛苦的事情感到痛苦。否则，就不可能真正具有道德理性。教育的成功与否，可以说就是一个人是否正确地感受苦乐。对苦乐应用得好，就成为一个好人，否则就成为坏人。当然，战胜快乐比战胜敌人更加困难，也更加重要。正如老子所谓"自知者智，自胜者强"。柏拉图认为那些被快乐征服的人并不是自由人，而是奴隶。现代人往往肯定欲望和情感的原始性和优先性，因此往往倾向于否定欲望和情感是需要理性的鉴别和分析的，否定在情欲问题上是存在是非对错的。这是非常错误的观点。

亚里士多德指出，道德德性必然涉及选择的问题。"要想选择得好，逻各斯就要真，欲求就要正确，就要追求逻各斯所肯定的事情。这种理智和真是与实践相关联的。而沉思的理智同实践与制作没有关系。它的状态的好坏只在于它所获得的东西是真是假。获得真其实是理智的每个部分的活动。但是实践的理智的活动是获得相应于遵循着逻各斯的欲求的真。选择是实践的始因，选择自欲求和指向某种目的的逻各斯开始。所以，离开理智和某种品质也就是无所谓选择。"（《尼各马可伦理学》1139a25—34）这段话表明，第一，理性和情欲有时候是冲突的。选择是在理智和欲望之间的选择服从欲望和快乐还是服从理智，这是根本性的选择。柏拉图在讨论"做自己的主人"的观点时也是这个问题。大多数人往往倾向于选择欲望和快乐,而不是理智和美德。第二,选择本质上是理智和智慧的问题。如果我们有智慧,我们的选择就是正确的。如果我们没有智慧,听从情欲的支配,我们的选择就是错误的。但是现代人由于受到基督宗教的影响,在讨论选择问题的时候,往往会涉及自由意志的概念,认为选择体现的是人的自由意志。但是奥古斯丁在提出自由意志的概念时,是为了说明人类的罪恶的由来。后来自由意志的概念成为和人的主体性相关的概念。自由意志的概念往往会掩盖选择问题中的智慧和德性的问题。亚里士多德在讨论选择问题的时候强调的是服从逻各斯的指导。对于他来说,最高的选择就是在政治生活和哲学生活之间的选择。

亚里士多德也看到,欲望和情感对于人的控制是强大的,理智或者逻各斯的力量有时候是软弱的,所以养成实践理性或者道德德性是困难的。"用逻各斯来改变长期习惯所形成的东西是不可能的,至少是困难的。……本性使然的东西显然非人力所及,是由神赋予那些真正幸运的人的。逻各斯与教育也似乎不是对所有人都同样有效。"(《尼各马可伦理学》1179b16)这里,亚里士多德似乎表现出一定的悲观主义倾向。这种悲观主义是基于一种对人性的现实主义观察。这种适度的悲观主义是一种智慧,会使我们在面对道德理性教育时,保持一种审慎和节制,这样才能更好地进行道德教育。这是他对人性的自然深刻而朴实的观察。相反,在启蒙主义运动中,人们表现出一种狂热的道德理想主义,认为每个人只要努力进步,就都可以变为"道德圣人",那些没有成为圣人的人都是因为自己的懒惰、愚蠢和贪婪。所以启蒙主义包含了对人性的蔑视和残忍。

当然，也有一些庸俗之人认为人就是贪婪的、自私的，人是不可能变得高尚和无私的，因此他们就陷入了一种彻底的悲观主义，这种过度的悲观主义同样是愚昧无知的，是对人性的蔑视和残忍。

亚里士多德并未完全否定逻各斯和教育的作用。他区分了少数卓越的人和大多数平庸的人。"逻各斯虽然似乎能够影响和鼓励心胸开阔的青年，使那些生性道德优越、热爱正确行为的青年获得一种对德性的意识，它却无力使多数人去追求高尚［高贵］和善。因为，多数人都只知恐惧而不顾忌荣誉，他们不去做坏事不是出于羞耻，而是因为惧怕惩罚。因为他们凭借感情生活，追求他们自己的快乐和产生这些快乐的东西，躲避与之相反的痛苦。"（《尼各马可伦理学》1179b10）也就是说，对于大多数人来说，用逻各斯完全改变他们的情欲是不可能的，或者是极为有限的。但是，对于极少数理性天赋优异的人来说，用逻各斯来改变他们的情欲是可能的。当然，这种"改变"准确地说是"实现"，即天赋优异的人通过逻各斯实现了他的自然，使他的理性自然从潜能变为现实。苏格拉底曾经说自己哲学的成就是一种"神迹"，准确地说就是一种优异的自然天赋。这种天纵之才永远是极其罕见的。

亚里士多德区分了凭借理性生活的人和凭借感情生活的人。"学习者必须首先通过习惯培养心灵，使之具有高尚的爱和恨，正如土地需要先耕耘后播种。因为那些凭感情生活的人听不进说服他改进的话。……一般来说，感情是不听从逻各斯的，除非不得不听从。所以，我们首先有一种亲近德性的道德，一种爱高尚的事物和恨卑贱的事物的道德。"（《尼各马可伦理学》1179b30）这就是情感和理性的关系问题。凭借理性生活的人是情欲服从理性,而凭借感情生活的人则是理性服从情感。在《政治学》中,亚里士多德指出:"身体的从属于灵魂(人心)和灵魂的情欲部分的受治于理性及理智部分,总是合乎于自然而有益的;要是两者平行,或者倒转了相互的关系,就常常是有害的。"(《政治学》1254b5)也就是说,理性统治情欲、灵魂统治肉体是合乎自然的,否则就是反自然的。我们应该学会爱正确的、高尚的事物,恨错误的、低贱的事物。这是一切教育的核心。当然,凭借理性生活的人永远只是少数,而凭借感情生活的人永远是多数。但是,正是少数凭借理性生活的人确立了人类道德理性生活的典范。他们是一切人应该学习的榜样和楷模。

面对人性问题,我们不能"一刀切",不能以普遍主义或者平等主义的观点来界定人性,而是要以现实的观察来理解人性。这是古典哲学的基本原则和方法。现代的人性论往往是从一种普遍主义或者平等主义的观点来界定人性,忽视了对人性的现实的观察。可以说,古典哲学出于对极少数天资卓越的人的考虑,没有放弃对人性的崇高理想和要求,同时,出于对大多数天赋平庸的人的考虑,它也没有提出对人性的普遍的过高的要求。他们既致力于对天赋优异之人的培养,也考虑到庸常的大众的教化问题,而没有把两者混为一谈。

最后,亚里士多德诉诸法律来帮助人们培养道德理性。"多数人服从的是法律而不是逻各斯,接受的是惩罚而不是高尚的事物。"(《尼各马可伦理学》1180a5)因为欲望和快乐的诱惑是巨大的,一般人很难抵制。所以对于大多数人来说,过节制的生活是不快乐的,理性的自律是很困难的。只有在君子国中,每个人都自我约束和节制,才不需要法律的强制和约束。

所以我们应该借助于外在的力量来帮助人们节制情欲。而法律是立法者的逻各斯理性的产物,是理性的智慧的结晶。同时,法律还具有一定的权威性和惩罚性。权威性可以唤起人们的敬畏心,惩罚性则使人有所恐惧,从苦的方面对人有所制约。因此,法律可以凭借自己的权威性和惩戒性使人们有所忌惮、有所改正,从而逐渐具备一定的理性控制能力,而不是完全听凭情欲的支配。一个人在法律的引导下,一旦习惯了理性的、节制的生活,就不再觉得这种生活是痛苦的。如果一个人不是在法律的教导下成长的,就很难接受和培养出美善的德性。

亚里士多德认为,真正的法律应该是把公民的美德作为自己的目标。"立法者通过塑造公民的习惯而使他们变好。这是所有立法者心中的目标。"(《尼各马可伦理学》1103b5)立法者应该鼓励人们追求德性,颂扬那些具有高尚德性的人,而惩罚那些不服从的人。坏人往往只服从自己的情欲,只知道追求感官的快乐。公正的人是服从逻各斯的人,把道德理性作为自己的指导。亚里士多德也推崇斯巴达的法律,认为只有斯巴达比较关心公民的德性,而其他城邦则放任自流。从这里,我们就可以理解亚里士多德把伦理学看作是政治学的导言的原因。政治学的前提和目的是伦理学。

我们知道,中国传统文化的精神是"内儒外法"。所谓内儒就是以仁、义、礼、智、信等美德为教育的目的,外法就是以法律来保证这些美德的发展和养成。这种传统也是德性和法律的结合的典范。我们看到,现代立法者仅仅把法律作为协调个人利益之争的工具,法律不再具有引导个人向善的作用和目标。这可以说是立法者的堕落和失败。

三、适度或中道

道德理性的本质就是以理性控制情感和欲望。这种控制并不是消灭情感和欲望,而是使它们处于适度的范围之内。

亚里士多德认为灵魂有三种状态和德性活动相关,即感情、能力与品质。"感情,我指的是欲望、怒气、恐惧、信心、妒忌、愉悦、爱、恨、愿望、嫉妒、怜悯,总之,伴随着快乐与痛苦的那些情感。"(《尼各马可伦理学》1105b20)能力是指使我们获得这些情感的东西。道德德性不是感情,也不是能力,而是品质。"品质,我指的是与这些感情的或好或坏的关系。"(《尼各马可伦理学》1105b25)德性反映的是我们与自己的情感关系。如果我们能够适度地产生情感,就是有德性的;如果我们不能适度地产生情感,就是没有德性的。所以道德理性的实践活动主要面对和处理的问题就是我们和自己的情感的关系。如果是适度的情感,就是好的关系;如果是过度的情感,就是坏的关系。好坏是从过度还是适度的角度评判的。在《政治学》中,亚里士多德指出:"(一)真正幸福的生活是免去烦累的善德善行,而(二)善德就在行于中庸——则[适宜于大多数人的]最好的生活方式就应该是行于中庸,行于每个人都能达到的中庸。"(《政治学》1295a35)这里体现了亚里士多德的中道论的德性观。

亚里士多德认为,道德德性和感情实践相关。在感情和实践生活中总是存在过度、不及和适度等情况。过度和不及都是错误的,适度才是成功的并且受人称赞的。"过度与不及都破坏完美，唯有适度才保存完美。如果每个好技匠都在其作品中寻求这种适度；如果德性也同自然一样，比任何技艺都更准确、更好，那么德性就必定是以求取适度为目的的。"(《尼各马可伦理学》1106b11)"在适当的时间，适当的场合，对于适当的人，出于适当的原因，以适当的方式感受这些情感，就既是适度的又是最好的。"(《尼各马可伦理学》1106b20)对任何事情都不敢坚持，都躲避，就会成为懦夫；对任何事情都不怕，就会成为莽汉。对任何快乐都不节制，就会成为纵欲者；对任何快乐都害怕，就会成为冷漠者。这就像是饮食和健康的关系一样，过度的或者不及的饮食都会损害健康。也就是说，错误是多种多样的，但正确的道路却只有一条，这种正确的道路就是适度或者中道。在他看来，德性就是以适度的方式感受苦乐。道德德性的本质就在于是不是合乎中道。没有适度就没有德性。"不及与过度都同样会毁灭德性。"(《尼各马可伦理学》1104a13)

正如德尔斐神谕所说："凡事勿过度。"以中道观来看，一切极端的情况都是恶。"一切极端的品质，不论是愚蠢、怯懦、放纵还是怪癖，事实上都或者是兽性，或者是病态。"(《尼各马可伦理学》1149a5)面对一切现象，我们都应该保持理性的适度的态度，对于极端的情况更应该保持警惕。例如孔子在《中庸》中就说："素隐行怪，后世有述焉，吾弗为之矣。"还有，"子不语怪力乱神"。但是，我们看到，现代人在很多方面都在追求极端，不知道节制和约束，总要去做别人没有做过的事情，要"敢为天下先"。特别是现代人对创新的无止境的追求，更加导致对极端事物的追求和偏好。例如存在主义就是以对极端事物或者极端体验的重视和研究为兴奋点，而对稳定的、通常的事物没有兴趣。这其实也是缺乏智慧的一种表现，对于政治生活是非常危险的。

亚里士多德还指出，从最高善的角度，德性也是一个极端。也就是说，适度和不及相比是过度，而和过度相比是不及。三种品质彼此相反。适度和两个极端相反，两个极端也彼此相反。例如勇敢和怯懦相比显得鲁莽，而和鲁莽相比又显得怯懦。节制和冷漠相比显得放纵，而和放纵相比，显得冷漠。这里当然不是在玩文字游戏。亚里士多德以此表明，中道并不是抽象的僵化的，而是具体的、活生生的。中道是具体的真理，是灵活的原则。我们处理任何问题都应该因地制宜、因时制宜、因人而异。孔子也指出："君子之于天下也，无适也，无莫也，义之于比。"（《论语·里仁》）也就是说，君子对于政治事务和政治问题，没有什么特定的观念，没有什么是一定支持的，也没有什么是一定反对的，他的所作所为都是依据事实本身而行事。孟子也说："大人者，言不必信，行不必果，惟义所在。"（《孟子·离娄下》）"义者，宜也。""宜"也就是适度和中道。

根据中道或者适度的原则，亚里士多德对德性和恶进行了定义。"过度与不及是恶的特点，而适度则是德性的特点。"（《尼各马可伦理学》1106b33）也就是说，善就是适度，恶就是过度和不及。这意味着善和恶没有固定的标准，一切都以是否适度为标准。当然对于不同的人，其适度也是不同的。适度也是因人而异的。所以中道的美德没有明确的、固定的标准。但是这并不意味着所有的适度或者中道都是美德。亚里士多德指出，有些自身就是恶的情感和实践就不存在适度的问题，例如幸灾乐祸、嫉妒、无耻等。否则，适度的恶就是美德，这是错误的。智慧和德性都是一种因地制宜、因时制宜的适度和中道。例如孔子说:"子绝四,毋意,毋必,毋固,毋我。"(《论语·子罕》)也就是说,君子不瞎猜、不独断、不固执、不自以为是,内心处于圆融无碍、自由自在的理性光明的境界中。

在此,我们必须把亚里士多德的中道论和道德相对主义区分开。柏拉图笔下的普罗泰戈拉就是道德相对主义的代表。他认为没有固定的好,一切都是凭借个人的感觉和需要而确定的。亚里士多德的中道论是以对事实本身的认识为前提的。也就是说,凡事都存在一定的分寸和尺度,这种分寸和尺度并不是可以通过数学或者统计学等方法明确规定下来的。我们在实际生活中会体会到这种分寸和尺度。任何事物都处于复杂多样的环境中,任何事物自身也总是由很多因素构成的。环境和事物自身都在不断变化,所以处理事物的最好方法就是使它自身和环境,使它自身的各种元素都处于平衡的状态。只有在这种平衡状态中,事物才能保持自己的存在和功能。因此这种平衡状态就是事物的最好状态。中道或者适度就是使事物处于平衡的状态。例如中医讲究"辨证施治",西医则用一套固定的、明确的标准来治病。毫无疑问,中医的理论和方法更多体现了中道或者适度的原则。同样,对于我们自己的情感和欲望活动,我们也应该以中道和适度的态度来面对。人总是有七情六欲,正确的方法就是使理性和七情六欲处于平衡的状态。这样才能保持身心的和谐和健康。如果哪一种情欲活动过于强烈,就会损害我们的身体和心理状态。

我们应该看到,亚里士多德把适度或者中道作为道德理性的标准,恰恰是他的彻底的理性主义的必然结论。适度或者中道是以理性认识为前提的。这种理性认识就是对自身和事物的各种元素及其平衡状态的认识。不同事物往往处于不同的非平衡状态，所以我们应该使用不同的方法，使它们各自达到平衡状态。如果没有对事物的精确认识，我们就不可能达到中道和适度。所以中道是以正确认识事物为根本。适度或者中道就是实事求是，恰如其分。在认识论上，合乎事实本身就是真理。在道德实践上，合乎事实本身就是中道或者美德。所以适度或者中道依赖于逻各斯的智慧和真理。适度就是选择正确，过度是超过正确，不及是没有达到正确。"德性是一种选择的品质，存在于相对于我们的适度之中。这种适度是由逻各斯规定的。就是说，就像一个明智的人会做的那样地确定的。德性是两种恶即过度和不及的中间。"(《尼各马可伦理学》1107a) 德性就是适度，适度由逻各斯来确定。这充分体现了中道美德观的理性主义特点。

亚里士多德看到，保持适度或者中道是困难的。"由于道德德性是这样的适度，做好人不是轻松的。因为，要在所有的事情中都找到中点是困难的。"(《尼各马可伦理学》1109a25) 面对纷繁复杂的事物，我们要时刻做到不偏不倚，恰如其分，必须要具有超凡的洞察力和智慧力，所谓"诚者，不勉而中，不思而得，从容中道"。否则我们就会在过度和不及之间摇摆变化，以这种方法保持中道。亚里士多德指出："在所有的品质中适度的品质受人称赞。但是我们有时要偏向过度一些，有时要偏向不及一些，因为这样才最容易达到适度。"(《尼各马可伦理学》1109b25) 孔子也指出："不得中行而与之，必也狂狷乎！狂者进取，狷者有所不为也。"(《论语·子路》) 也就是说，适度或者中道往往是在狂和狷的两种极端中求取的。中道美德一方面依赖于我们对自己的情感和欲望的控制，只有不受情欲的控制,才能做到中庸;另一方面,中道美德也依赖于我们对事实情况的正确判断。否则,我们就不可能做到中庸。因此,人们往往"两害相权取其轻",避开与适度最远的那一端。所以他要求我们应该远离那些让我们容易沉溺的事物,把自己从这些事物中拉开。只有远离错误,才能达到适度。孔子也说:"可与共学,未可与适道;可与适道,未可与立;可与立,未可与权。"(《论语·子罕》)这里的权就是中道和适度的美德。这种中庸德性是非常难以达到的。"中庸之为德也,其至矣乎!民鲜久矣。"(《中庸》)

在第三、四、五卷中,亚里士多德从适度或者中道的角度对各种美德进行了具体说明,包括勇敢、节制、慷慨、大度、大方、温和、友善、诚实、机智、羞耻和正义等。

节制和勇敢本身就是德性,并不存在不及或者过度的问题。勇敢是恐惧和无惧方面的适度。节制是苦乐方面的适度,节制是和欲望快乐相关的美德。在五官方面,节制主要和触觉、味觉的快感相关,所谓"食色性也",是人和动物共有的,这种快感主要是兽性的快乐,沉溺于这种快乐就和动物无异。这种人就是卑贱的人。他认为和勇敢相比,节制更加容易。因为养成面对快乐的诱惑的习惯更加容易,因为这样的诱惑很多,而且也没有危险。"一个愚蠢头脑中的对快乐的欲求是永远无法满足的,它的每一次运用又加强着它的内在倾向,直到这些欲望——如果它们是强烈的、有力的——最终排除掉推理的力量。所以,我们的欲望应当是适度的和少量的,并且不违背逻各斯。我们所说的服从的、受过管教的品质就是指这种状态。因为,正如一个儿童应该按照他的教师的指导去生活,我们身上的欲望的部分也应当服从逻各斯的指导。所以,一个节制的人的欲望的部分应当合于逻各斯。因为，这两者都以高尚[高贵]为目的。节制的人欲求适当的事物，并且是以适当的方式和在适当的时间，这也就是逻各斯所要求的。"(《尼各马可伦理学》1191b7—16) 我们往往很难抵抗快乐的诱惑。因此我们要警惕和远离那些让人快乐的事物。我们要知足少欲，安贫乐道，知足常乐，把主要的时间和精力用来追求高尚的事物。在柏拉图的道德谱系中，节制是仅次于智慧的美德，或者说，智慧就表现为节制。

慷慨是钱财方面的接受和付出的适度，对立的是挥霍和吝啬，慷慨是适当的给予和适当的索取。大度是荣誉和耻辱方面的适度。大度是德性之冠，没有崇高就没有大度。大度是和重大事物相关的，大度的人只会关注重大的事物，而不关心微小的事情。他是对荣誉和耻辱保持正确态度的人。他对于荣誉和耻辱都是不屑一顾的，不会因为命运好而高兴，也不会因为命运坏而犹豫。大度的人往往被认为是目空一切的。他不会崇拜什么，也不会记恨什么。他也往往行动稳重，语言稳重。没有什么事情可以让他慌张，也没有什么事情让他刺激。他也敢于牺牲自己。他很少有求于人，而喜欢帮助他人。

交往方面的适度就是诚实。诚实的两个极端是自夸和自贬。诚实的人在语言和行为上都是实事求是，既不夸大也不缩小。他不论在任何情况下都只讲真话。他拒绝不诚实的行为，认为那是可耻的。这方面的典范就是苏格拉底。

机智是娱乐方面的适度。机智是有品位的交谈，善于有品位地开玩笑，其反面是滑稽和呆板。滑稽的人屈服于开玩笑的冲动。呆板的人则什么玩笑也不会，也不接受玩笑。

温和是对待怒气方面的适度。"温和的人其实就是一个脾气平和、不受感情左右,而按照逻各斯的指导,以适当的方式,对于适当的事情,持续适当的时间发怒的人,尽管他由于宁愿原谅别人而不是复仇而显得偏向不及一边。"(《尼各马可伦理学》1126a)一个人能很好地控制自己的怒气,就是有美德的。易怒、暴怒和愠怒等都是不善于克制怒气的表现。

友善是和人的交往相关的适度,相反的就是谄媚和乖戾。谄媚是凡事附和他人,乖戾是凡事都反对。友善则是该反对的反对,该赞同的赞同。友爱的人做事不是出于爱或者恨。他对待任何人都根据他人的身份、地位和关系等给予不同的态度。

羞耻也是适度。羞耻感似乎不是一种品质,而是一种情感。但是羞耻是和品质密切相关的情感。"年轻人应当表现出羞耻的感情,因为他们听凭感情左右而常常犯错误,感到羞耻可以帮助他们少犯错误。"(《尼各马可伦理学》1128b15)年长者应该能够熟练地以理性节制情欲,所以不应该再做出让人羞耻的事情,否则就会让人谴责。羞耻是恶的行为引起的,好人就不会羞耻。

公正也是一种适度,不公正就是过多或者过少。受不公正对待就是不及,行不公正就是过度。一般人认为的正义都是和法律相关的,是一种约定的习俗意义上的正义。具体意义上的正义就是守法的、平等的,不正义就是违法的、不平等的。而总体意义上的公正是"一切德性的总括"。一切都各得其所,就是公正。这种观点和柏拉图的正义观是一致的。柏拉图的正义主要是一种自然的正义,这是一种十分严格精密的正义观,即各得其所、各尽其能、因材施教、因地制宜等,这种和每个人的自然天性精确匹配的状态就是正义。而约定的习俗意义上的正义则达不到这种精确性。

正义还表现为分配正义。分配正义是两个人相互是怎么样的比例，两份事物之间就应该有什么比例。这种合比例就是适度。公正就是合比例。"分配的公正在于成比例，不公正则在于违反比例。"(《尼各马可伦理学》1131b18) 分配正义又分为矫正的公正和回报的公正。矫正的公正是算术的比例，剥夺多得者的利益，使交易双方获得均衡的利益。回报的公正是一个人做了多少就获得多少。"公正就是行不公正和受不公正的对待之间的适度。前者得的过多，后者则得的过少。"(《尼各马可伦理学》1133b30) 政治生活的重要问题就是分配的正义。"政治的公正是自足地共同生活，通过比例达到平等或在数量上平等的人们之间的公正。"(《尼各马可伦理学》1134a26) 如果不能保持这种分配的正义，往往就会导致整个社会的动乱。社会动乱的目的也往往就是达到分配的正义。所以古代人强调"不患寡而患不均"。

他认为政治的公正存在于可以通过法律来调节的人群之间。法律的存在就意味着不公正的存在，因为法律就是以对公正和不公正的区分为基础的。政治的公正有些是自然的，有些是约定的。自然的公正是对任何人都有效力的。所谓"天网恢恢疏而不漏"。但是自然的公正也是可变的。约定的公正最初是如何确定下来的并不重要，但是只要确定下来了，就不能违反。他还认为行公正必须是出于自愿，否则就不是公正。出于选择而行公正的人才是公正的人，不是出于自愿选择而行公正并不是真正的公正。

他认为灵魂本身的公正是最重要的。灵魂本身的公正就是作为美德的公正。作为美德的公正是更加重要的。如果人们都只关心法律的、政治的公正，而不关心灵魂的、美德的公正，那么就是舍本逐末。灵魂的正义超越了政治的正义。灵魂的公正并不依赖于政治的公正。灵魂的公正是政治的公正的基础和根本。如果没有了灵魂的公正,就不可能有政治的公正。人们之所以能够保持一定的政治的公正,就是因为每个人内心中多多少少保持了灵魂的公正。正如苏格拉底表现的,灵魂公正的人不会因为政治的不公正而改变。所以,对人民进行适度的教化,使他们保持一定的灵魂的公正,对于政治的公正来说是非常重要的。这种观点和柏拉图关于正义的观点是一致的。柏拉图的《理想国》就是从对政治的公正的探究转向了对灵魂的正义的探究。在他看来,我们只有首先在灵魂中建立了公正,才能在政治中建立公正。

综上所述,亚里士多德的中道论的美德观是理性支配情感的理性主义立场。他坚持了苏格拉底和柏拉图的"知识是美德"的基本观念。没有苏格拉底和柏拉图开创的政治哲学,亚里士多德的哲学就不可能产生。但是他也反对苏格拉底和柏拉图的"无人自愿作恶"的观点。第一,道德要求是在我们能力范围之内的。如果道德要求超出了我们的能力范围,我们无能做到,那么人们也不会惩罚我们。只有在我们的能力范围之内,而我们又去做坏事,人们才会惩罚我们。这其实是说,我们对他人提出的道德要求要适度,不能超出人们的能力范围。第二,一个人往往是会为自己的无知而负责任的,而不会明知犯错而不接受惩罚。例如醉酒肇事。第三,一个人应该知道法律,也不难知道,但是他却由于不知道法律而做坏事,这样他也是要接受惩罚的。第四,一个人因为疏忽而犯错误,也会受到惩罚。(《尼各马可伦理学》1114a)亚里士多德在此似乎要说明人们因为无知而犯错也应该接受惩罚,不能因为无知犯错而不接受惩罚。柏拉图并不是要说明无知者无罪,因为无知而犯错同样需要接受惩罚。柏拉图的这种观点主要是为了揭示人们的无知,即人们的一切行为都是为了追求善,但是因为无知,人们往往把恶看作善,所以他们的行为不但为自己,也为他人带来了不幸和痛苦。无知本身就是恶,就是惩罚。所以,我们要获得幸福和善,就应该追求智慧,只有拥有了智慧,我们才不会因为无知而犯错。

中道论美德观涉及的是理性和情欲的关系问题。欲望和情感的发动是人的本能,不能完全消灭。但是情感的发动如果不能保持适度,对人对己就可能是有害的。这种事例我们屡见不鲜。正如《中庸》中所说:"发乎情,止乎礼。"恰当地控制自己的情感活动就是非常重要的。如果一个人能够非常好地控制自己的情欲活动,就是有修养的、品德高尚的人。孔子所谓的"克己复礼为仁",就是要求以理性对情欲进行控制。所以道德理性的本质就是理性的自律。这种理性的自律是以理性的充分发展和对情欲的天然抵制为前提的。有的人天性高贵,喜欢和追求高贵的事物,不愿终日为了满足自己的情欲而生活。对于这种人来说,理性的自律是比较容易做到的,无需借助于外在的法律和强制。但是大多数人仍然是围绕自己的情欲而生活的,他们是被快乐和恐惧支配的人,而不会追求理性的、高贵的事物,对于他们来说,这种理性的自律是非常难以做到的。但是正是这极少数的高贵的人建立了人类文明和理性的真正基础。他们的人格存在构成了人类的楷模和榜样,没有他们,人类文明就是无法建立的。因此,理性的自律或者内在美德的养成是更加重要的。我们不能单纯地寄希望于制度和规则。寄希望于制度和规则是远远不够的。所谓"人存政举,人亡政息"。

关键是人才的培养，而人才的核心是理性的美德。

在近现代哲学中，围绕理性和情欲的关系，出现了两派伦理学思潮。一个是英国的经验主义和功利主义的伦理学。边沁伦理学主要研究了人的情欲问题。他认为人的本性就是求乐避苦。"自然将人类置于两位主公——快乐和痛苦——的主宰之下。只有它们才指示我们应当干什么，决定我们将要干什么。是非标准，因果联系，俱由其定夺。凡我们所行、所言、所思，无不由其支配：我们所能做的力图挣脱被支配地位的每项努力，都只会肯定和昭示这一点。"① 所以，道德和立法都要以人的肉体苦乐为中心，实现最大多数人的最大幸福。康德伦理学则反对这种功利主义思想。他重新强调理性的自律，把理性的自律看作是道德的核心。"意志自律是一切道德法则以及合乎这些法则的职责的独一无二的原则；与此相反，意愿的一切他律非但没有建立任何职责，反而与职责的原则，与意志的德性，正相反对。……道德法则无非表达了纯粹实践理性的自律。亦即自由的自律，而这种自律本身就是一切准则的形式条件，唯有在这个条件下，一切准则才能与最高实践法则符合一致。"② 在他看来，一个国家如果没有道德，如果只是追求个人的肉体的幸福，就和野兽群体无异，就不可能建立现代共和国。现代共和国本质上是自由人的自由联合体，所以他认为现代公民应该是理性的自律的自由人，而不需要借助于法律和他律。但是他的错误在于他把极少数人的理性的自律作为所有人的行为准则，这是不可能实现的。相反，边沁的功利主义以理

---

① 边沁:《道德与立法原理导论》,时殷弘译,商务印书馆,2000,第 57 页。
② 康德:《实践理性批判》,韩水法译,商务印书馆,1999,第 34—35 页。

性和法律来为个人的肉体情欲服务,排除了极少数人对理性的高贵的美德的追求,所以也是片面的。当然,康德伦理学在很大程度上并不反对边沁的功利主义,而是试图以道德理性来辅助实现这种功利主义。在他看来,如果没有一定的道德条件,功利主义是不可能成功的。正如亚当·斯密既写作了《国富论》,也写作了《道德情操论》。康德哲学与亚当·斯密哲学没有本质的不同。

我们还应该指出,中道的美德并不仅仅是一种伦理学思想,同时也是一种政治学的思想。对此,施特劳斯敏锐地指出:"健康城邦最为敬重中道之德行,比起中道,病态城邦则更喜欢大胆(daring),喜欢所谓的男子气(manliness),中道与和平相近;大胆和男子气则属于战争。这些观点使我们毫不犹豫地断定,修昔底德的道德品位与柏拉图一样。我敢说,它与所有智人即现代之前的所有伟大思想家的道德品位都一样。"① 一个和平的健康的城邦必定以中道作为根本德性。而好战的变态的城邦都喜欢极端和血气。对此,我们回顾一下20世纪的政治生活就可以一目了然。正如我们当前所见,现代文明本质上是放纵情欲的文明,现代道德观并不强调理性对欲望的节制,也不认为美德是适度和中道,而是认为幸福和美德就是无止境地追求更高、更快、更强、更新。这种现代观念的起源可以追溯到马基雅维里和霍布斯。他们彻底改变了亚里士多德的中道美德观念。马基雅维里认为:"征服的欲望是很自然的人之常情,只要能够做到,就总会受到颂扬而不是非难。"②

---

① 施特劳斯:《修昔底德:政治史学的意义》,载刘小枫、陈少明主编《修昔底德的春秋笔法》,华夏出版社,2007,第16页。

② 马基雅维里:《君主论》,阎克文译,辽宁教育出版社,1998,第13页。

这种征服的欲望就是政治野心或者激情。霍布斯认为："在所有各类事物中，美德一般说来就是以出类拔萃而见贵之物，存在于比较之中。因为如果所有的人的一切都轩轾无分，那就没有可贵的东西了。所谓智慧之德，我们所理解的永远是为人所称道、珍视并希望自身具有的心理能力，通称为良好的智慧；只是智慧这一词语也被用来专指某一种能力，以示有别于其余。"① 他们的美德观念奠定了现代美德观念的基础。这种美德观本质上是柏拉图的第二等级的勇敢美德或者竞胜美德的新表达。因为现代人试图消除战争，所以勇敢转变为竞胜。竞胜或勇敢的美德成为现代社会的主导性美德。可见，现代道德观离古代中道观越来越远了。

四、道德德性与幸福

亚里士多德的伦理学是幸福论的伦理学。他认为最高的善就是幸福。所以道德理性并不是和幸福无关的或者对立的，而是和幸福密切相关的。在他看来，道德和幸福是一致的。"最优良的善德就是幸福，幸福是善德的实现，也是善德的极致。"（《政治学》1328b40）一个有美德的人必然也是幸福的人，我们不能设想一个恶棍是一个幸福的人，也不能设想一个有美德的人是不幸福的人。当然，我们会用世俗的标准去衡量一个人是不是幸福，但是如果我们对幸福有真实的深刻的理解，我们就会明白为什么有美德的人就一定是幸福的人。

---

① 霍布斯：《利维坦》，黎思复、黎廷弼译，商务印书馆，1985，第49页。

首先，幸福是最高善，是属人的意义上的最高善。① 他认为人的活动都是有目的的。而任何活动都是以善为目的。"每种技艺与研究，同样地，人的每种实践与选择，都以某种善为目的。所以有人就说，所有事物都以善为目的。"(《尼各马可伦理学》1094a) 这种思路和柏拉图是一致的，可以说是对人性的真相的揭示。这种思路是一种性善论的人性论。这是从人的现实行为的观察而得出的结论。人追求的目的有很多。不同目的可以分为"目的的系列"，即一个目的往往指向另一个更高的目的，例如赚钱的目的指向享乐的目的。但是所有目的的本质都是善，即人们只追求善的目的，或者说，人们都把自己追求的目的看作是善好的。因此亚里士多德认为这个目的系列最终指向最高善。所以关于善的知识是至关重要的，这种知识直接决定了我们的生活方式。如果我们追求的是真正的善，我们的生活就是美好的、幸福的；如果我们追求的是错误的善的目的，那么只会遭受痛苦和不幸。

亚里士多德区分了两种善，自身是善的事物和作为手段的善的事物。他认为幸福是自身就是善的事物，幸福就是最高的善。他从三个方面对幸福进行了分析。第一，从目的角度，他认为幸福是最终的目的。幸福是因为自身而被追求的，其他目的都不是最彻底最终极的，"幸福似乎最会被视为这样一种事物。因为，我们永远只是因为它自身而从不因它物而选择它"(《尼各马可伦理学》1097b)。例如荣誉、快乐、努斯和德性不仅仅是因为自身而被追求的，我们也会因为幸福而追求它们。

---

① 他反对柏拉图的善理念，认为善的理念是不存在的。善理念不是属人的善，是空洞的。我们所有的活动都是指向那些可实行的善，而不是善本身。

即我们追求它们的目的是因为它们可以带给我们幸福。但是，在现实生活中，它们并不一定带给我们幸福，它们代表的善并不是最高的善。第二，从自足角度，他认为幸福是自足的，"自足是指一事物自身便使得生活值得欲求且无所缺乏。我们认为幸福就是这样的事物"(《尼各马可伦理学》1097b15)。自足就是无所欲求，就是自己足以保持一种圆满无缺的状态。自足是一种非常崇高和神圣的状态。古代哲人对自足非常重视。他们一生追求的目的似乎就是自足。例如庄子的逍遥游的境界就是一种无所待的自足境界。而神也被看作是自足的。因此，幸福被看作对外界事物没有任何欲求和依赖的自足。但是，我们现代人却似乎不再理解自足的深刻意义。第三，从完善方面，他认为幸福是最完善的，没有其他的完善可以和幸福相比。"幸福是所有善事物中最值得欲求的、不可与其他善事物并列的东西。"(《尼各马可伦理学》1097b17) 我们对任何目的的追求都是对善的追求，但是只有幸福的善才是最终的善，其他目的的善都是为了达到最终的幸福的善。只有在最高的幸福中，我们才能达到完美无缺的状态。最高的幸福就是哲学生活的幸福。柏拉图在《会饮》中也指出："由于获得好东西，幸福的人才幸福，从而也就不需要进一步问：意愿幸福的人究竟为了什么而意愿。毋宁说，这个获得被看作完满的回答。"(《会饮》205a)

  他还把善的事物分为三类，即外在的善，例如金钱、朋友、出身高贵、好运、子女等；身体的善，例如健康、美貌、敏捷等；灵魂的善，即德性和智慧。"善的事物已被分为三类：一些被称为外在的善，另外的被称为灵魂的善和身体的善。"(《尼各马可伦理学》1098b13)"人们能够有所造诣于优良生活者一定具有三项善因：外物诸善，躯体诸善，灵魂诸善。论者一般都公认唯有幸福的人生才完全具备所有这些事物。"(《政治学》1323b25)亚里士多德认为幸福是三种善的综合。如果缺失了一种，我们会认为幸福不是完满的。这种观点是比较理性和现实的。正如我们中国人认为幸福的标准就是福、禄、寿三种善的结合。

亚里士多德指出，幸福是一种和德性相关的活动，而不是一种命运的安排。高尚的人以高尚的方式对待各种命运的安排，而不是受制于命运，不会因为运气的变化而改变自己。他不会因为不幸而痛苦。幸福和不幸虽然需要一点运气，但是并不依赖于运气。"人往往由于偶然的机会获得灵魂之外的诸善；可是谁都不能完全依赖偶然的机会而成就其正义和敦厚［属于灵魂的］诸善［由此而获得幸福］。"(《政治学》1323b28)《中庸》中也说："君子素其位而行，不愿乎其外。素富贵，行乎富贵；素贫贱，行乎贫贱；素夷狄，行乎夷狄；素患难，行乎患难；君子无人而不自得焉。在上位不陵下，在下位不援上，正己而不求于人则无怨。上不怨天，下不尤人。故君子居易以俟命，小人行险以徼幸。"有德性的人即使在厄运中也保持高贵。他们把大部分时间都应用于合德性的实现活动。动物和小孩都不能说是幸福的，因为他们不能参与高尚的活动。幸福也应该具有稳定性和持久性。亲友的命运也对幸福有一点影响，但并不是至关重要的。亚里士多德把死后的荣誉等也作为幸福的标准。如果一个在死后没有好的盖棺定论，或者子孙没有受到好的庇护，也不会被看作是完满的幸福。幸福需要一生的时间和完全的善。

当然，在所有的善中，灵魂的善是最真实的最恰当意义上的善，如果我们具备了灵魂的善，我们的幸福就获得了最重要的保证。如果我们没有灵魂的善，即使我们拥有再多的其他的善，也不可能是幸福的。因此，我们应该追求灵魂的善，为了灵魂的善可以放弃外在的善和身体的善。"灵魂诸善的所以能够形成并保持德性，无所赖于外物。反之，外事物的效益就必有赖于灵魂诸善而始显露。你也可以看到，人们虽于外物的充裕和人性的完美两者都可获得幸福，两者结合起来也可获致幸福，然而凡德性不足而务求娱乐于外物的人们，不久就知道过多的外物已经无补于人生，终究不如衣食才能维持生活，而虔修品德和思想，其为幸福毕竟更加充实。"（《政治学》1323b）

在他看来，灵魂的善就是德性，德性分为道德德性和理智德性。道德德性就是适度或者中道，理智德性就是智慧。所以道德和幸福并不是对立的或者无关的，而是密切相关的。没有道德，就不可能有幸福。古往今来的"义利之辩"其实是没有实际意义的。所以孟子就认为只要关心义就足够了，没有必要关心利益。义就是最大的、最重要的利。在《理想国》中，柏拉图对正义的讨论就是从"义利之辩"开始的。每个人都在追求幸福，但是我们是通过做正义的人获得幸福，还是通过做不正义的人获得幸福，这是一个事关重大的问题。柏拉图通过对灵魂的正义的探讨，表明只有做正义的人才是幸福的人，而一个不正义的人，例如僭主，是完全没有任何幸福的。所以，《理想国》并不仅仅是一部讨论政治问题的著作，更是一本讨论人生如何获得幸福的书。

亚里士多德认为德性可以使人快乐。"公正的行为给予爱公正者快乐，合德性的行为给予爱德性者快乐。许多人的快乐相互冲突，因为那些快乐不是本性上令人愉悦的。"（《尼各马可伦理学》1099a10)这段话是对道德和幸福的重要揭示。在他看来,快乐并不仅仅是通过感官刺激获得的,通过感官刺激获得的快乐是低级的,和动物的快乐没有区别,不是一个高尚的人应该追求的。在灵魂的奥秘中,正如理论理性可以产生快乐一样,道德理性同样可以产生快乐,而无需借助于任何感官刺激。这种快乐是自足的,是纯粹的,也是高贵的。我们应该追求这种快乐。所谓"助人为乐""与人为善"等等,都是对灵魂的这种奥秘的揭示。如果我们没有看到理性和幸福快乐的内在联系,我们就是对灵魂的奥秘缺乏认知。如果我们真正认识到灵魂的这种奥秘,我们就会全力以赴地追求理性产生的快乐,而放弃通过肉体的刺激而获得的快乐。

亚里士多德还指出:"合德性的活动就必定自身就令人愉悦。但它们也是善和高尚的,而且是最善和最高尚的。"(《尼各马可伦理学》1099a22)幸福不在于消遣和娱乐。幸福的生活就是合德性的生活。高尚的圣人都是安贫乐道的,他们并不追求外在的快乐,他们在灵魂本身体验到了最纯粹的、最真实的快乐。"爱高尚的人以本性上令人愉悦的事物为快乐。合于德性的行为就是这样的事物。这样的活动既令爱高尚的人们愉悦,又自身就令人愉悦。所以他们的生命中不需要另外附加快乐,而是自身就包含快乐。"(《尼各马可伦理学》1099a15)这是对哲人和圣人的快乐的揭示。不但如此,高尚的好人本身也是令人快乐的,任何人只要和他们在一起,就自然感到幸福和安宁。所以圣人都有亲和力,都有感化力。他们的一言一行,都能够深刻地感动他人,影响他人。他们就是一般人的楷模和榜样。柏拉图在《会饮》中就揭示了苏格拉底的人格魅力,子贡在《论语》中也赞颂了孔子的人格魅力。

应该说,道德理性的最高成就就是好人的培养和存在。如果道德伦理只是一些外在的教条和规范,不能对人的内心有所改变和完善,我们是不可能培养出真正的好人的。单纯地遵守外在的行为规范并不能够使我们成为好人。一个好人能完全控制自己的情欲,完全顺从理性的呼声,达到"随心所欲不逾矩"的理性和自由的境界。这才是真正的好人。这样的好人是人类的最高成就。我们只有尽可能多地培养哲人或者好人,我们的政治生活和哲学生活才能是美好的。

亚里士多德进一步分析了快乐问题。在快乐问题上,人们有很多争论。有的人认为快乐不是善;有的人认为某些快乐是善,某些快乐是恶;有的人认为即使快乐是善,也不是最高善。首先,亚里士多德认为快乐有很多种,各种快乐是不同的。"人们追求的是不同的快乐,尽管都在追求着快乐。因为,没有哪种本性或品质是对所有人都最好或显得最好的。"(《尼各马可伦理学》1153b30)因此,快乐虽然值得追求,但是低级的事物带来的快乐,就不应该追求。公正的人才能体验到公正的快乐,不公正的人就不可能体验到公正的快乐。快乐也有高尚和卑贱之分。"快乐在种类上是不同的,因为,源于高尚[高贵]事物的快乐不同于卑贱的快乐。"(《尼各马可伦理学》1173b30)快乐的高尚与卑贱依赖于给予我们快乐的事物。高尚的事物给予我们高尚的快乐,卑贱的事物给予我们低贱的快乐。我们应该追求高尚的快乐,而抵制卑贱的快乐。其次,亚里士多德还指出,有些快乐是必要的,有些快乐是不必要的。例如满足基本生存需要的快乐就是必要的,超出生存所需的快乐就是不必要的。柏拉图在《理想国》中也区分了必要的欲望和不必要的欲望。过度追求快乐就是放纵。人们往往追求快乐，而并不按照逻各斯生活。"逻各斯不像活动那样可靠。只要逻各斯与感觉的东西相冲突，它就会遭到嘲笑，其真实的东西就也被弃之一旁。"(《尼各马可伦理学》1172a33) 所以我们看到，很多人往往成为"快乐的奴隶"，不能成为真正有德性的人。哲学家和政治家的目的就是引导和控制人民的爱恨和苦乐，让他们爱应该爱的，恨应该恨的。人格的养成也在于他的苦乐和爱恨的正确与否。第三，亚里士多德指出，人生是一种实现活动。实现活动有好坏的不同。实现活动伴随着快乐。快乐既不是思想，也不是感觉。快乐是一种感受或者情感。每种感觉都伴随快乐。感觉之间的快乐是不同的。"视觉在纯净上超过触觉，听觉与嗅觉超过味觉。它们各自的快乐之间也是这样。"(《尼各马可伦理学》1175b37) 在他看来，视觉的快乐是最高的。触觉的快乐则是最低的。因为触觉是人和动物共有的。柏拉图对视觉也非常重视，因为视觉是最有助于我们获得知识的感觉。最后，他指出，思想的实现活动和感觉的实现活动是不同的，因为完善着它们的快乐也是不同的。所以理性的快乐不同于感觉的快乐，认为："思想的快乐高于感觉的快乐。在思想的相互快乐之间，也有一些快乐高过另外一些快乐。"(《尼各马可伦理学》1176a) 人是理性的动物，所以只有合乎理性的快乐才是真正属人的快乐。而在理性的快乐中，道德理性产生的快乐没有理论理性产生的快乐更加深刻。沉思的快乐是一种不包含痛苦和欲望的快乐。而洞见至善的快乐也要远远大于逻辑思辨的快乐。他还认为快乐在任何时候都是完整的，快乐并不包含运动。快乐不经历时间。快乐本身是整体的完善的东西。

亚里士多德还对实现活动和快乐之间的关系进行了分析。

一方面，不同的实现活动对应着不同的快乐。每种实现活动都有属于自己的快乐。当实现活动伴随快乐时，我们就判断得更好。例如如果喜欢几何，我们就会学习得更快。一种实现活动的快乐对另一种实现活动会造成障碍，例如喜欢打球的快乐会阻碍下棋的实现活动。换言之，喜欢沉思的人可能不喜欢运动的活动。"每种实现活动都有自身的快乐。所以，实现活动是好的，其快乐也是好的，实现活动是坏的，其快乐也是坏的。"（《尼各马可伦理学》1175b27）如果一个实现活动不能带来快乐，我们就不会去做它。如果写作不能让我们感到快乐，我们就不会写作。欲求和实现活动是分离的，而快乐则和实现活动是不可分离的。最完善的实现活动就是最快乐的。感觉处于最好状态，感觉对象又是最好的，那就是最好的实现活动。"对每种感觉来说，最好的实现活动是处于最好状态的感觉者指向最好的感觉对象时的活动。这种实现活动最完善，又最愉悦。"（《尼各马可伦理学》1174b20）

另一方面，快乐也反过来推动实现活动达到完善。因为实现活动是间断的，所以快乐也是间断的。生活就是一种实现活动，是每个人实现自己的自然天性的过程。每个人都应用他喜欢的能力在最喜欢的对象上活动。例如音乐家以听觉进行音乐活动。运动者以运动能力实现自我。他们之所以不断地进行这些实现活动，就是因为这些活动能够给予他们真实的快乐，快乐推动他们不断地从事这些实现活动。"快乐完善着这些实现活动，也完善着生活，这正是人们所向往的。所以，我们有充分的理由追求快乐。因为快乐完善着每个人的生活，而这是值得欲求的。"（《尼各马可伦理学》1175a16）没有实现活动，就没有快乐，同样，没有快乐，就不能持续这些实现活动。因为快乐人们才愿意进行实现活动。快乐是人们追求实现活动的动力和源泉。

在《尼各马可伦理学》最后，亚里士多德对幸福生活的探讨从实践理性上升到理论理性，从道德的幸福上升到沉思的幸福。在他看来，哲学生活是最好的最幸福的生活。沉思生活是最完善的幸福和德性。这个问题我们在下一章再详细讨论。

亚里士多德把幸福和德性结合起来，认为幸福是德性的实现。这种观点在近现代哲学中受到了巨大的挑战。霍布斯认为幸福就是欲望的不断满足过程。"幸福不在于心满意足而不求上进，旧道德哲学家所说的那种终极的目的和最高的善根本不存在。欲望终止的人，和感觉与映象停顿的人都同样无法生活下去。幸福就是欲望从一个目标到另一个目标不断地发展，达到前一个目标不过是为后一个目标铺平道路。"[①] 功利主义认为幸福就是最大多数人的最大幸福。而这种幸福主要就是肉体的快乐。这种幸福观大多都把德性排除在外，认为德性会有害于幸福。康德则对这种功利主义观点进行了批评。他认为人不能仅仅追求肉体的幸福，如果人还是人，人还要追求德性。所以他提出了绝对道德律令，来为现代共和国建立道德法则。但是他也把幸福和德性对立起来。"如果使个人的幸福原则成为意志的决定根据，那么这正是德性原则的对立面"。[②] 他认为只有在至善境界中，幸福和德性才能达到相互一致，而这种一致还需要依靠上帝来保证。这种观点和亚里士多德也是非常不同的。亚里士多德没有把幸福和德性对立起来，他认为幸福必

---

① 霍布斯：《利维坦》，黎思复、黎廷弼译，商务印书馆，1985，第72页。
② 康德：《实践理性批判》，韩水法译，商务印书馆，1999，第37页。

然包含了德性，德性也必然带来幸福。这种一致性并不需要借助于外在的上帝来保证。柏拉图也反复揭示了幸福和德性的一致性。这并不是一种无知的乐观主义和阴暗的道德说教，而是基于他对灵魂本身的奥秘的认识。亚里士多德对幸福和德性的理解是更加深刻和正确的。现代人对幸福的理解是比较肤浅和片面的。我们的一切努力都是在改善外在的物质条件，简单地把外在客观条件等同于主观幸福。正如施特劳斯指出："现在，我们就处于一个奇怪的处境之中，人们努力追求幸福，生活、自由和追求幸福只服务于他们对幸福的享受，幸福是最终目的；生活、自由和追求幸福则是手段，因此是较低的东西。但是，另一方面，幸福是完全主观的——毕竟每个人对幸福的理解都有所不同，而生活、自由和追求幸福则是客观的，无论你如何理解幸福，你都要需要生活、自由和追求幸福。"① 如果我们仍然一味地忽视内在的德性，那么我们是不可能仅仅通过外在条件的进步而获得幸福的。

第二节 政 治 理 性

如果说道德理性主要是个人的理性自律的实践理性，那么政治理性主要就是指一种公共的群体规范的实践理性。因为大多数人并不习惯于遵循自己的理性逻各斯，容易服从自己的欲望和情感，所以我们需要借助于立法的形式来促使人们的行为

---

① 施特劳斯：《古典政治哲学引论——亚里士多德〈政治学〉讲疏(1965年)》，娄林译，华东师范大学出版社，2018，第42页。

合乎理性逻各斯。亚里士多德认为道德理性高于政治理性，政治理性的目标就是培养道德理性。政治理性是道德理性的补充，而道德理性是政治理性的目的。两者必须相互结合。道德理性是最根本的，是人的人格的核心，政治理性则是以外在的法律形式表现的。但是，如果没有政治理性或者法律，道德理性也很难在人性中建立。亚里士多德指出："一个立法者必须鼓励趋向德性、追求高尚［高贵］的人，期望那些受过良好教育的公道的人们会接受这种鼓励；惩罚、管束那些不服从者和没有受到良好教育的人；并完全驱逐那些不可救药的人。"（《尼各马可伦理学》1180a5）所以在古典哲学中，政治法律制度是必需的。没有政治法律，人类就无法过一种有秩序的高尚的生活。国家组织是一种"必要的善"，而不是一种"必要的恶"。和一种专制相比，无法无天的无政府主义是更危险和可怕的。而现代政治科学显然已经无法认同这种政治思想。

一、政治的目的

在《尼各马可伦理学》中，亚里士多德已经讨论了伦理学和政治学的关系。在该书的开头，亚里士多德就指出："政治学考察高尚［高贵］和公正的行为。"亚里士多德对伦理学的讨论是为了更好地讨论政治学，政治学的目标则是为了实现道德理性。"所以，最好是有一个共同的制度，来正确的关心公民的成长。如果这种共同的制度受到忽略，每个人就似乎应当关心提高他自己的孩子和朋友的德性。……共同的关心总要通过法律来建立制度，有好的法律才能产生好的制度。……假如有人希望通过他的关照使其他人(许多人或少数几个人)变得更好,他就应当努力懂得立法学。因为,法律可以使人变好。"(《尼各马可伦理学》1180a30—b25)法律本身就是理性和智慧的产物,而且法律还具有权威性和强制性。在该书最后,他指出:"作为表达着某种明智与努斯的逻各斯,法律具有强制的力量。"(《尼各马可伦理学》1180a20)

在《政治学》的开篇,亚里士多德就指出:"我们见到的每一个城邦(城市)都是某一种类的社会团体,一切社会团体的建立,其目的总是为完成某些善业——所有人类的每一种作为,从他们自己看来,其本意总是在求取某一善果。既然一切社会团体都以善业为目的,那么我们也可说社会团体中最高而且包含最广的一种,它所求的善业也必定是最高而最广的:这种至高而广涵的社会团体就是所谓的'城邦',即政治社团(城市社团)。"(《政治学》1252a)也就是说,每个人都在追求善,人的行为千差万别,但是他们的共同目标都是追求善。当然并不是每个人都真正认识善,他们更多的是追求他们自认为的善。同样,任何社会团体都是个人构成的,所以社会团体的目标也是追求善。而城邦是最大的社会团体,所以城邦追求的善也是最大的善。在后面的讨论中,他又指出:"凡能成善而邀福的城邦必然是在道德上最为优良的城邦。人如果不作善行终于不能获得善果;人如无善德而欠明哲,终于不能行善(行义);城邦亦然。一个城邦必须有相同于人们所称为义士、为达者、为哲人的诸品德,惟有勇毅、正义和明哲诸善性,才能达成善业。"(《政治学》1323b30)他认为政治学术是一切学术中最重要的学术,其终极目的就是最为大家所重视的善德,也就是人间至善。政治学上的善就是正义,正义以公共利益为依托。凡是制定良好法律而有志于实行善政的城邦，就需要关心全邦人民生活中的一切善德和恶行。一个真正的城邦必须以促进善德为目的。这种把道德和政治紧密的结合在一起的观念，是古典政治哲学的基本原则。但是现代政治科学已经不再关心善恶价值，政治生活成为追求权力、技术和利益的领域。

亚里士多德认为城邦并不是一个利益共同体，人们结合在一起应该是为了追求高尚的美善生活。"一个城邦不只是同一地区的居留团体，也不只是便利交换并防止互相损害的群众［经济和军事］团体。这些确实是城邦所由存在的必要条件；然而所有这些条件还不足构成一个城邦。城邦是若干生活良好的家庭或部族为了追求自足而且至善的生活，才行结合而构成的。可是，要不是人民共居一处并且相互通婚，这样完善的结合就不可能达到。因此各城邦中共同的'社会生活'——婚姻关系、氏族祠坛、宗教仪式、社会文化活动等——是常常可以见到的现象。这些事业全可以促进人间的友谊，而友谊却仅是社会生活情调的表征。至于一个城邦的作用及其终极目的却是'优良生活'，然而社会生活中的这些活动却只是达到这种目的的一些手段而已。城邦为若干家庭和村坊的结合，由此结合，全城邦可得到自足而至善的生活，这些就是我们所谓人类真正的美满幸福。由此我们可得出结论：政治团体的存在并不由于社会生活，而是为了美善的行为。"（《政治学》1280b30—1281a10）所谓优良生活或者高尚生活必然是有德行的生活，但同时也必然是包含了哲学生活。不论柏拉图还是亚里士多德都认为没有哲学生活的城邦不可能是优良的城邦。

这种政治哲学观念和现代政治哲学比较，就显得非常不同。自由主义认为人们组成政治社会，目的是为了个人的利益得到保证。例如霍布斯就认为在自然状态中，存在一种普遍的每个人反对每个人的战争。每个人的生命和财产都受到了来自他人的威胁。所以为了保证个人的生命和财产的安全，所有人都把自己的权利转让给一个公共机构，这个公共机构就是全权的利维坦。但是因为利维坦的权力极大，人们会受到来自国家利维坦的威胁，所以后来人就开始考虑如何限制利维坦的权力。洛克在《政府论》中把政府看作是"必要的恶"，提出"有限政府"的概念。他强调以基本人权（生命权、财产权和自由权）来为政府行为设置底线，以法治和人民的革命权来抗击政府强权。可以看到，在这种政治理念中，个人的利益被置于最高的地位。国家似乎只是一个利益共同体，其中的道德目标被废弃了。

接下来，亚里士多德继续讨论城邦的起源。他认为每个单独的个人都不能自给其生活，人类生来就有合群的性情，所以自然而然地结合成大的集体。人类存在的最初形式是家庭。人类不能单独延续种族，必须有男女的结合，家庭就是这种结合的产物。此外，家庭中还要有主奴的关系，即统治者和被统治者。男女关系和主奴关系是人类社会得以维持的必要条件。两种关系的最初形式就是家庭。"家庭成为人类满足日常生活需要而建立的社会的基本形式"，为了更大的生活需要，家庭的结合就成为村坊。村落最初就是由一个家庭繁衍而成的。这时就出现了君主。君主是家长和村长发展而来。村落的结合就是城邦。社会进入高级而完备的层次。在这种社会团体中，人类社会生活获得完全的自给自足。"城邦的形成出于人类'生活'的发展，而其实际的存在却是为了'优良的生活'。各级社会团体都是自然成长起来的，一切城邦既然都是这一生长过程的完成,也应该是自然的产物。这又是社会团体发展的终点。"(《政治学》1252b30)他认为无论是一个人或一匹马或一个家庭,当其生长完成以后,就显出了其自然本性。现在这个完全自足的城邦就是至善的社会团体。

在此,亚里士多德提出了"人是政治的动物"的观点。"城邦是出于自然的演化,而人类自然地是趋向于城邦生活的动物(人类在本性上,也正是一个政治动物)。凡人由于本性或者由于偶然而不归属于任何城邦的,如果他不是一个鄙夫,那就是一位超人。"(《政治学》1253a)所以,我们不能脱离政治社会来理解人性。单独存在的个人就不是人。这也是霍布斯和卢梭等近代哲学家在设想人类早期生活时所犯的错误。他们认为存在一个非政治性的自然状态,在这个状态中,人有和当前的政治生活不同的生活方式。但是他们的这种设想都是经不起推敲的。霍布斯设想的自然人已经是文明人,而卢梭设想的自然人则还不是人。所以他们的设想都是服务于他们的政治设想的,并不是一个真实的历史的阶段和起点。

在个人和城邦的关系上,亚里士多德认为:"城邦〔虽在发生程序上后于个人和家庭〕,在本性上先于个人和家庭。就本性来说,整体必然先于部分。"(《政治学》1253a20)一方面,国家由个人组成,没有个人当然就没有国家,从这个意义上说,个人先于国家。但是个人只是城邦的组成部分,任何个人都要生活在一个国家中,没有国家也就没有个人。所以城邦的缔造者应该受到后人的敬仰和爱戴。现代政治哲学把个人作为最初的起点,国家是出于个人的意愿和权利让渡而产生的。所以国家后于个人,国家应该服务于个人的利益。但是这种观点只是为了限制国家权力,保护个人利益的策略,并不是一种真实的政治哲学原则。

亚里士多德接着指出:"人类所不同于其它动物的特性就在于他对善恶和是否合乎正义以及其它类似观念的辨认[这些都由言语为之互相传达],而家庭和城邦的结合则正是这类义理的结合。"(《政治学》1253a15)人是说话的动物。语言本身是和善恶结合在一起的。人类社会中人和人的交往都是以语言方式进行的。苏格拉底和柏拉图对观念的真假的考察就是以对语言的自觉为前提的。因为人类头脑中充满了各种观念,这些观念是以语言的形式存在的。对语言的考察就是对善恶等价值观念的考察。而善恶的问题是至关重要的。"人类由于志趋善良而有所成就,成为最优良的动物,如果不讲礼法。违背正义,他就会堕落为最恶劣的动物。悖德而又武装起来,势必引致世间莫大的祸害。"(《政治学》1253a30)如果我们对善恶有了正确认识,我们就可以对政治生活产生有益的影响。但是如果我们以语言来颠倒黑白、混淆是非,那么这种危害也是巨大的。"这些装备本来应由人类的智虑和善德加以运用,但是,这也未尝不可被运用来逞其狂妄或者济其罪恶。于是失德的人就会淫凶纵肆,贪婪无度,下流而成为最肮脏最残暴的野兽。城邦以正义为原则。由正义衍生的礼法,可凭此判断[人间的]是非曲直,正义恰恰正是树立社会秩序的基础。"(《政治学》1253a35)这种情况就是当时智者派的诡辩术的所作所为。所以对语言中的善恶价值问题进行考察就是非常必要的。苏格拉底和柏拉图的哲学革命就是从对日常语词和观念开始的。他们认为这是哲学的唯一正确的起点。常识中包含了真理。如果脱离了常识,我们就不可能上升到真理。而当代语言哲学则把语言问题和善恶问题分离开来,对语言进行纯粹的逻辑学的分析，这是不可能认识语言的本质的，这也不是在真正地从事哲学。

从以上论述可以看到，亚里士多德并不承认存在独立于城邦的自然状态中的个人。人类最初的存在形式是家庭。城邦并不是由孤立的原子式的个人构成的。把原子式的个人看作是国家社会的构成要素是非常错误的。相反，儒家强调家庭的重要性，强调家庭伦理的重要性，就是把家庭作为国家社会的最基本单位。这种观点比现代个人主义观点更加合乎事实。其次，亚里士多德强调了城邦的自然性。城邦是一个自然发展的产物。城邦并不是人的智力和利益的约定和设计。城邦是家庭形式的扩大。扩大的目的是为了达到自足而高尚的生活。相反，现代政治哲学把国家看作是人为的契约设计，是个人的意愿的结果。例如霍布斯就把国家看作是"人造物"。"因为号称'国民的整体'或'国家'（拉丁语为 civitas）的这个庞然大物'利维坦'是用艺术造成的，它只是一个'人造的人'；虽然它远比自然人身高力大，而是以保护自然人为其目的。"① 这种人造物也符合机械论的原理。所以近代以来出现了"国家机器"的概念。这都是对国家本质无知的表现。最后，他认为城邦是和善恶联系在一起的。自然的目的就是至善。城邦的目标也是追求至善。按照伦理学中的观念，这种至善就是幸福。人类只有组成城邦，才能实现自己的自然，达到至善。现代政治科学没有深入反思至善的问题。它当然也思考了善的问题，并且想当然地把个人利益看作是至善。但是它没有进一步反思，个人利益能不能作为至善。而古典哲学恰恰否定了这种浅薄的

---

① 霍布斯：《利维坦》，黎思复、黎廷弼译，商务印书馆，1985，第1页。

观念,认为我们应该从这种浅薄的善的观念上升到更高的至善的观念。

接下来,亚里士多德对家庭进行了讨论。和柏拉图在《理想国》中对家庭的排斥不同,亚里士多德强调了家庭的重要性和必要性。在他看来,家庭和私有财产的存在对于人的教养和感受都是必不可少的。他主要讨论了夫妻关系、主奴关系和致富技术三个问题。他认为男女之间有高低强弱的差别,男女关系是一种统治和被统治的关系。"男女间的关系也自然地存在着高低的差别,也就是统治和被统治的关系。这种原则在一切人类之间都是普遍适用的。"(《政治学》1254b15)但是他认为男女关系应该是一种共和制,而不是主奴关系。有些部族把女人等同于奴隶是错误的。男女关系类似于共和制,主奴关系类似于专制。这里体现了亚里士多德的"进步性",更加符合现实生活。我们当前的男女关系也更加接近于亚里士多德的这种观点。柏拉图在《理想国》中则设想了一种彻底的男女平等关系,因为他并不是从家庭关系出发来考虑的。

其次,亚里士多德肯定存在自然的主奴关系。他认为存在自然的主人和自然的奴隶。"世上有统治和被统治的区分,这不仅实属必需,事实上也是有益的。有些人在诞生时就注定将是被统治者,另一些人则注定将是统治者。"(《政治学》1254a20)他认为人和人之间是存在自然的差异的。其中,最大的差异就是理性方面的差异。有的人聪明一些,有的人愚笨一些。正是依据理性的原则,他划分了自然的主人和自然的奴隶。"凡是赋有理智而遇事能操持远见的,往往成为统治的人;凡是有体力而且能担任由他人凭远见所安排的劳务的,也就自然地成为被统治者,处于奴隶从属的地位。"(《政治学》

1252b30）在他看来，这种统治和被统治的区分不但是合乎自然的，而且是对双方都有利益的。也就是说，有智慧的出谋划策、指导方向，而缺乏智慧而富有力量的人则全力以赴、付诸实施，这样双方通力合作，就可以实现高尚的美善生活。这里贯彻的就是各得其所、各尽其能、各安其位的"自然正义"的原则。"灵魂在本质上有两种要素，其一为主导，另一为附从，各个相应于不同的品德，理智要素符合统治者的品德，非理智要素则符合从属者的品德。"（《政治学》1260a5）柏拉图的理想国就是按照这个原则进行设想的。这体现了古典哲学的严格的理性主义原则。这和我们古代所说的"劳心者治人，劳力者治于人"是一致的。

亚里士多德还根据自由与否来划分主奴关系。"虽然灵魂的优劣凭身体的优劣难于辨识，但这个原则如已适用于身体方面的差异，那么根据灵魂方面的差异来确定人们主奴的区别就更加合法了。这样，非常明显，世上有些人天赋具有自由的本性，另一些人则自然地成为奴隶，对于后者，奴役既是有益的，而且也是正当的。"（《政治学》1255a）主人是自由人，他不屈服于个人的私欲，关注公共政治事务。而奴隶只关心自己的利益，对更崇高的事务没有兴趣。这和《论语》中孔子对君子和小人的区分也是非常一致的。所谓"君子喻于义，小人喻于利"；"君子怀德，小人怀土"。在日常生活中，我们也会发现，有的人天生对于利益和权力等没有兴趣，他们向往和追求一些在世人看来没有意义的目标，例如美善和智慧。而有的人则只关心物质利益和功名利禄等事物，对更高的无用的事物则毫无兴趣。这些都不是后天培养和教育的，而是出于人的不同的自然天性。亚里士多德认为前一种人是天生的主人，而后一种人是天生的奴隶。但是我们现代人一方面否定了人存在这种自然的天赋,另一方面也不承认前一种天性是高贵的而后一种天性是低贱的。

不但如此,他认为主奴关系还需要以善恶来区分。"我们还是维持尚善的宗旨,认为主奴关系应以善良和卑恶为准绳。"(《政治学》1255a20)也就是说,追求高尚、有美德的人就是主人,不追求高尚、没有美德的人就是奴隶。或者说,如果一个主奴关系是合乎正义的高尚的,就是值得推崇的,如果一个主奴关系是不合乎正义的卑贱的,就不是值得推崇的。主奴关系本身并不具有特定的价值属性。但是在现代观念中,我们不认为可以根据善恶的标准来确定主奴关系。主奴关系完全是一种法律关系和经济关系,这种关系是非法的剥削的关系。因此主奴关系本身就是罪恶的,是需要完全加以废除的。所以在现代社会中,既没有主人,也没有奴隶。或者,按照尼采的说法,现代人都已经变为奴隶,所以现代人对"奴隶"这个字眼讳莫如深,欲除之而后快。

亚里士多德认为主人统治奴隶是合乎正义的,而且是有益的。"人类确实原来存在着自然奴隶和自然自由人的差别,前者为奴,后者为主,各随其天赋的本分而成为统治和从属,这就有益而合乎正义。"(《政治学》1255b5)谁要滥用或误用主人的权威,那就必然会损害主奴双方的利益。按照现代平等主义的立场,任何人对任何人的统治都是不正义的,对任何人都是无益的。但是在实际生活中,总是有的人统治和管理,有的人被统治和管理,这种情况是不可能废除的,既然如此,那么我们应该如何理解和安排这种秩序呢?因此,简单地废除和否定主奴关系并不一定是合理的,我们还是需要借助于亚里士多德的这种古典观念来安排和设计。

亚里士多德认为除了自然的主奴关系,还存在法律和强迫的主奴关系。他支持自然的主奴关系,反对通过战争等导致的强制的主奴关系。"在合乎自然的奴隶体系中,两者各尽自己的职分,友爱和共同利益同时存在。但是凭借权力和法律所造成的强迫奴役,情况恰恰相反。"(《政治学》1255b10)通过战争产生的主奴关系并不合乎自然,因为理性和自由的人也可能在战争中失败,因此而成为奴隶。这不符合理性主义原则。但是我们不能以失败论英雄。从历史上看,野蛮民族战胜文明民族的事件屡见不鲜。虽然战争和暴力在实际政治生活中是不可避免的,但是我们不能因此肯定战争和暴力的正当性和合理性。即使我们不能在实践上排除战争和暴力,我们也必须在理论上否定战争和暴力。

关于主奴关系的讨论是亚里士多德政治哲学中的重要问题。这种主奴关系理论体现了亚里士多德的理性主义和自由主义的原则。这也是合乎自然的理想主义。亚里士多德显然认为并不存在非统治性的社会。家庭本身就是一种政治统治的形式。男人对于女人的统治和主人对奴隶的统治等都是统治形式。但是现代人对于主奴关系的统治形式是比较反对和排斥的。他们试图建立一个没有任何主奴关系的国家或者社会。例如黑格尔认为早期的主奴关系是不合乎理性的,但是通过历史的进步,人类社会就可以消除主奴关系,达到人人平等的"相互承认"的国家。这可以说是现代性的政治理想的集中表达。但是这种观念也受到了后来人的批判。例如,尼采就反对现代性的这种平等主义,重新强调主奴关系的自然划分。但是他的主奴理论已经不是依据理性主义的原则,而是依据生命力或者权力意志的原则。生命的权力意志强大的人是主人,生命力衰弱的人是奴隶。这是一种非理性主义的立场,是不恰当的。他的哲学被纳粹主义所利用也是不可避免的。

根据主奴关系理论,亚里士多德反对把政治家和君主等同起来的观点。"有的人说城邦政治家和君王或家长或奴隶主相同,这种说法是错误的。主张这种说法的人认为,这类人物与其他有所不同之处,不在于品种方面,而只是在其所治理的人民在数量上有多寡之别罢了。"(《政治学》1252a10)这是柏拉图和色诺芬的观点。在《政治家》中,柏拉图指出:"在我们刚才考察的所有事物中,存在着处理这些活动的知识。而这一门知识,无论称之为王者的、政治的还是家政的,在我们看来,并没有什么不同。"(《政治家》259c)① 色诺芬在《回忆苏格拉底》中也认为:"不要轻视善于管理家务的人,尼各马希代斯,因为管理个人的事情和管理公众的事情只是在大小方面有差别,在其他方面彼此是很相类似的;最重要的是两者都不是不用人就管得好的,而且也并不是个人的事用一种人经管,公众的事用另一种人经管;管理公众企业的人所用的人和管理私人企业所用的并不是另一种人而是同样性情的人,凡是知道怎样用人的人,无论是私人企业或公共企业都能管理好,而那些不知道怎样用人的人在两方面都要失败。"② 当然,他们的观点是站在更高角度提出的,也就是说,他们认为具备真正的理性和美德的人才是自由人,这种人只能是极少数人,仅仅是政治公民意义上的自由人并不是自由人。而亚里士多德则认为

---

① 柏拉图:《政治家》,洪涛译,上海人民出版社,2006,第 5 页。
② 色诺芬:《回忆苏格拉底》,吴永泉译,商务印书馆,1984,第 96 页。

政治公民就是自由人。或者说，他认为政治公民就应该是具有理性和美德的自由人。这意味着他对大多数人提出了更高的道德和智慧的要求。所以他会区分君主和政治家。"主人的权威异于政治家的权威，各种权威（统治制度），并不像有些思想家所说，全部相同。政治家所治理的人是自由人；主人所管辖的则是奴隶。家务管理由一个君主式的家长来掌握，各家家长又以君臣形式统率其附从的家属；至于政治家所执掌的则为平等的自由人之间所付托的权威。"（《政治学》1255b15）君主制和家长制是专制的统治形式，而共和制是自由人之间的统治形式。他推崇的是共和制。他还使用理性和情欲、身体和灵魂的关系来比喻两种政治体制。"专制和共和两种体制：灵魂的统治身体就像主人的权威，而理性的节制情欲则类似一位政治家或君王的权威。这是很明显的。"（《政治学》1254b5）

最后，他还讨论了致富技术。主人的学术是管理家务，家务管理技术包含了管理奴隶的技术、运用父权的技术和运用夫权的技术。其中主要是如何运用奴隶。奴隶的学术则和致富技术相关。致富技术分为获得财富的技术和获得金钱的技术。他认为获得财物的技术是合乎自然的，而获得金钱的技术是不合乎自然的。因为获得金钱的技术更容易无限度。他非常强调在获取财富时要有限度。"致富技术如果纳入家务管理范围以内，就应该有限度；家务管理的功能［主要在必要数量的生活所需］不追求无限度的非必要财富。所有财富倘使从生活方面着想就显见得各有其限度。然而世人竟反其道而行，从事发财的人们正无止境地努力聚敛他们的钱币。"（《政治学》1257b30）和柏拉图一样，他区分了必要的需要和不必要的需要。如果财物能够满足基本生活，就不应该无限制地追求财物。物物交换的方式应该以满足基本需要为目标。"依照自然原则,人们两方如果已满足了各自的需要,就应该停止交换,[不进行无限制的牟利贩卖]。"(《政治学》1257a15)但是,我们看到,人们在货物交换和贸易上是没有节制的,都希望自己的财富可以无止境的增长。尤其是现代人在物质财富的追求上已经没有了任何的约束。发财致富被认为是天经地义的、理所当然的,为了发财致富,可以不择手段,无所不用其极。"世间一切事业归根结底都无非在于致富,而致富恰恰正是人生的终极。"(《政治学》1258a15)本来追求财富的目的是为了幸福,但是人们已经忘记了初心,无休止地奔跑在追求金钱的道路上。手段已经变成了目的。

亚里士多德批判了人们对金钱的无节制的追求。"人生的目标就在于保持其窖金,或无止境地增多其钱币。人们之所以产生这种心理,实际上是由于他们只知重视生活而不知何者才是优良生活的缘故。生活的欲望既然无穷尽,他们就想象一切满足生活欲望的事物也就无穷尽。又有些人虽已有心向往'优良'生活,却仍旧不能忘情于物质快乐,只知道物质快乐需要有财货为之供应,于是熟悉致富技术,而投身于赚钱的事业。"(《政治学》1258a)现代资产阶级文明的理想就是无止境的追求财富,正如现代人对技术进步的无止境追求一样。现代文明并不认可节制的美德,古代文明对节制却非常重视。节制和中道的智慧美德相关。古代人认为万事万物都存在定数,不能违越,所以古代人强调对欲望的节制。施特劳斯指出:"自然的事物必然有其限制,有其具体的特征。自然首先意味着某种具体类型事物的自然,无论是人、狗或者马——也就是说,事物彼此有别,彼此分离,总是受到事物之间关系的限制。"① 但是现代人凭借所谓技术的进步,不认为事物有其内在的限制,人类可以为所欲为,随意主宰事物。这样现代人的欲望就变得毫无限制。这种对欲望的放纵构成了现代文明的基本特征。当然,现代文明对财富的无止境追求也可以说蕴含着一定的形而上学思考,即现代人认为人类的苦难大多是因为贫困导致的,如果通过技术和生产力的极大发展,使社会财富极大丰富,就可以避免贫困导致的社会灾难。但是,这种观点并不经得起推敲。这可以说是一种"技术浪漫主义"或者"技术形而上学"。因为人类欲望是无限的。技术和财富的增长并不能够完全满足人类的欲望,技术的进步只会导致欲望的膨胀。而且当代的贫富差距日益扩大,反而成了社会动荡的潜在危险。

为了防止因为贫富差距导致的社会动乱,有人提出平等主义的观点,亚里士多德认为财产和教育的简单平均于事无补。"如果说教育均等就是每人各授以同样的课程,这还是没有实益的;同样的训诲〔人们或者因而努力于智德,或者因而励进于俗务〕会导致同样追求俗务的性情,而或专尚货利,或角逐名位,或兼好两者,各人所有的和所发挥的却相距甚远。还有,人间的争端或城邦的内讧并不能完全归于财富的失调,名位或荣誉的不平也常常会引起争端。但是名利两途的熙攘,各循其不同的途径:民众的吵闹都在意于财货的不平,至于有才能的人所憎恨的却正是名位的过分'平等'。"(《政治学》1266b35)这段话表明,平等的教育并不解决正义和美德的问

---

① 施特劳斯:《古典政治哲学引论——亚里士多德〈政治学〉讲疏(1965年)》,娄林译,华东师范大学出版社,2018,第 53 页。

题。有的人会因此而为善，有的人因此而为恶。有的人因为教育而获得很大发展，有的人却一无所获。所以仅仅强调平等教育是无济于事的。还有，人间的争端并不仅仅归因于财富的不均，人们还会因为名声、地位等原因而争斗。而且这种平等观念还会引起优异之人的不满，因为他们才能的优异，他们可能做一般人不能做到的事情，而平等的观念会限制他们，或者，使他们不能获得相应的报酬，这也引起他们的不满。这个问题在现代社会就是平等和自由的冲突。推崇平等的人压制卓越的人，推崇自由的人会贬低平等的意义。现代文明也始终在自由和平等的冲突中摇摆发展。过分推崇自由，就可能危害到平等；过分推崇平等，就可能危害到自由。要消除两者的冲突是不可能的，只要把两者的冲突限制在一定范围内就是好的。否则，这种冲突就会导致天下大乱。

亚里士多德认为应该用教育来节制人们的欲望。"人类的欲望令他的财产更须使它平均；这就必须用法律来订立有效的教育，人欲无止境，除了教育，并无节制的方法。"（《政治学》1266b30）这种教育就是对人的欲望进行理性的节制。我们应该反复宣传放纵欲望和追求财富的危害性的观念，使人不至于完全陷入对财富的疯狂之中。虽然这种劝诫不一定完全起作用，但是也有一定的意义和作用。"人类的恶德就在于他那漫无止境的贪心……人类的欲望本是无止境的，而许多人正是终生营营，力求填充自己的欲望。财产的平均分配终于不足以救治这种劣性及其罪恶。只有训导大家以贪婪为诫，使高尚的人士都能知足，而卑下的众庶虽不免于有非分之求，但既然无能为力，也就不得不放弃妄想；至于他们分内应得的事物当然应该给予公正的分配，勿使其发生怨望。"（《政治学》1267b）从某种意义上说,现代人对于美德教育已经失望了,他们不再相信美德教育可以改变人。他们更愿意顺应和满足人的欲望。这就意味着,不是节制欲望,而是发展财富,成为现代人生活的主要内容。但是物质财富的增长似乎永远赶不上欲望的增长。人类在发展财富、满足欲望的道路上越走越远,筋疲力尽。就像寓言中所说的驴子,永远徒劳地追赶挂在鼻子上的胡萝卜。

因此,即使教育的作用是微弱的,我们也只能寄希望于教育。一个人只有节制欲望,知足少欲,才能获得内心的满足和幸福。在亚里士多德看来,如果一个满足于自己的所有,没有很多的物欲,那么这种人适合学习哲学。"人假如自足于己,与世无争,就让他遂志于哲学的清思吧。世间重大的罪恶往往不是起因于饥寒而是产生于放肆。"(《政治学》1267a10)所以,政治的目的就是培养自由而高贵的自由人,而不是被自己的欲望和情绪所支配,依据理性而生活,达到理性和情欲的和谐。

二、政体问题

从第二卷到第七卷,亚里士多德用了很大篇幅研究政体问题。政体问题无疑是政治学的核心问题。在第四卷第一章中,亚里士多德说明了研究政体问题的基本内容和目的。第一,我们必须分清并且列举每一类型政体的诸品种。第二,我们应该考察哪种政体最受欢迎并最易实施,我们应该考察在这种一般采用的类型之外,是否还有另一些比较接近于贤良性质而又组织得比较好的政体,也一样可为大多数城邦所采用。第三,在政体的其他诸种类型中,我们应该考察哪一类适宜于哪一种公民团体。还有,我们应该考虑人们假若要建立各种政体,应该怎样着手进行。第四,一般政体是怎样毁灭的,各个政体是怎样毁灭的,怎样才能保全这些政体,它们所由毁灭及保全的原因何在。

亚里士多德首先在第二卷评述了柏拉图的政治理念,以及其他各国的政体形式。然后,从第三卷开始,表达自己的政治理念。

(一) 公民的概念

什么是城邦?城邦是很多公民的组合体。我们必须首先确定公民的概念。在经过一系列考察后,亚里士多德得出结论:"什么是公民,在这里可以作成这样的结论:(一)凡有权参加议事和审判职能的人,我们就可以说他是那一城邦的公民;(二)城邦的一般含义就是为了要维持自给生活而具有足够人数的一个公民集团。"(《政治学》1275b20)亚里士多德对公民进行了很多的限定。一个公民必须关心国家大事,具有参政议政的能力。而关心国政的方式就是参政议政。施特劳斯就指出:"一切政治行动若要成为一种合理行动,那么它必定植根于议事(deliberation)。议事则需借助言辞而成。"[①]因此,有人区分了公民和臣民。臣民是传统王朝或者国家的人,没有参政议政的资格。城邦的公民则具有参政议政的资格。如果一个人对国家大事不关心,不能参政议政,他就不能成为公民。古希腊城邦的直接民主制保证了这种参政议政的可能性。

[①] 施特劳斯:《古典政治哲学引论——亚里士多德〈政治学〉讲疏(1965年)》,娄林译,华东师范大学出版社,2018,第 37 页。

但是我们看到,即使在现代社会中,这种公民观念也没有完全实现。现代的普选制也不能完全保证参政议政的可能性。

亚里士多德指出,一个公民必须具有一定的善德,能够胜任自己的工作和职责。在他看来,公民的品德是必需的,公民应该是自由而高贵的人。按照他对自然的主人和奴隶的划分,只有自然的主人才能成为公民。从我国传统观念看,公民类似于君子。他应该具有类似于理性的自律的善德,不能过多依赖于外在的法律的强制,也不能受到自己的私心私欲的支配。一个不能理性的自律的人应该不可能成为合格的公民。当然,如果要求所有公民都达到君子的标准,似乎是不可能的。所以时至今日,现代社会中的真正的公民也是比较少见的。

亚里士多德还指出,公民还必须具有一定的闲暇,不能整天忙于生计。如果没有这些具备条件,就不能成为城邦的公民。所以他认为工匠、商人、农民等阶层的人都不应有公民权,因为这些人一般只关心自己的私利,不关心公共事务,也没有必要的善德和闲暇。"最优良的城邦型式应该是不把工匠作为公民的。在允许工匠入籍的城邦中,就不可能每一公民都具备既能被统治也能统治的良好品德,仅只一部分不担任鄙俗的贱业的人们才具备这些好公民的品德。担任那些为维持城邦生存所必需的贱业者有此二类——奴隶为私人服劳役,工匠和佣工(手艺人和苦力)则为社会服务。"(《政治学》1278a10)这样的城邦显然不会以从事贱业为生而行动有碍善德的工匠和商贩为公民。忙于田畴的人们也不能作为理想城邦的公民,培育善德,从事政治活动,都必须有充分的闲暇。同样,在古希腊,儿童、女人、奴隶也没有公民权,他们都从属于自己的丈夫或者主人。在他看来,公民权的授予是要严格加以限制的。

如果公民权不加以限定，无限制地扩大公民权，可能会导致城邦的解体。在他看来，没有闲暇的人就不是自由人。没有闲暇的人就不能成为公民。这种观点是值得我们现代社会加以反思的。虽然现代社会的生产力水平已经很高，但是现代人似乎并未获得"闲暇"，为了维持自己当前的生活状态，他们反而不得不把更多的时间忙碌于生计。我们更加类似于奴隶，而不是自由人。

为了进一步界定公民的概念，亚里士多德还对好公民与好人进行了探讨。"善人的品德和良好公民的品德应属相同，还是相异？公民们的职司固然各有差别，而保证社会全体的安全刚好是大家一致的目的。现在这个社会已经组成为一个政治体系，那么公民既然各为他所属政治体系中的一员，他的品德就应该符合这个政治体系。倘使政体有不同的几个种类，即公民的品德也有几个不同的种类，所以好公民不必统归于一种至善的品德。但善人却是统归于一种至善的品德的。于是，非常明显，作为一个好公民，不必人人具备一个善人所应具备的品德。"（《政治学》1277a30）好公民就是胜任自己的职责的人。城邦是由不同的职能部门组成的，不同的职能需要不同的品德和才能。所谓"术业有专攻"。而好人则是具备了完全的善德的人，具有更多的智慧、正义、节制和勇敢的美德。所谓"君子不器"。好人不一定是专家，他的目标是修身养性、进德修业。所以，一个好公民只要忠于职守、克勤克俭，就足够了。只要所有公民都具有好公民的品德，城邦就能成为最优良的城邦，不必每个人都成为好人。

亚里士多德进一步探讨，好公民的品德和善人的品德虽然不尽相同，但两者是否可能局部相同。虽然全体公民不必都是好人,但是其中的统治者和政治家是否应当为好人呢?他认为:"统治者的品德有别于普通被统治公民的品德。那么,从统治者来说,其品德就相同于善人的品德;好公民和善人的品德虽不是所有的公民尽然相同,在〔作为统治者〕这一部分特殊的公民来说,就的确相同。"(《政治学》1277a20)所以希腊人总是把优秀的执政官称为善人或者好人,称他为明哲端谨的人,认为政治家的教育从小就该同其他公民采取不同的方式。可以说,政治家应该集合所有的善德,他不但是一个好公民,同时也是一个好人。当然,严格意义上的好人就是柏拉图所说的哲人。哲人王必然同时是一个好人。

亚里士多德特别强调智慧对于统治者的重要性。"明哲(端谨)是善德中唯一专属统治者的德行,其他德行〔节制、正义和勇毅〕主从两方就应同样具备〔虽然两方所具备的程度,可以有所不同〕。'明哲'是统治者所应该专备的品德,被统治者所应该专备的品德则为'信从'('识真')。被统治者可比作制笛者;统治者则为笛师,他用制笛者所制造的笛来演奏。"(《政治学》1277b25)这和柏拉图的哲人王概念是一致的。因为统治者需要制定国家的大政方针,他就像是一艘大船的掌舵人,只有他具备了超凡的智慧,能够高瞻远瞩,运筹帷幄,才能带领人民走向康庄大道,否则,如果他犯错误,那么就会祸国殃民,贻害无穷。所以统治者或者政治家的智慧是首要的。而民主制的原则是以人民的选举和同意为权力的正当性依据,其蕴含的前提是没有人是完全智慧的,没有人是不犯错误的,所以就以人数的多少来确定权力的正当性。可见,民主制是退而求其次的方法。

亚里士多德还特别指出,在共和制城邦中,一个好公民应该学习如何统治和被统治。"统治者和被统治者的品德虽属相异,但是好公民必须修习这两方面的才识,他应该懂得作为统治者,怎样治理自由的人们,而作为自由人之一又必须知道如何接受他人的统治——这就是一个好公民的品德。"(《政治学》1277b15)在共和制城邦中,公民是轮流执政的。因此正义的美德必须兼备两种性质,作为统治者的时候就表现为主人的正义,作为从属而又自由的被统治者的时候,就表现为从属的正义。而在其他城邦中,未必需要这样的教育。当然,这需要更多和更高的教育,因为同时学习统治和被统治的知识和美德是非常困难的。因此这种办法是不是可行,还需要更多的考察。至今我们也没有看到完全意义上的共和制。最后,亚里士多德得出结论:"(一)在有些城邦中善人和好公民的品德两者相同,在另一些城邦,却两者有别。(二)在前一类的城邦中并不是所有的好公民都是善人,只有其中单独或共同领导——正在领导或才德足以领导——并执行公务的人们。即政治家们,才必须既为好公民而又是善人。"(《政治学》1278b)

  我们需要注意,亚里士多德对公民的定义是以自由人和工匠/奴隶的区分为基础的。这种区分一般被称为奴隶制思想。奴隶制是我们现代人要彻底否定的。在亚里士多德看来,自由人是摆脱了生存焦虑的人,他们不一定是富足的,但是他们对财富是轻视的。他们不会为了钱财去忙忙碌碌,而是把更多闲暇时间用来完善自己的身心,使自己达到理性和情感的和谐状态。相反,劳动阶层更多关心利益,没有时间完善自己的身心,所以他们不能承担城邦的政治事务,否则就会危害城邦的利益。柏拉图在《理想国》对三个等级的划分也是对自由人和劳动阶级的划分。当然,柏拉图对自由人的要求比亚里士多德对自由人的要求高。为了免除腐败的危险，柏拉图要求护卫者或者自由人必须共产共妻，更加重要的是自由人必须是以理性控制情欲的人。否则，一个人被情欲控制的人不能称为自由人。而亚里士多德似乎没有如此严格地规定自由人，他似乎更加重视政治身份上的自由人。

亚里士多德和柏拉图的这种区分与我国儒家对君子和小人的区分十分相似。这种区分的意义在于为我们追求身心的完善树立了目标和标准，其目的在于引导我们去做君子，而不是做小人。如果我们否定了这种基本的区分，我们的人生就没有了更高的目标，我们就可能都成为小人。当然，亚里士多德也谈到了自然的主人和自然的奴隶的划分。依据自然，有的人天生就是主人，有的人天生就是奴隶。我们必须因势利导，因材施教，才能合乎自然。如果我们否定了这种自然的区分，或者试图抹杀这种区分，那就会导致人格教育的完全丧失。可以说，对自由人和奴隶的区分是古典政治哲学的基本原则，否定这个原则就是否定古典政治哲学。现代哲学本质上是平等主义的，这是现代哲学和古代哲学根本不同的地方。

还有一点，城邦要注意好公民的培养，但是更加应该关心好人的培养。好公民就是按照政体的价值观培养的公民，好公民完全遵循城邦的政体，但是好公民的善德是局部的、片面的，不一定真的对城邦有利，好公民对城邦的忠诚反而可能危害城邦。而好人则具有更加完全的美德，他能够发现城邦的法律的弊端，而不是唯一依据城邦的法令行事，所以他对城邦是真正有利的。一个城邦中如果缺少了好人，那么这个城邦也很难始终保持为一个好的城邦。因为好人严格意义上就是哲人，所以好人对于城邦的意义就是哲人对于城邦的意义。这就是柏拉图和亚里士多德对于哲学生活的辩护。

(二) 政体的概念

亚里士多德首先认为城邦和政体是同一的。城邦以政体作为自己的本质规定性。如果政体不同，城邦就不再是同一个城邦。"城邦原来是一种社会组织，若干公民集合在一个政治团体以内，就成为一个城邦，那么，假使这里的政治制度发生了变化，已经转变为另一品种的制度，这个城邦也就不再是同一城邦。"(《政治学》1276b) 政制的同异决定城邦的异同。凡政制相承而没有变动的，我们就说这是同一城邦，凡政制业已更易，我们就说这是另一城邦。这里，亚里士多德表明了政体对于城邦的决定性。政体是城邦的灵魂。当时，希腊有各种政体形式，最突出的就是雅典的民主制和斯巴达的贵族制，两者的战争也代表了政体的冲突。希波战争在希腊人看来也代表了不同政体的冲突，是自由人战胜奴隶的象征。"由于人们不同的德性，产生不同种类的城邦，建立若干相异的政体。由各种不同的途径，用各种不同的手段追求各自的幸福，于是不同的人民便创立不同的生活方式与不同的政治制度。"(《政治学》1328b) 所以政体问题是古典哲学讨论的核心问题。所谓的立法问题只有在解决了政体问题之后才能提出来。

政体问题的本质就是最高权力由谁掌握的问题。"'政体'（波里德亚）这个名词的意义相当于'公务团体'（波里德俄马），而公务团体即是每一城邦'最高治权的执行者'。"(《政治学》1279a25) 因为一个城邦是由很多不同阶层的公民组成的，他们都有可能掌握最高权力，那么根据不同的阶层公民的统治权，就可以划分不同的政体。"政体（宪法）为城邦一切政治组织的依据,其中尤其着重于政治所以决定的'最高治权'的组织。城邦无论是哪种类型,它的最高治权必定寄托于'公民团体',公民团体实际上就是城邦制度。"(《政治学》1278b10)如多数平民掌握最高权力就是平民政体,少数富人掌握最高权力就是寡头政体,少数品德高贵的人掌握最高权力就是贵族政体,等等。

进一步来说,政体问题是和整个国家人民的价值观、生活方式密切相关的。不同的阶层或者人掌权会采取不同的价值观和世界观,因此不同的政体意味着不同的价值观和世界观。政体的价值观构建一般以品德、财富、名望、多数作为政制原则。而最高统治者的价值观会迅速成为全社会的价值观,"上行下效,凡居高位者的习尚很快就导致众庶的风气"(《政治学》1273a40)。如果这个国家足够强大,它的价值观就会在全世界传播和推广。而不同的价值观关系到不同的生活方式,关系到每个人的幸福和德行。可以说,对政体问题的探讨就是对"什么是美好生活"的探讨,就是不同的价值观之间的讨论。所以政体问题是非常重要的。

政体问题的重要性还体现在政体和立法之间的关系。政体问题优先于立法问题。只有确定了政体的形式,才能讨论法律的问题。如果不谈政体,只谈法律,是没有意义的。正如施特劳斯指出的:"唯一根本的政治争论关注的是政府的形式(form of government):应该是民主政制还是寡头政制等等。这是争论的根本。应该优先解决这类争论,这优先于正确的立法问题,因为一切法律都要基于政府形式。"[①] 反观当代政治生

[①] 施特劳斯:《古典政治哲学引论——亚里士多德〈政治学〉讲疏(1965年)》,娄林译,华东师范大学出版社,2018,第 38 页。

活,人类似乎更加关心法律问题,而不是政体问题。这是本末倒置的做法。

亚里士多德进一步讨论了城邦的最高治权应该寄托给什么人的问题。无论是交给群众,富人、贤人或者僭主等都存在不可避免的问题。第一,如果多数的穷人掌握权力,就会凭借其人数的众多来剥夺富人的财产,但是这是不是正义呢?平民当然会认为自己是凭借法律的正义来做的,但是穷人把少数富人的财产据为己有,这就是极端的不义。这种正义对于城邦是有害的。如果这种剥夺行为是正义的,那么僭主的行为也是合乎正义的。因为僭主也是以强力方式胁迫他人。第二,少数富人执政也不一定就合乎正义。他们也会凭借法律的权力来剥夺穷人的利益。所有这些恃强逞暴的行为都是卑鄙而且不义的。第三,由少数贤人执政又如何呢?贤人不会抢夺他人的财产,但在贤人政体中,其他没有名位的人们却不能担任治理城邦的职能,这些少数贤人就会垄断这些名位,其他人便永远被摈于名位之外。这类似于古代的门阀政治。第四,以最好的一个人来统治又如何呢?这种制度其实还是寡头制。他不可能一个人统治整个国家,他也会任用一些有名位的人进行辅佐,没有名位的人同样不能获得政治权力。第五,最高统治权给予任何一个人或者一组人也好不到哪儿去,因为个人难免受到情感的影响,所以这样的城邦不可能成为良好的城邦。这个典型就是雅典实行的极端民主制。第六,有人认为应该把权力法律化,但是,法律本身可以或者倾向寡头,或倾向平民。以倾向寡头或倾向平民的法律为政,和寡头派或者平民派执掌着最高治权没有任何不同。第七,依据个人对城邦的贡献来给予最高权力。这种观点似乎更加正义。但是,在实际实行也存在很多困难。

例如富人会认为自己拥有更多的土地，所以对于城邦的贡献更大。他们由于富有恒产，因此也比较能够信守契约。自由氏族和贵族则以自己出生于名门望族，所以应该享有一些特权，而且优种遗传优种；世泽之家的后裔往往有良好的品德。或者，具有较高的德行也要求一定的政治权力。正义是社会性的品德，凡是能坚持正义的人，常是兼备众德的。除了以上三种，多数群众也有他们要求政治权利的依据，就集体来说，他们就比少数较强、较富而且又较好。以上这些观点难免发生冲突和争执，所以根据贡献分配权力也无法完全可行。

　　亚里士多德认为把最高权力交给多数平民有一定的优越性和可取性。因为虽然多数平民中的每一个人似乎都乏善可陈，当他们合而为一个集体时，却往往可超过少数贤良的智能。正如我们平时所说，"三个臭皮匠顶个诸葛亮"或"众人拾柴火焰高"。如果人人贡献一分意见和一分思虑，集合于一个会场的群众就像一个有许多手足、许多耳目的异人一样，他还具有许多性格和聪明。"大多数群众也比少数人大为不易腐败。单独一人就容易因愤懑或者其它任何相似的感情而失去平衡，终致损伤了他的判断力；但全体人民总不会同时发怒，同时错断。"（《政治学》1286a30）他认为这种集众人的短处可以胜过少数人的优点的原则，可用到一切平民政体及一切人类团体，这种方法广开言路，集思广益，可以避免少犯错误，采取明智的意见，制定正确的方针。当然，有人认为一般公民，既无财富又无才德，既少正义或欠明哲，就难免不犯罪过和错误。他们掌握权力不会有好的结果。正如柏拉图所说，"铜铁当道，国破家亡"。但是，假如不让他们分享一些权力，同样会发生严重的危害。假如一个城邦中大群的穷人被摈于公职之外，这等于在邦内保留着许多敌人。所以完全不考虑大多数穷人的权利也是不合宜的。

最后,亚里士多德指出:"所有这些分析,应该可以证明上述各种依据,各方面所凭以要求取得对其它一切人们的统治权利的,没有一个可以作为正当的原则。"(《政治学》1283b25)不论什么人掌握最高权力,都会面临一些不可避免的问题。所以没有哪一种政体是一劳永逸的,是十全十美的。真正的哲人并不以哪一种政体为满足,并不完全支持或者反对哪一种政体。这就是政治生活的限度。

我们看到,当代政治哲学不再关心政体问题,因为当代哲学家认为政体问题已经解决。也就是说,对于现代人来说,自由民主制是理所当然的最佳政体。所以现代人的主要工作就是实现自由民主制,而不是再讨论什么是最佳政制。换言之,人们对什么是美好生活的问题已经不再关心,因为当前的生活就是美好生活。人类处于历史进步的进程中,美好生活的问题被历史进步的问题解决了。历史进步又是通过技术进步体现的,所以对技术进步的信仰就是现代人的拜物教。民主制和技术进步的结合造就了现代人的美好生活的幻象。

(三) 政体的类型

城邦由不同阶层的公民构成,不同的公民掌权,就会产生不同的政体。政体之所以会分成若干不同类型的原因,在于每一城邦都是由若干不同部分组成的。所有各部分都参加政治体系,有时或多或少由若干部分参加,这样就一定会产生种类不同的政体。一个政体就是城邦公职的分配制度。公民团体凭靠这个制度分配公职时,或以受职人员的权能为依据,例如富人或穷人各有其权能,或者以所有受职人员之间的某种平等原则为依据,比如富人们和穷人们两者间存在着某种平等原则。所以,依照城邦各个组成部分间的区分和各个优异要素间的区别而定的公职分配方式有多少种,政体也就会有多少种。当然,政体反过来也会塑造不同的公民。"政体有好多种类,公民也就有很多种类。"(《政治学》1278a15)不同的政体表现不同的德性。这是政体问题的重要性的原因。当我们对德性不再重视的时候,我们对政体问题也不再关心。

和柏拉图一致,亚里士多德区分了贵族政体、寡头政体、平民政体等。"政体(政府)以一人为统治者,凡能照顾全邦人民利益的,通常就称为'王制(君主政体)'。凡是政体以少数人,虽不止一人而又不是多数人,为统治者,则称'贵族(贤能)政体'——这种政体拥有这样的名称或是由于这些统治者都是'贤良',或者由于这种政体对于城邦及其人民怀抱着'最好的宗旨'。末了一种,以群众为统治者而能够照顾到全邦人民公益的,人们称它为'共和政体'——这个名称实际上就是一般政体的通称,这里却把一个科属名称用作了品种名称。引用这一名称是有缘由的。"(《政治学》1279a35)他把这三种政体称为正宗政体,他还提出了三种变态政体。僭主政体为王制的变态,寡头政体为贵族政体的变态,平民政体为共和政体的变态。其中,僭政是最为恶劣的,它同君主政体偏反,处于相隔最远的一端;寡头与贵族政体相违背,是次劣的政体,平民政体是三者中最可以容忍的变态政体。

亚里士多德划分正宗政体和变态政体的依据是城邦的共同利益。"按照绝对公正的原则来评断,凡是照顾到公共利益的各种政体就都是正当或正宗的政体;而那些只照顾统治者们的利益的政体就都是错误的政体或者正宗政体的变态（偏离）。这类变态政体都是专制的〔他们以主人管理其奴仆那种方式施行统治〕，然而城邦却恰是自由人所组成的团体。"（《政治学》1279a20）因此最高治权的执行者可以是一人，也可以是少数人，又可以是多数人。如果这一人或少数人或多数人的统治旨在照顾全邦共同的利益，那么这种公务团体就是正宗政体。反之，如果他或他们所执掌的公务团体只能照顾自己一人或少数人或平民群众的私利，那就必然会是变态政体。这种原则和柏拉图在《理想国》中反复说明的观点是一致的。柏拉图反复表示，他构建理想国的原则是全体人民的幸福，而不是某一阶层的幸福。在近代哲学家中，卢梭也特别强调全体人民的共同利益。康德为了保证这个全体共同利益的实现，而提出了道德形而上学的原理。孟子也说"民为贵，社稷次之，君为轻"。所以，以全体人民的利益为最高利益是古今中外的政治哲学家所共同承许的，也是我们衡量一切政体好坏的重要标准。

在第三卷第十四章，亚里士多德讨论了五种君主政体。第一种是斯巴达的军事统帅式的君主政体，君主在国内没有绝对的权力，只有在战争时期才有绝对权力，有宗教事务的权力。第二种是类似于僭主专制的君主政体，君主是世袭的，并且依据法律统治。臣民也乐于服从。第三种是民选总统式的君主政体，权力不是世袭的，但是也依法获得权力。第四种是英雄史诗时代的王制，其始祖以战功起家，王位传于子孙，其统治依据法律，符合臣民的意愿，战时为统帅，祭祀时为祭司，拥有最后裁判权。第五种是绝对君主制。由一人代表全族或者整个城邦，全权统治人民的事务，犹如家长对家庭的管理。

在第四卷第四章，亚里士多德讨论了五种平民政体。第一种是最严格地遵守平等原则,穷人不占富人的便宜,两者处于一样的地位。第二种是以财产为基础制定担任公职的资格,但财产数额非常低,大多数人可以参加。第三种是凡出身无可指摘的公民都能受任公职,其治理完全以法律为依归。第四种是不问出身,凡属公民,人人可以受任公职,但其治理仍然完全以法律为依归。第五种是凡属公民都可受职,但其政事的最后裁断不是决定于法律而是决定于群众。在这种政体里,命令就可以代替法律。"城邦政治上发生这种情况是德谟咯葛造成的。以法律为依归的平民政体,主持公议的人物都是较高尚的公民,这就不会有'德谟咯葛'。德谟咯葛仅产生在不以法律为最高权威的城邦中。"(《政治学》1329a5)这里,民众成为一位集体的君主。为政既不以法律为依归,就包含着专制君主的性质。平民群众的命令有如僭主的诏敕,对国内较高尚的公民横施专暴。"在这种平民政体中,好像在僭主政体中一样,政权事实上落在宠幸的手里。'平民领袖'们把一切事情招揽到公民大会,这样用群众的决议发布命令以代替法律的权威。群众一旦代表了治权,他们就代表了群众的意志;群众既被他们所摆布,他们就站在了左右国政的地位。还有那些批评和指控执政的人们也是同造成这种政体有关联的。他们要求由'人民来作判断';于是人民马上接受那些要求,执政人员的威信从此扫地而尽。这样的平民政体实在不能不受到指摘,实际上它也不能算是一个政体。凡不能维持法律威信的城邦都不能说它已经建立了任何政体。法律应该在任一方面受到尊重而保持无上的权威,执政人员和公民团体只应在法律所不能及的'个别'事例上有所抉择,两者都不该侵犯法律。"(《政治学》1292a25)这可以说是最坏的一种平民政体。

亚里士多德在第五章讨论了四种寡头政体。第一种是受任公职所必需的财产资格定得很高，大部分穷人被排斥于外。第二种是财产资格高，而且公职的补缺选任仅限于具有法定资格的人们，也是依法统治。第三种是父子相传的世袭制度。有产者更少而财产更多，但是仍然依法统治。第四种也是世袭的，执政者们的权力更大，个人的意旨凌驾在法律之上，类似于僭主或者群氓政体。

亚里士多德在第七章中讨论三种贵族政体。贵族政体的主要特征是以才德为受任公职（名位）的依据：才德为贵族政体的特征就如财富为寡头政体的特征。自由人身分为平民政体的特征。第一种是最好的，"严格地说，只有一种政体可以称为贵族政体，参加这种政体的人们不仅是照这些或那些相对的标准看来可以算是些'好人'，就是以绝对的标准来衡量，的确他们也具备'最好'的道德品质。只有在这些人们组成的政体中，善人才能绝对地等同于好公民；在所有其它的政体当中，善德只是按照那种政体中各自的标准，各称其所善而已"（《政治学》1293b）。第二种是迦太基的政体，同时注意到财富、才德及平民多数三项因素。第三种是斯巴达式的。只兼顾才德和平民多数两项因素，类似贤良主义和平民主义两原则的混合政体。

在第十章中，亚里士多德讨论了三种僭主政体。第一种是某些野蛮民族中所尊崇的具有绝对权力的专制君主，第二种是在古希腊城邦中曾经存在的类似君主的民选总裁。这两种僭主有所分别，但两者都既出于民意，也遵循法治，类似于君主制。但是统治者的意志具有最高权威，具有主奴的特征。所以两者可以说是半王半僭的制度。第三种是典型的僭政。单独一个人统驭着全邦所有人民，施政专以私利为尚，对人民的公益毫不顾惜，并且也没有任何人或机构可限制他的权力，这是暴力的统治，是自由人都不愿忍受的制度。

和柏拉图不同，亚里士多德还提出了第五种政体，即立宪政体或者共和政体。他认为共和政体是切实可行的最佳政体。"这种政体所见较少，因为'波里德亚'的通义是混合平民政体和寡头政体的混合制度。但在通常使用时，大家对混合政体的倾向平民主义者称作'共和政体'，对混合政体的偏重寡头主义者则称贵族政体。"(《政治学》1294a15) 共和政体的本旨只是混合贫富，兼顾资产阶级和自由出身的人们而已。

共和政体一般按照三种原则建立。第一种原则是同时采用平民和寡头政体的两种法规。第二种原则是把两类法规折中而加以平均。第三种原则是在寡头和平民政体中都选择一些因素而加以混合。一个混合得良好的共和政体应是兼备平民和寡头因素的，又好似是两都不具备。他还指出，共和政体不应凭借外力支持，而要依赖内在均势来求其稳定。就内在力量来说，有大多数人维护这种制度是不够的，因为一个不良的政体也可能得到多数人拥护，因此只有全邦没任何一个部分有改变现制的意愿，才算作是稳定。

接下来，亚里士多德说明了共和政体是最佳政体的原因。共和政体的优越性在于它合乎中道。他认为在一切城邦中，所有公民可以分为三部分：极富、极贫和两者之间的中产阶级。他认为中产阶级的优点在于，第一，他们最能够顺从理性，不会趋向这一端或那一端。如果人们过美、过强、过贵、过富或太丑、太弱、太贱、太穷，都不太会顺从理性的引导。第一类人们常逞强放肆，致犯重罪，第二类则往往懒散无赖，易犯小罪。大多数的祸患就起源于放肆和无赖。第二，中产阶级很少有野心，能够胜任统治和被统治。如果有人有过多的善业或物资，如体力、财富、朋友以及其他种种，就不愿也不能受人统治，只愿意去发号施令，不肯接受任何权威的统治。相反，另一类缺乏善业和物资的人们又太卑贱而自甘暴弃，他们仅知道服从而不堪为政，就像是一群奴隶。一方暴露着藐视的姿态，另一方怀抱着妒恨的心理。这样的城邦就不是自由人的城邦，而是主人与奴隶合成的城邦。一个政治团体应有的友谊和交情就见不到了。世上倘若没有友谊，那就不成其为社会城邦。第三，中产阶级掌握权力可以避免党派之争。凡邦内中产阶级强大的，公民间就少党派而无内讧。大的城邦中一般都是党派较少，因为大邦内中产公民较多。相反，小邦的人常常分成两个部分，全体人们几乎非穷即富，中间阶级不存在或微不足道。因此，凡是平民政体中存在着较多的中产阶级，分享较大的政权，显示着中间的状态，就比寡头政体更为安定而持久。凡平民政体中没有中产阶级，穷人占了绝对的优势，内乱就很快会发生。"据我们看来，就一个城邦各种成分的自然配合说，唯有以中产阶级为基础才能组成最好的政体。中产阶级比任何其他阶级都较为稳定。他们既不像穷人那样希图他人的财物，他们也不像富人那么多得足以引起穷人的觊觎。既不对别人抱有任何阴谋，也不会去自相残害，他们过着无所忧虑的平安生活。"(《政治学》1295b30) 因此，最好的政治团体应是由中产阶级执掌政权。凡是邦内中产阶级强大，足够抗衡其他两个部分而有余，或至少比任何其他单独一个部分更为强大，中产阶级在邦内占有举足轻重的地位，就可能组成优良的政体。否则，有些人家财万贯，另一些人贫无立锥之地，结果就会各趋极端,不是变成绝对的平民政体,就是成为单纯的寡头政体。最鲁莽的平民政治或最强权的寡头政治也会变成为僭政。僭政常常出于两种极端政体,而中产阶级的行于中道的政权就很少发生这样的演变。

那么,为什么大多数政体或是平民政体或是寡头政体,而共和政体很少见呢?亚里士多德认为,第一,在大多数的城邦中,中产阶级人数不多。有产者们和平民群众中的任何一方占了优势,他们就压迫中产阶级,把政治制度拖向自己所主张的方向,或建立平民政体,或建成寡头政体。第二,平民群众和财富阶级间时时发生党争,不论谁取得胜利,占上风的一方总不肯以公共利益和平等原则为依归来组织中间形式的政体,而是把政治特权看作党争胜利的果实,各自偏向平民主义或寡头主义。第三,应归咎于希腊两个称霸的大邦,即雅典和斯巴达。两邦都坚持自己的政体。雅典指使它所领导的各邦组织平民政体,斯巴达就其势力所及而树立寡头政体。两邦都只顾本邦的利益,而忽视各个属邦的公益。由于这三种原因,中间性质的共和政体就永远不能成立,或至多只能在少数城邦中偶尔成立。

综上所述,不同的政体是依据不同的价值观建立起来的。不同的政体体现的是不同的价值观和生活方式。价值观问题并不是一个个人问题,而是一个政治问题。每个人生活在城邦中的人也必然受到了政体的价值观的影响。对价值问题的考察是至关重要的。好的价值观引导人们过一种美好的政治生活,恶的价值观则可能危害每一个人。对价值观的考察就是苏格拉底开创的哲学革命,也就是政治哲学的诞生之地。这就是所谓"苏格拉底把哲学从天上拉回到人间"。柏拉图和亚里士多德同样继承了这种哲学革命,他们的哲学构成了古希腊哲学的顶峰,并且成为后世哲学取之不尽、用之不竭的智慧宝库。

(四) 政体存亡之道

与柏拉图一样,亚里士多德也讨论了政体演变的历程。古代各邦一般都通行王制,因为那时贤哲稀少,而且各邦都地小人稀。古代诸王都曾经对人民积有功德,受到了人们的拥戴。随后,有同样才德的人逐渐增多,他们不甘心受制于一人,要求共同参与治理,这样就产生了立宪政体或者贵族政体。然后,这些贤良渐渐腐败,他们侵占公共财物,据以自肥,名位渐渐以财产为根据,于是兴起了寡头政体。随后,寡头政体先变为僭政,僭政又变为平民政体。现在,各邦的版图既日显扩张,其他类型的政体则不容易存在或重新树立。从这段论述可以看出,亚里士多德的观点和柏拉图大同小异,都有点类似于"历史退步论"的含义。在我国儒家政治思想中也存在这种历史退步论。他们往往设想上古时代是最美好的,而随着历史的发展,人类的政治生活越来越退化和堕落。但是和历史进步论相比,历史退步论蕴含着更深的政治智慧,对于政治生活的健康发展更加有益。历史进步论往往可能导致极权主义的产生。

在建立一个政体之初,人们应该如何选择一个政体呢?亚里士多德认为:"我们必须确立一条适用于一切政体的公理:一邦内,愿维持其政体的部分必须强于反对这一政体的部分。"(《政治学》1296b15) 也就是说,一个国家的政体应该得到大多数人民的支持和同意。只有建立在广泛的认同和支持的基础上的政体才能是长久的、稳定的。如果一个国家政体不再得到大多数人的支持,人民随时准备推翻这种政体,那么它就岌岌可危了。所谓"得道多助失道寡助"。亚里士多德认为我们在选择一个政体时,还应该考虑到人民的特性。"有些社会自然地适宜于专制式的统治,另一些宜于君王为治,又另一些则宜于城邦团体的宪政的统治,这些,对于每一类的社会,各从其宜,也各合于正义。但僭主政体及其它类型的变态统治却对任何一类社会都不适宜,因为这些类型全反乎自然。"(《政治学》1287b40)例如,在由同样而平等分子组成的城邦中,以一人统治万众的制度就一定不适宜,也一定不合乎正义。所以没有哪一种政体是适合所有国家和人民的。

具体到亚里士多德的立场来说,他把共和政体作为衡量一个政体好坏的依据和标准。"依通例说,不问各邦的特殊情况怎样,凡是和最好政体愈接近的品种自然就比较良好,凡离中庸之道愈远的品种也就一定是恶劣的政体。"(《政治学》1296b5)也就是说,如果穷人为数众多,在数量上超越了富人在质方面的优势,就自然建立一个平民政体;如果富户和贵族阶级在质方面的优势足以抵偿自己在量方面的劣势而有余,这就会产生寡头政体,如果中产阶级的人数超过其他两个部分,或仅仅超过两者之一,就可能建立共和政体。

在第五卷中,亚里士多德广泛讨论了各种政体的保全办法。他首先讨论了不同政体的变革和败亡的原因。在第八章中,他总结了十条保存政体的一般方法。第一,最切要的事情莫过于杜绝一切违法的举动,尤其应该注意到一切容易被忽视的小节。第二,一切欺蒙人民的方法都不足置信。世人的经验已证明这些诡计并无实效。第三,通过民主的方法,在统治阶级和一般群众之间建立平等,限制职官的任期为六个月,使同等的人们能够有多番担任职官的机会。第四,执政者应当熟虑敌害，把远祸看作近忧，及时制造警报，使全邦人民常处于戒备状态。第五，执政者应当凭城邦的法度和自己的行动，防止贵族阶级间的争吵和内讧。对尚未牵涉到党派斗争的人们及时隔离，勿使其卷入私斗的漩涡。第六，在寡头政体和共和政体中，变革可以因财产资格的作用而产生。为了应付这类变化，可把全邦各家产业以往年公估的币值为准，定期重新估价。第七，一个城邦要有适当的法制，使任何人都不会凭借他的财富或朋党，取得特殊的权力，成为邦国的隐忧。不许任何人在政治上获得脱离寻常比例的超越地位。第八，设置一种监督私人生活的职司，观察那些在私生活上同现行政体不协调的人们。第九，最重要的一个规律是：一切政体都应当订立法制并安排它的经济体系，使执政和属官不能假借公职，营求私利。第十，在平民政体中，应保护富人。不仅他们的产业不应瓜分，还应保障他们从产业所获得的收益。就寡头政体而言，应注意穷人的利益。其他如荣誉和礼仪等也都要力求在贫富之间平等，甚至应让于政治权力较小的阶级。

在第九章中，亚里士多德首先说明为了维护政体，统治者应该具有的基本素质："第一是效忠于现行政体。第二是具有足以胜任他所司职责的高度才能。第三是适合于各该政体的善德和正义。"（《政治学》1309a35）接下来，他说明了几条基本原则。第一，维持人数多数。"保全的重要办法在于保证一邦之内愿意维持该政体的人数超过不愿意维持的人数。"这一条很好理解。如果一个国家中的人民都已经不再支持自己的政体，那么再好的政体也是无能为力的。第二，坚持中庸之道。"还有一条绝对不该忽略的至理，而今日正是已被许多变态政体所遗忘了的，就是'中庸之道'。"（《政治学》1309b15）亚里士多德认为许多被认为平民主义的措施实际上是在败坏平民政体,许多被认为具有寡头性质的措施实际上是在损伤寡头政体。坚持这两种政治主张的党人,各自都以为他们的政体的类型是唯一合理的,于是变本加厉地各自趋向极端。两者如果各把自己的偏颇主张过度推进,这就会使一个政体逐渐发生畸形变化,最终完全不成其为一个政体。他们忽略了一个政体的维持需要保持平衡和中庸之道。所以立法家和政治家应认清民主主义的诸措施中,哪些是保全民主主义的,哪些是破坏平民政体的。同样,他们也须知道寡头主义的各种措施中,哪些是可以保全的,哪些却破坏寡头政体。如果不兼容富户和穷人,这两种政体都不能存在。第三,加强公民教育。"保全政体诸方法中,最重大的一端还是按照政体的精神实施公民教育——这一端也正是被当代各邦所普遍忽视的。"(《政治学》1310a10)在他看来,一个城邦应该培养公民的言行,使政体能因为这类言行而收到长治久安的效果。否则,城邦即使具备完善的法制,而且为全体公民所赞同,如果公民们的情操尚未经习俗和教化陶冶而符合于政体的基本精神,那么,这种政体也不可能维持长久。例如,城邦建立了平民政体,公民却缺乏平民精神,或者城邦订立了寡头法制,公民却缺乏寡头意识,这些政体终究是不能长久的。

在第十章中,亚里士多德讨论了不同政体的保存之道。如果我们对不同政体的灭亡之道有所认识,那么我们对不同政体的保存之道也就了然于胸了。在第十一章中,他甚至讨论了僭主政体的保存方法。他首先分析了传统的方法。一般包括三个要旨:第一,僭主在臣民间散播并培养不睦和疑忌。人们一旦互相信任而达成团结,才能起来推翻僭主政权。凡是一切足使民众聚合而产生互信和足以培养人们志气的活动,全都应当加以预防。僭主也必须禁止文化研究及类似的各种会社,用种种手段使每一个人同其他的人都好像陌生人一样。朋友和朋友之间,平民和贵要人物之间,某些富室和另些富室之间,互不信赖。第二,僭主通过使人民贫穷化的手段,使臣民无能为力,这既可让人民没有财力置备武装或囤积粮食,也可使他们一天到晚忙碌于生计,不再有从事政治图谋的余暇。人们倘若明知起事没有成功希望,也就不敢轻易尝试。第三,僭主会摧毁臣民的精神。任何精神衰弱的人对谁都不作反抗。僭主经常收集人民的言语行动的情报。人们如果对密探有所戒惧,就不敢吐露衷曲,纵谈政事。

然后,亚里士多德还讨论了新的保存办法,即"使僭主政体转成君主政体就应是保全僭主政体的方法"(《政治学》1314a35)。一个僭主尽可以依照王家的气象办事,至少可以装扮得像一位国王。首先,他应表现出自己关心公库。他必须把自己的收支公告于国内。在个人行为和修养方面,一个僭主应该示人以重威而不露严酷,任何人和他接触,当使其发生自然敬畏而无恐怖的情绪。关于人生生活方面,一个僭主必须克己自持,即便个人的操修不能达到这样的理智,至少应该向世人表现自己绝不纵乐。在社会方面,一个僭主应当经常记住整个城邦是由穷人和富室两个部分组成的。他须尽力阻止这两部分互相扰害。总之,一个僭主,在他的人民面前,应当表现为大众的管家,或本邦的仁王,而不是一个专制的僭主。他应表现自己不重私利,而为万民公益的监护人。他应克己复礼,万事不能过分。他应交友于著名人物,也要求取平民群众的好感。

初读之下，亚里士多德在这里的分析让人震惊。亚里士多德当然不是为了维护僭主的统治。应该说，亚里士多德在此是"公开"了僭主的权术，甚至以此来警戒人民，使人民不会陷入僭主的圈套和诡计。而他的新策略则是对僭主的教化或者驯化，是为了教诫僭主服从法律的统治，从而成为合法的君主。马基雅维里似乎模仿了亚里士多德的这种思路。但是他的目的并不是要以法律和美德驯化君主，反而是教导一个人如何成为僭主。他的《君主论》本质上则是僭主论。他这么做的原因是为了帮助美帝奇家族实现意大利的统一。他的政治目标压倒了哲学的目标。在他那里，只有政治的成败得失，没有政治的正义和哲学的智慧。在亚里士多德那里，存在更高的、永恒的智慧和美德。

综上所述，亚里士多德是超越一切政治立场来讨论政体问题的，这是古典哲学的重要立场。也就是说，亚里士多德并不特别推崇哪一种政体，甚至他还讨论了保存僭主政体的方法。这表明在古典哲学中，哲学高于政治，哲学并不服务于任何其他目的。哲人的视角是超然和大度的，他们站在自然的高度来俯视人间。人间的事务在他们看来是微不足道的。但是他们仍然会关心人间，他们内心更多的是一种悲天悯人、民胞物与的境界。他们试图找到一条为人类带来普遍幸福的道路。例如施特劳斯就指出："古典政治哲人力图像城邦民或者治邦者那样理解政治生活，这里颇有意味的是：他们或是前瞻，或是保持一定距离，总力图比日常参与政治生活的人看得更为深远，但是，他们终归不会采取一种不同的视野。他们不会像局外人一样伫立在外，旁观政治生活，观察其中的弱肉强食，政治生活中可以看见他们的存在，这才是他们采取的观察视野。"① 而现代哲学则往往陷入人间政治生活中，或者推崇某一种政体，或者反对哪一种政体，完全丧失了古典哲学中超然物外的境界。现代哲人已经不能站在高于政治生活的高度来考察政体问题。在现代哲学中，哲学已经成为政治意识形态，这是现代哲学必须自我反思的地方。

(五) 法治与人治

在政体问题上，亚里士多德强调依法治国的重要性。这一点是区分正宗政体和变态政体的标准。但是亚里士多德并不是一个唯法律至上的哲人。他对于法律统治有一个完整而周全的考虑。这里的相关问题就是："由最好的一人或由最好的法律统治哪一方面更为有利？"

一方面，他推崇法治。"法治应该优于一人之治。"法律是智慧的产物。"法律就是某种秩序；普遍良好的秩序基于普遍遵守法律的习惯。"(《政治学》1236a30) 人的社会生活需要秩序，如果没有秩序，就不能称为人的生活。秩序应该由法律来建立和维持。法律的统治的优点在于法律免除了情感和欲望等干扰。而一个人的统治难免混入个人的情感和欲望，很难做到公正。"谁说应该让一个个人来统治，这就在政治中混入了兽性的因素。常人既不能完全消除兽欲，虽然最好的人们也未免有热忱，这就往往在执政的时候引起偏向。法律恰恰是免除一切情欲影响的神祇和理智的体现。"(《政治学》1287a30) 因为消除了私欲和情感的干扰，法律体现了中道的原则。"要使事

---

① 施特劳斯：《古典政治哲学引论——亚里士多德〈政治学〉讲疏(1965年)》，娄林译，华东师范大学出版社，2018，第35页。

物合于正义,须有毫无偏私的权衡;法律恰恰是这样一个中道的权衡。"(《政治学》1287b5)所以法律的正义还是不能违反的。法律分为成文法和不成文法,积习所成的不成文法比成文法还更有权威,因此更被人遵守。不成文法更加详细周密完备,一人之治的智虑可能比成文法更为周详,却未必比不成文法更广博。一人之治还有一个困难,就是君主实际上不能独理万机。他还得任命若干官员,帮助处理各项政务。即使在一人为治的城邦中,一切政务还得以整部法律为依归。可见,亚里士多德对一人统治的政体是非常谨慎的。法治则是比较稳健和理性的。

亚里士多德指出,法治并不是只要制定出一套完备的法律就万事大吉了。"我们应当注意到邦国虽有良法,要是人民不能全部遵循,仍然不能实现法治。法治应包含两种意义:已成立的法律获得普遍的服从,而大家所服从的法律又应本身是制订得良好的法律。人民可服从良法也可以服从恶法。就服从良法而言,还得分别为两类:或乐于服从最好而又可能订立的法律,或宁可服从绝对良好的法律。"(《政治学》1294a5)所以简单地谈论法治是不够的,法律本身必须是良好的,而且还必须获得民众的服从。第一,法律必须制定得正确。法律只有制定得正确,才能对国家和人民有利。否则,就会危害国家和人民。而制定错误法律而反受其害的情况在历史上比比皆是,屡见不鲜。因此,法律必须合乎真理。柏拉图在《理想国》第一卷中也讨论到如果统治者制定了错误的法律,那么人民遵守法律就是违背了统治者的利益。在《米诺斯》中,柏拉图则表明,法律的制定应该依据对实在的认识,这种认识就是真理。所以法律的真正基础是真理。第二,法律必须具有权威性,必须被认可和支持。正如伯尔曼也指出:"法律必须被信仰,否则它就形同虚设。"孟子也认为:"徒善不足以为政,徒法不足以自行。"也就是说,法律必须尽可能地具有神圣性和强制性。否则,制定再好的法律也无济于事。因此,最初的法律都是以神的名义制定的。这种神道设教的方法就保证了法律的神圣性和权威性。

但是,正如柏拉图在《政治家》中曾经探讨的那样,法律的统治是粗糙的,它往往是按照普遍的情况制定的,不可能考虑到很多细节和情况。所以在面对一些具体情况和问题时,仍然需要借助于个人或者多人的智慧。亚里士多德认为对于新问题的审议与其寄托一人,不如交给众人。因为个人的智虑是否一定能够做出判断,是不能肯定的。参与公务的全体人们都受过法律的训练,都具有优良的判断。对于法律所没有周详的地方,执法者根据法意解释并应用一切条例,公正地加以处理和裁决。法律也允许人们根据积累的经验,修订或者补充现行各种规章,以求日臻完美。但是他们只能在应用法律上运用其智虑,使之成为法律监护官的权力,而不能超越法律来使用其理智。

另一方面,亚里士多德也保留了人治的可能性。他曾经在《政治学》中多处提到这个思想。"如果一个家族,或者是单独一人,才德远出于众人之上,这样,以绝对权力付给这个家族,令成王室,或付给单独一人,使他为王,这就是合乎正义的了。但这不仅仅是正义问题。在建立任何一类政体时——无论其为贵族政体还是寡头政体,又或为平民政体——都是各自合于正义的;根据尚优原则,各种政体虽然各异其要求政权的立场,却各有其片面的优胜,以为正义的依据。我们在前面曾提到过另一种观点。清除一个才德卓绝的人物,或者用陶片放逐律,使经受有限期的流亡,或驱逐邦外,使其终身不得还乡,都是不切实的;归纳在各部分交互轮番的体系中,使他也做被统治的人民,同样不一定恰当。整体总超过部分,如此卓绝的人物,他本身恰恰是一个整体,而其他的人们便类于他的部分。唯一可行的办法就是大家服从他的统治,不同他人轮番,使他无限期地执掌治权。"(《政治学》1288a20)"在一个同样的人们所组成的社会中,根据平等和一致的原则,实行轮番为治的制度,的确合乎正义而值得称颂。至于对同等的人却给予不同等的分配,以及在同样的人们间施行不同样的待遇,那些处置总是不合自然的;凡违反自然的都不足称颂。因此,我们可作出这样一个结论,世上倘若出现这样一位人物,他既然善德优于他人,而且兢兢为善,没有人能胜过他,只有遭逢这样的人,大家才可永远追随并且一致服从他,仍然不失其为正义和优美的治道。只有善德是不够的;他还必须具备一切足以实践善行的条件和才能。"(《政治学》1325b10)可见,亚里士多德也保留了柏拉图传下来的哲人王的观念。所以他们也致力于培养卓越之人做统治者,庸庸碌碌的大众是不可能做出伟大的事业的。但是,现代哲学已经不再相信存在这种卓越之人。他们宁愿相信法律的统治。所以他们致力于制定完备的法律体系,建立一个永恒的"法律帝国",在这样一个完备的法律统治的帝国中,一切偶然性都被排除了或者预先解决了,所以统治者的人格性因素也就被完全排除了,他们设想人类可以在这样的法律帝国中获得永久和平,长治久安,万世不竭。

相应于法治与人治之辩,亚里士多德的讨论中还有一个变法与保守之争的问题。一方面,人民需要保持法律的稳定性和持久性。"法律的实际意义却该是促成全邦人民都能进于正义和善德的[永久]制度。"(《政治学》1280b10)法律应该在民众中具有神圣而崇高的权威。人民要维护法律的权威性和有效性。另一方面,人民也有变革的需要,如果时代和条件发生变化,法律也应该相应地变革。"一般人类都择善而从,不完全蹈习父亲的故常而专守祖辈的旧制——如果一定以守旧安常为贵,这就未免荒唐了。"(《政治学》1269a)因为时过境迁,情况会发生变化,一成不变的法律会不再适用。所以进行一些变革是必要的。但是,人们对于变法还是应该持谨慎的态度。"变革实在是一件应该慎重考虑的大事。人们如果习惯于轻率的变革,这不是社会的幸福,要是变革所得的利益不大,则法律和政府方面所包含的一些缺点还是姑且让其沿袭的好;一经更张,法律和政府的威信总要一度降落,这样,变革所取得的一些利益也许还不足以抵偿更张所受的损失。……法律所以能见成效,全靠民众的服从,而遵守法律的习性须经过长期的培养,如果轻易地对这种或那种法制作这样或那样的废改,民众守法的习性必然会消减,而法律的威信也就跟着削弱了。"(《政治学》1269a15—25)我们也应该坚持亚里士多德的中庸之道的观念。

当年,王安石和司马光之争也是围绕这个问题。王安石看重死的法律,忽视活的人事。他认为:"善吾法而择吏以守之。"即完善法律是第一位的,选择官员是第二位的。司马光则认为:"苟得其人,则无患法之不善;不得其人,虽有善法,失先后之施矣。故当急于求人,而缓于立法也。"在他看来,人治是第一位的,而法治是第二位的。综合来看,简单地推崇人治或者法治各有利弊,我们应该根据不同的情况而加以简择。当然，其中最重要的还是人的教育和培养问题。所谓"人存政举，人亡政息"，没有合格的后备人才，再好的制度和法律也是没有意义的。

三、理想城邦的构建

在讨论完了政体问题之后，亚里士多德开始讨论理想城邦的建构问题。这部分内容和柏拉图的《理想国》《法律篇》非常相似。

1. 城邦的目的

亚里士多德再次重申城邦的目的是为了实现高贵的生活，应该以善德为目标。他认为人们能够有优良生活，需要具备三项善因，即外在财富的善、身体素质的善和灵魂美德的善。其中，灵魂的美德是诸善之首。一个人要是没有丝毫勇气、节制、正义、明哲，那么世人不会认为他是幸福的人。同样，一个城邦如果没有善德，也不会是一个幸福的城邦。"人类论个别言或合为城邦的集体而言，都应具备善性而又配以那些足以佐成善行善政的必需事物，从而有立身立国以营善德的生活，这才是最优良的生活。"(《政治学》1324a) 认为个人的幸福寄托于财富的人，就会认为城邦必需富裕，才会有幸福。认为僭主的生活高于其他众人的人，会以版图最大、人数最多的邦国为最幸福的国家。以人们的善德衡量各人的幸福的人，会以城邦的善德衡量城邦的幸福。所以不同的幸福观决定了不同的政体观。不同的政体观也体现了不同的幸福观。

首先，亚里士多德推崇王道政治，反对霸道政治。"那些颂扬霸道的说法及实行霸道的法制［和政策］没有实际好处而违反正理，不应为政治家所崇尚。各个私人与公众社会的善德是相同的；立法家就应该以这些善德灌输于公民们的思想中。从事战争的训练不应当以奴役不该做奴隶的人们为目的。尚武教育的目的应该是这样：第一，保护自己，以免被人所奴役；第二，取得领导的地位，但这种领导绝对不企图树立普遍奴役的体系而只应该以维持受领导者的利益为职志；第三，对于自然禀赋原先有奴性的人们，才可凭武力为之主宰。"（《政治学》1333b35）"对于一个清明而能时常反省的人看来，作为一个政治家而竟不顾他人的意愿，而专心于制服并统治邻邦的策划，这是很可诧异的。这种统治实际上是不合法的，一个政治家或者立法家怎能设想到非法的事情？掌握了权力就不顾正义，这种不问是非的强迫统治总必然是非法的。"（《政治学》1324b25）这和孟子对霸业的批判是一致的。政治家应该以仁政为自己的执政目标。城邦应该推崇善德，不能推崇武德。尚武的民族是野蛮的。"倘使大家认为武功也是一种善德，终究不能把它当作人类超乎一切的主要目的；武功只是用来达到人们主要目的的一些手段。优良的立法家们对于一切城邦或种族或社会所当为之操心的真正目的必须是大家共同的优良生活及由此而获致的幸福。在制订法律的时候，对于某些条例自可各尽其变，以适应不同的环境。一个城邦如果接壤于若干邻国，为之立法的政治家就得熟虑国情，而要使其人民预作相应的操练并安排好各种适当的措施，以分别应付每一邻国可能发生的挑衅。"（《政治学》1325a5）如果一个国家的所有政策都以战争为中心，那么这个国家不可能获得很好的治理。斯巴达城邦就是以尚武著称。虽然他们往往在战争中奋不顾身，但是一旦胜利后就会放纵淫乱。所以尚武的民族几乎没有美好生活的可能性。这一点从人类 20 世纪的政治生活也可以看到。战争是政治的延续。战争只能是迫不得已的最后手段。真正的政治家不应该把战争置于预先地位。

接下来，亚里士多德提出了"以善德为本的生活应取怎样的方式？"的问题。根据这个问题，他讨论了无为和有为之争，也就是哲学生活和政治生活的争论。"参加政治活动而实践世务，还是谢绝一切外物和俗事而单独行于所谓静修的生活——按照有些人的论断，惟有玄想才是一个哲学家的事业？我们可以说，在今世以及上代，一切以善德为尚的诚笃贤者，他们的生活有两种不同的方式——政治生活和哲学生活。要确定真理究竟属于哪一边，是不容易的；然而这正是个重要关头，无论其为个人或为城邦，必需凭其明哲，抉择一条较优胜的行径，由以达成较高尚的志趋。"（《政治学》1324a30）政治生活崇尚有为，而哲学生活崇尚无为。他们涉及的是对什么是美好生活的不同思考。所以，哲学生活和政治生活自古以来就存在一定的争论。

亚里士多德认为自古以来就存在两派学者的意见。有些人厌弃政治，认为独立的自由人生活不同于政治家的生活，他们常常乐于安静，宁愿避世寂处。另一学派认为最优良的生活存在于政治活动之中，人生一定要有善行，才能获得幸福，而一切无为的人们就没善行可言。他认为两派的持论各有其所是，但也都有些谬误。一方面，他认为如果片面地推崇实践的政治生活，那么就会存在弊端。既然人间的至善在于实践，而实践有赖于权力，那么，凡是遇到权力关头，就会当仁不让，谁也不要顾及谁，父不必让其子，子不必管其父，朋友也不必互相关顾。这样就会导致内部的斗争和冲突。另一方面，简单地认为无为胜过有为，也是错误的。认为政治生活只是钩心斗角的权力斗争，没有任何真理，这是非常错误的。政治生活中包含了真理的颗粒。只有从政治生活出发，我们才能去探究真理。哲学生活不能脱离政治生活，如果政治生活败坏了，哲学生活也很难自我保全。当然，在一般的原则上，哲学生活高于政治生活，哲学的智慧高于政治的正义。只有从哲学生活出发，我们才能真正理解政治生活。政治家未必能够真正理解和保全政治生活。

当然，亚里士多德还对有为和无为进行了更深刻的分析。他认为有为的实践并不是一定牵涉到人间相互关系的政治活动。正如无为的思想也并不只在指向外物，因为外物引起活动时才有所思想。思想同样可以在自身之内进行。"思想要是纯粹为了思想而思想，只局限于它本身而不外向于它物，方才是更高级的思想活动。"（《政治学》1325b20）善行是我们所追求的目的。但是任何善行都以思想为先导，因此思想和行动必然有关系。同样，思想本身不也是一种行动实践吗？一个专求外务的人也未必没有思想活动，一个离群索居的人未必没有实践生活，孤处而自愿与世隔绝的城邦也未必无所作为。"倘使否认内在的活动，那完全自足于己而不务外求的神和宇宙体系也将是尚不完美的事物了。"（《政治学》1325b25）所以，在我们对外在的实践和内在的思维详细分析之后，就会发现两者并不存在很大的对立和鸿沟。

这一段讨论非常类似于我国古代的知行之辩。诸如知难行易，还是知易行难之类？王阳明则提出了"知行合一"的观点。"知之真切笃实处，既是行；行之明觉精察处，即是知。

知行工夫，本不可离。只为后世学者分作两截用功，先却知、行本体，故有合一并进之说，真知即所以为行，不行不足谓之知。"他的目的就是要让人的良知时刻关照自己的行为和心理，有所为而有所不为，使人不会失其本心，不让意志为外物所动摇，沦为外物的奴隶。当然，在一般的意义上，知行合一的观点会导致人们把理论和实践、哲学和政治完全等同起来，这也会存在很多弊端。

综上所述，哲学和政治之争在柏拉图的对话中也多次讨论，柏拉图的所有哲学思考都是在这个问题的背景下展开的。特别是在《理想国》中，柏拉图重点讨论了哲学生活和政治生活的关系问题。他认为，现实城邦没有培养哲学家，哲学家没有参与政治的义务，这就类似于无为的态度。但是，在理想国中，城邦有意识地培养了哲学家，哲学家就有义务参与政治活动，这就是有为的态度。这类似于我国古代的"穷则独善其身，达则兼济天下"的思想。可见，哲学家是不是参与政治生活，要观待很多因素才能决定。当然，柏拉图反对早期的自然哲人，希望哲人能够参与政治生活。在《泰阿泰德》对话中，柏拉图批评那些不参与政治生活的自然哲学家。他们对于政治生活一无所知，试图越过政治生活直接研究自然，发现真理，但是这样一来，他们也不可能发现真理。

2. 城邦存在的条件

接下来，亚里士多德讨论构成一个理想城邦该有哪些条件。首先就是公民和土地。一般人以数量为标准，凭人口和土地的多寡来判断邦国的大小。亚里士多德认为，判断国势的强弱，应该公民的能力和素质为依据。一个繁庶庞大的城邦不一定是一个伟大的城邦。因为巨大的城邦很难使人人都能遵守法律，而维持良好的秩序。因此凡以政治修明著称于世的城邦无不对人口有所限制。"城邦的大小也各有它适中的限度。任何事物倘使过小或过大都将丧失天赋的能力而不克尽其功用。"(《政治学》1326a35) 亚里士多德并不赞同人口数量过多。不仅如此，亚里士多德还认为一个城邦最适当的人口限度不但应满足优良的自给生活所需要，而且不应超过观察所能遍及的最大数额。"一个城邦的公民，为了解决权利的纠纷并按照各人的功能分配行政职司，必须互相熟悉各人的品性。倘各不相知，那职司的分配和案情的裁断两者都不免有所失误。"(《政治学》1326b15) 亚里士多德支持"熟人社会"的观念。我们一般认为熟人之间容易产生爱憎的情感，这种情感会影响他们评判的公正性。但是亚里士多德却认为只有公民之间相互熟悉，他们在判断案例时才会公正。因为同一件事情，不同的人做出来，其动机和目的不同，案件的性质也不同。因为动机是首要的，动机决定了事件的性质。所以评判事件或者个人就需要以对他的性格德性的熟悉为前提。如果我们不熟悉当事人，我们就会根据一般的司法标准来评判，这种评判可能并不"合情合理"，也不一定完全合乎事实本身。柏拉图也支持熟人社会的理想。他认为熟人社会可以保持较高的道德水平，因为公民之间相互熟悉，他们会相互监督，会因为羞耻感而不作奸犯科。如果人和人之间相互不熟悉，那么他们就可能无所顾忌，为所欲为。老子也推崇小国寡民思想，可以说，这种观点并不像一般人认为的那么一无是处。现代社会则竭力排除熟人之间的相互包庇等问题，在司法程序上也有亲人回避制度。这表明，现代人更惧怕情感的自私性，也更不相信理性和公正。

亚里士多德接下来讨论国土问题。国境的大小或面积应当以足使它的居民能够过闲暇的生活为标准，使一切产物供应宽裕，但仍须节制，不能过于富足而导致奢靡。在地理位置方面，城邦的位置应该是敌军难于进入，而居民却易外出的。城邦也应是一个商业中心，具有便利的运输，使粮食、木材以及境内所产原料都易于集散。在进出口方面，凡输入的商货一定是本邦所不生产的物品，输出的商货一定是本邦生产有余的物品。从事贸易应以本邦的利益而不以他邦的利益为主。这些观念都非常朴实，也合乎古典哲学对于理想城邦的设想。

亚里士多德还提出了地理环境决定论。"寒冷地区的人民通常精神充足，富于热忱，欧罗巴各族尤甚，但是大都绌于技巧而缺少理解；他们因此能长久保持其自由而从未培养好治理他人的才德，所以政治方面的功业总无足称道。亚细亚的人民多擅长机巧，深于理解，但精神卑弱，热忱不足；所以，他们往往屈从于人而为臣民，甚至会沦为奴隶。惟独希腊各种姓，在地理位置上既处于两大陆之间，其秉性也兼有了两者的品质。他们既具有热忱，也具有理智；精神健旺，所以能永保自由，对于政治也得到高度的发展；倘使各种姓一旦能统一于一个政体之内，他们就能治理世上所有其他民族了。在希腊和非希腊人之间，这种禀性的差别也可以在希腊各种姓之间见到它的端倪，有些希腊人或者偏于热忱或者偏于理智，另些却正兼有两种品质。"(《政治学》1327b25) 这一段话体现了亚里士多德对环境和经验因素的重视。这种观点即使在今天也仍然是适用的。正如所谓"一方水土养一方人"，不同的地理因素确实会给居民的性格产生影响。一个政治家应该考虑到当地人民的民风民俗，才能进行合宜的统治。当然，我们也不能过于看重地理环境的因素。不论生活在什么样的环境中，人性对于善的追求是不变的,我们对智慧的热爱和追求也应该是不变的。我们绝不仅仅是地理环境的产物。

接下来,亚里士多德讨论了城邦赖以存在的其他要素,例如粮食、工艺、武装、财富、祭祀、立法司法部门。这样,城邦内应当有若干农民、工匠、武装部队、有产阶级、祭司、一个有利于裁决公众要务并听断私事的团体。工匠等人不能列入公民之列。因为理想政体应该是城邦凭以实现最大幸福的政体,组成理想政体的人民应是高尚和正义的人们,而不是自称正义的人们。"按照理想城邦的原则,显然会导致这样的结论:幸福基于善德,在一个城邦的诸分子中,倘使只有一部分具备善德,就不能称为幸福之邦,必须全体公民全都快乐的城邦才能达到真正幸福的境地。"(《政治学》1329a25)另外,军队和审议公务并听断私事的团体都是城邦的主要部门。可行的办法是将理想城邦的军事和议事权力托付给年龄高低的两组的人们,年轻人承担军事活动,而老年人从事审议活动,这样最为合宜。至于神职人员,亚里士多德认为农工阶级都不得受任神职,祭司"应由高年组中老迈的人们来担任,他们年近迟暮,倦于津梁,恰好在这里觅得了安息并寄托其后世的思念"(《政治学》1329a30)。①

亚里士多德继续讨论理想城邦的土地的分配,城墙的建造,公共食堂、庙宇、广场、健身房、市场等具体问题。在此不再赘述。综上所述,首先,城邦的物质财富应该是富足的,不应该引起一些不必要的争端。虽然全人类的目的都追求物质

---

① 这里是亚里士多德唯一谈到神职人员的地方。亚里士多德的城邦并不是一个"神圣的城邦"。

的富足或者幸福，但并不是所有人都能够如愿以偿。有些人的行为足以实现他们的目的。另一些人虽然向往，但终于不能达到目的，或由于天赋薄弱，或由于遭际艰难。另一些人则一开始就弄错了宗旨，他们虽然行为卓越，可以有所造诣，可一切才情都投入了错误的途径。他还认为凡才德优美的人，对于身外的需求肯定轻微，要是天赋不充，就不能不对财物多所借重。① 虽然人民通过德性的教育可以安贫乐道，但还是富足一些更为可取。

其次，亚里士多德讨论理想城邦的公民的道德品质问题。和物质财富相比，城邦的幸福更依赖于个人的善德。真正的善德必须是发自内心的理性的自律，而不是依赖外在的法律的强制。他认为："幸福为善行的极致和善德的完全实现，这种实现是出于'本然'而不需任何'假设的'。我所说有待'假设'，意思为其人其事必须获得相关条件〔而后才可成善〕；所说出于'本然'则一定自具备内善，不必外求〔而径可成善〕。"(《政治学》1332a10) 也就是说，幸福并不是和美德对立的，幸福就是善德的实现。所以善德并不是幸福的手段，善德本身就是值得追求的。而真正的善德是出于理性的自律。一个真正善良而快乐的人，其本性的善就是绝对的善。正如孟子所说："仁义礼智，非由外铄我也，我固有之也。"只有从自己的本性中出发，才能逐渐发展出真正的美德。

亚里士多德指出，如果外在财富的获得依赖于命运，而善德是个人的努力可以达到的。"外物的丰啬既寄托于命运，在

---

① 他的这句话和庄子的"嗜欲深者天机浅"的观点非常一致。可见"英雄所见略同"。

命运成为主宰的范围以内,我们就只能进行虔诚的祈祷。至于城邦的善德却是另一回事:这里我们脱离了命运的管辖,进入人类知识和意志的境界〔在这个境界内,立法家就可以运用他的本领了〕。一个城邦,一定要参预政事的公民具有善德,才可能成为善邦。在我们这个城邦中,全体公民对政治人人有责〔因此应该个个都是善人〕。那么我们就得认真考虑每一公民如何才能成为善人。所有公民并不个个为善的城邦,也许可能集体地显示为一善邦。但是,倘若个个公民都是善人这就必然更为优胜。全体的善德一定内涵各个个别的善德。"(《政治学》1332a30)亚里士多德非常重视公民的道德品质。公民的道德素质对于城邦的高贵生活至关重要。公民的善德本质上依赖于自己的进德修业,和外在条件没有直接关系。不论外在条件如何,我们都应该追求善德。借口外在条件而不追求善德,是不合理的。正如孔子所说:"三军可夺帅也,匹夫不可夺志也。""我欲仁,斯仁至矣。"

接下来,他考察了善德养成的基本条件。"人们要所以入德成善者出于三端。这三端为〔出生所禀的〕天赋,〔日后所养成的〕习惯,及〔其内在的〕理性。"(《政治学》1332a35)就天赋方面,有的人好一些,有的人差一些,这些都不是人力可为的。对于天赋高的人尤其应该注意进行教育和培养,否则其祸害可能更大。就习惯而言,所谓"习惯成自然"。人类的某些自然天赋一开始可能不起作用,但是通过后天的训练和习惯,就可能成为显著的能力。或者习于向善,或惯常从恶。所谓"性相近习相远"。最后,就人类的理性而言,理性是人类所独有的,也是最重要的。他认为人类对此三端必须达到其相互间的和谐,方可乐生遂性。三者之间若是不相和谐,宁可违背天赋和习惯,而依从理性,把理性作为行为的准则。理性的自律是人的善德的根本所在。正如孟子所说:"人之所不学而能者,其良能也;所不虑而知者,其良知也。孩提之童无不知爱其亲者,及其长也,无不知敬其兄也。亲亲,仁也;敬长,义也;无他,达之天下也。"(《孟子·尽心上》)

一个城邦不应该以外物的为善作为人生最重要的善物,而应该重视内在的善德。亚里士多德所认可的美德是柏拉图推崇的四主德,即正义、勇敢、节制和智慧。一个城邦也应该具有这些品德。"一个城邦应该具备节制的品德,而且还须具备勇毅和坚忍的品德。人们若不能以勇毅面对危难,就会沦为入侵者的奴隶〔于是他们就再也不会有闲暇了〕。勇毅和坚忍为繁忙活动所需的品德;智慧为闲暇活动所需的品德;节制与正义则在战争与和平时代及繁忙和闲暇中两皆需要,而尤重于和平与闲暇。"(《政治学》1334a25)在战争时期,人们常常自觉地接受约束,而依从正义。战争时期的人民也更加容易具备勇敢的美德。等到和平降临,社会趋于繁荣,共享闲暇,大家又往往流于放纵了。节制和正义又是最为需要的。而智慧则是所有这些美德的根本。智慧是体,美德是用。没有智慧,就没有真正的美德。一个希求幸福和善业的城邦,必须具备这些品德。

综上所述,亚里士多德一方面强调小国寡民的思想,一方面重视城邦的德行。一般认为在亚历山大吞并了古希腊城邦以后,希腊城邦就变为了大帝国的城市,其独立性和自由精神消失了。所以亚里士多德的小国寡民的城邦制理想被历史淘汰了。但是我们要看到,小国寡民的正当性是不能以历史性来衡量的。其中蕴含着柏拉图和亚里士多德对人性的观察和对幸福的思考。在小国寡民的城邦中,人民的物质欲望是很低的,比较容易满足,所以人民就能够知足少欲,这样更加能够获得幸福。在大国家中,人人都互不相识,其道德感和幸福感不可能很高。可以说,小国寡民可以维持最高的幸福感和道德感。这是我们应该重视小国寡民思想的原因。我们不应该对小国寡民的政治理想嗤之以鼻,认为是过时的或者低级的。老子和庄子也都推崇小国寡民。正如老子所说:"不尚贤,使民不争;不贵难得之货,使民不为盗;不见可欲,使民心不乱。是以圣人之治,虚其心,实其腹;弱其志,强其骨。常使民无知无欲。使夫知不敢弗为而已,则无不治。""小邦寡民。使有什伯之器而不用;使民重死而不远徙。虽有舟舆,无所乘之;虽有甲兵,无所陈之。使民复结绳而用之。甘其食,美其服,安其居,乐其俗。邻邦相望,鸡犬之声相闻,民至老死,不相往来。"当然,这种生活状态更多和柏拉图在《理想国》中设想的"猪的城邦"比较接近。它虽然可以说是"健康的城邦",但并不是"高尚的城邦"。柏拉图的城邦是蕴含了哲学生活的城邦。同样,亚里士多德的城邦也是包含了哲学生活的城邦,而小国寡民则可能没有哲学生活。没有哲学生活的城邦生活就不是优良和美好的生活。这是柏拉图和亚里士多德对美好生活的基本观点。

3. 教育问题

亚里士多德接下来开始讨论理想城邦的公民道德教育问题。在教育问题上,亚里士多德根据他的灵魂论把教育划分为三个部分:体育、德育、智育。其中体育是基础,智育是最终的目的。公民的灵魂要得到健康的完善的发展,就必须在不同阶段进行恰当的教育和训练。

教育是公民的人格完善的必要途径。习惯和理性是培养人生诸善德的根基,这两方面的训导方式必须尽量地互相协调,否则,不仅理性无由发扬最优良的宗旨,而经过训练所养成的习惯也将显出缺憾。"操修理性而运用思想正是人生至高的目的。因此,我们首先应以理性与思想,调节公民们的生育(婚配)和习惯的训练。其次,人们都区分有灵魂和躯体两者,其灵魂又可分成非理性和理性两个部分;相应地人们都有两种境界,即情欲境界与玄想境界。就创生的程序而言,躯体先于灵魂,灵魂的非理性部分先于理性部分。情欲的一切征象,如忿怒、爱恶和欲望,人们从开始其生命的历程,便显见于孩提;而辨解与思想的机能则按照常例,须等待其长成,岁月既增,然后日渐发展:这些可以证见身心发育的程序。于是,我们的结论就应是:首先要注意儿童的身体,挨次而留心他们的情欲境界,然后才及于他们的灵魂。但是,恰似对于身体的维护,必须以有造于灵魂为目标,训导他们的情欲,也必须以有益于思想为目的。"(《政治学》1334b15)因此他认为政治家在制定法律时,须注意两个要点:第一,他必须顾及灵魂的各个部分及其各种操行;在这个范围内,他须着重于较高较优的理性部分,并着重于所企求的目的。第二,他须顾虑到人类生活的各个部分及其各项事业,并且分别本末和先后。城邦的公民既要有任劳和作战的能力,也要善于闲暇与和平的生活。他们既能够完成必需而实用的事业,也擅长于完成种种善业。这就是在教育制度上所应树立的宗旨,这些宗旨普遍适用于儿童期,以及成年前后仍需要教导的其他各期。

从第十六章以下,亚里士多德开始讨论婚姻法、生育法和教育法。

在婚姻法方面,他认为立法者应该考虑配偶双方的年龄和他们的品质,必须考虑夫妇各自的与共同的生命分期,把他们生育年龄的起讫作成适当的配合,务使双方的生理机能在这个时期足以相匹。按照他的算法,男女之间相差二十岁比较合适。接下来他还讨论了婚嫁即生殖的季节问题,以及不同的体质和儿童的喂养等问题。

然后,他开始讨论儿童的教育问题。从婴孩期末到五岁止的儿童期内,不可教他们任何功课,或从事任何强迫的劳作,避免对他们身心的发育有所妨碍。但在这个阶段,他们应该进行某些活动,例如游戏或其他的娱乐方式,使他们的肢体不致呆滞或孱弱。儿童游戏要既不流于卑鄙,又不致劳累,也不内涵柔靡的情调。负责的官员应注意选定一些故事或者传奇,为他们日后应该努力的事业和任务做准备,使他们的活动成为对自由人各种事业和任务的模仿。

亚里士多德认为,立法家的首要责任应当是在全邦杜绝一切秽亵的语言。人在幼年时,务使他隔离于任何下流的事物,凡是能引致邪恶性情的各种表演都应禁止,以防微杜渐,勿令耳濡目染。七岁以下儿童的训导都在家庭中施行。因为这个时期容易熏染,任何卑鄙的见闻都有可能使儿童养成不良的恶习。教育监导应注意不要让儿童在奴隶们之间消遣光阴。人假如轻率地口出恶言,他就离恶行不远了。凡是不顾一切禁令,仍然发作秽亵的语言和举动的人,必须给以相应的惩罚。也应该杜绝秽亵的图画展览和秽亵的戏剧表演。执政人员视察全邦的雕塑和图画,不让它们描摹任何秽亵的形象。

接下来的教育分作两个时期,从七岁至发情为少年期,自发情到21岁为青年期。其基本原则就是:"在教育儿童时,我们当然应先将功夫用在他们的习惯方面,然后再及于理性方面,我们必须首先训练其身体,然后启发其理智。"(《政治学》1338b5)大概来说,儿童7～14岁之间进行体育锻炼。在发情年龄以前的儿童应教以轻便的体操;有碍生理发育的剧烈运动与严格的饮食限制都不适宜。早期的过度锻炼所遗留的恶劣影响是十分深刻的。14岁以后的少年学习读写和乐歌。在这一部分,亚里士多德讨论了三个论题:第一,应否给儿童教育制定若干规程;第二,儿童(少年)教育究竟应该由城邦负责,还是由私家各自料理;第三,这些教育规程应有怎样的性质与内容。

对于第一个问题,亚里士多德认为教育与政体有密切关系。在第八卷开头,亚里士多德指出:"大家应当一致同意,少年的教育为立法家最应关心的事业。[这种论断具有两个理由:一,]邦国若忽视教育,其政制必将毁损。一个城邦应常常教导公民们使能适应本邦的政治体系[及其生活方式]。同某些目的相符的[全邦公众的政治]性格原来为当初建立政体的原因,亦即为随后维护这个政体的实力。平民主义的性格创建了平民政体并维护着平民政体;寡头主义的性格创建了寡头政体并维护着寡头政体;政体随人民性格的高下而有差别,必须其性格较高而后可以缔造较高的政治制度。[二,]又,人要使用每一种机能或每一种技术,必须先行训练并经过相当的复习,使各自为之适应。那么,他们在作为一个城邦的分子以前,也必须先行训练和适应而后才能从事公民所应该实践的善业。"(《政治学》1337a10)因此,教育对于城邦而言是最重要的。柏拉图在《法律篇》中也曾经说,教育部门是最重要的,其他部门可有可无。所谓"政者,正也"。"人存政举,人亡政息。"政治的主要工作就是教育,忽视了道德人格的教育,城邦也就危在旦夕了。

对于第二个问题，亚里士多德认为一个城邦具有共同的目的和利益，所以全体公民当然应该遵循同一种教育体系，规划这种体系是公众的职责。我们不应认为任何公民能私有其本身，任何公民都应为城邦所公有。每一个公民都是城邦的一个部分。所以，任何对于个别部分的照顾必须符合于全体所受的照顾。否则，把教育作为各家的私事，父亲各自照看其子女，各授以自己认为有益的教诲，这样是不合适的。

对于第三个问题，亚里士多德认为当今各家对于儿童所应学习的题材，各有不同的观念。教育究竟应偏重于理智还是偏重于道德性格或者情操，大家往往也含糊不清，各行其是，迷离恍惚，无可折中。没人知道立法家们的方针是注意人生实用的业务，或者专心于善德的操修，或志在促进一切卓越的智能。

亚里士多德首先指出，儿童学习的知识应该分为适宜与不适宜于自由人的两类。儿童可以学习一些有用而确属必需的课目，但要注意勿使形成工匠的卑陋的习性。"任何职业，工技或者学课，凡可影响一个自由人的身体。灵魂或心理，使之降格却不复适合于善德的操修者，都属'卑陋'；因此那些有害于人们身体的工艺或技术，以及一切受人雇佣、赚取金钱、劳悴并堕坏意志的活计，我们就称为'卑陋的'行当。"（《政治学》1337b10）同样，在适合自由人学习的各种课目中，有一些也应该作某种程度的限制。如果这些课目过度地着意用力，以求擅精，也会像以上工技那样妨碍身心。"人或有所实践或有所学习，我们当凭其功用而论其高卑。人们所行或所学如果是为了自身的需要，或者是为了朋友，或是为了助成善德的培养,这不能说是非自由人的作业;可相同的作业,要是依从他人的要求而一再操作,这就未免太鄙贱而近乎奴性了。"(《政治学》1337b15)因此,亚里士多德讨论教育的宗旨是始终以维护和发展自由人的善德为目的。一切奴性的习惯和学习都是需要加以警惕和避免的。

接下来,亚里士多德开始讨论教育的具体科目问题。基础课目是四门,即读写、体操、绘画和音乐。读写在人生许多实务上可以得到效用,体操可借以培养勇毅的品德。关于音乐训练的目的何在,人们往往迷惑而争执。因为音乐不是一种必需品。音乐对于实务没什么直接效用,也不像体操那样有益于健康,并能增进战斗力量。在他看来,如果我们做任何事情都考虑是不是有用有利,那就未免混有奴性的精神。"事事必求实用是不符合于豁达的胸襟和自由的精神的。"(《政治学》1138b)接下来,亚里士多德着重讨论了音乐教育的问题。

一般来说,音乐有三种作用。有些人认为音乐的作用只是娱乐和憩息。另一种认为音乐可以陶冶我们的性情,以便对于人生的欢愉能够有恰当的感应,因此把音乐看作某种培养善德的功课。第三种认为音乐有益于心灵的操修并足够助长理智。他指出,如今人们研习音乐,目的大都在于娱乐。但是在从前,音乐具有比较高尚的意义。第一个,音乐和人的闲暇有关。我们全部生活的目的应是操持闲暇。勤劳与闲暇的确都是必需的,但闲暇比勤劳更高尚。人生所以不怕繁忙,其目的正是在获致闲暇。那么,在闲暇的时候,我们不应该以游嬉消遣闲暇。游嬉可以使紧张的身心得到弛懈,引起轻舒愉悦的情绪,消除大家的疲劳。但是,闲暇却是另一回事。闲暇有其内在的快乐与幸福。这些内在的快乐只有闲暇的人才能体会。唯有安闲的快乐才是完全没有痛苦的快乐。如果一个人一生勤劳,他就永远不能领会这样的快乐。人当繁忙时,总是在追逐某些尚未完成的事业。但幸福才是人生的止境:"对于和幸福相谐和的快乐的本质,各人的认识各不相同。人们各以自己的品格(习性)估量快乐的本质,只有善德最大的人,感受最高尚的本源,才能拥有最高尚的快乐。"(《政治学》1338a5)"那些使人从事勤劳的实用课目虽然也是必需的,但是这些活动都是被外物所役使,只可视为遂生达命的手段。所以祖先把音乐作为教育的一门。"(《政治学》1338a10)第二,音乐和人的理性有关。凡有关闲暇的课目都出于自主而切合人生的目的,音乐是专以教授和学习操持闲暇的理性活动。"音乐的价值就只在操持闲暇的理性活动。当初音乐的被列入教育课目,显然是由于这个原因:这确实是自由人所以操修于安闲的一种本领。"(《政治学》1338a20)因为音乐是和节律、比例等数学因素相关的,所以学习音乐可以增进人的理性活动。而理性是人的最重要的能力。而且音乐对我们的性格和灵魂有所影响,可以培养我们的善德。善德原在养成快乐的感觉和确当的爱憎。

在乐歌或者作曲方面,亚里士多德认为:"乐调的本性各异,听乐者聆受不同的乐调被激发不同的感应。"有些曲调令人情惨志郁,有的流于柔靡的曲调,听者常常因此心舒意缓。有的曲调能令人神凝气和。"有关乐调的原理,对各种韵律(节奏)说来,亦属适宜。有些韵律,性质比较安静;另一些则颇为动荡;动荡的韵律,又有适于俚俗与适于自由人举止之分,也就是鄙贱和高尚之分。由上述这些论证,我们阐述了音乐确实有陶冶性情的功能。"(《政治学》1340b10)他认为音乐根据旋律可以区别为培养品德、鼓励行动和激发热忱的三种基本音节，音乐应该兼顾几种利益，不该偏重任何单独的利益。他认为，在《理想国》里，苏格拉底在杜里调外只选取茀里季调是错误的，万事都是过犹不及，我们应该遵循两个极端之间的中庸之道。杜里调正是诸调间的中调。在少年们的音乐教育中应用杜里调的音节与歌词最相宜。"对儿童们，凡内含有益的教训并可培养秩序的曲调就应一律教授；而吕第亚调则两者兼胜，尤为相宜。如此，音乐教育当然应该要求符合三项标准——中庸标准、可能标准和适当标准。"(《政治学》1342b30)

亚里士多德反对儿童学习演奏音乐。"我们就乐器及其所需的技巧而说，实在应摒弃任何专业的训练方式。所谓职业训练，其本意就在使学徒们可以参加演奏竞赛。在公开演奏中，乐人的操作并不刻意在自己身心的修养，而专门取悦于他们面前庸俗的听众，这些听众实际上追逐着一些鄙薄的欢娱。因此我们认为登场演奏，总是佣工（乐工）的能事，不是自由人的本分。而且演奏者自身也会在剧场中渐渐趋向俚俗。他们［为取悦听众而］从事乐艺的宗旨原来已卑下，而听众的俚俗又往往令乐艺降格；于是艺人们为投听众所好，就不仅淹没了自己的心志，连自己的身体也不得不按照时尚的兴趣而忸怩作态了。"(《政治学》1341b10)在他看来。学习演奏音乐会让人脱离自由人的教育，成为技师一样的卑贱的人。这段话对我们现代的音乐教育有一定的警示作用。当代的音乐教育已经成为竞争的手段，丧失了音乐应有的教育功能。

亚里士多德在《政治学》中关于教育问题的讨论没有完成，后面的内容我们就不得而知了。但是其目标都是培养自由而高贵的公民的道德人格。当然，进一步的教育还应该包含更高的哲学教育，正如柏拉图在《理想国》中讨论的哲学教育一样。总之,《政治学》最后指向《伦理学》。《政治学》是《伦理学》的补充。政治的目的就是培养人的高尚的道德。只有高尚的人才能过高尚的生活,才能建立高尚的城邦。只有高尚的城邦才是美好的、幸福的城邦。

亚里士多德关于教育的设想和我国儒家传统教育非常相似。儒家教育的内容是礼、乐、射、御、书、数等六艺。书和数类似于读写,射、御相当于体育,礼是日常行为规范,乐就是音乐教育。孔子很重视诗教、乐教、礼教。他认为人之学应"兴于诗,立于礼,成于乐"。孔子对音乐的表现力、感染力有着深刻的认识,以音乐为其学习的最终目标。例如在齐闻韶后,他认为韶乐达到了尽善尽美的境界,感慨道:"不图为乐之至于斯也。"他听鲁国乐师挚的演奏说:"关雎之乱,洋洋乎盈耳哉!"他批评"郑声淫","恶郑声之乱雅乐也"。他认为《武》乐显露杀伐之气,"尽美矣,未尽善也"。孔子论《诗》常与乐相提并论。《礼记·仲尼燕居》载:"礼也者,理也;乐也者,节也。君子无礼不动,无节不作。不能诗,于礼缪;不能乐,于礼素;薄于德,于礼虚。"孔子培养学生,就是以仁德为纲领,以六艺为基本,目标就是使学生的理想和情感能够得到全面均衡的发展。正如《论语》中说:"志于道,据于德,依于仁,游于艺。"《礼记·学记》也说:"不兴其艺,不能乐学。故君子之于学也,藏焉,修焉,息焉,游焉。夫然,故安其学而亲其师,乐其及而信其道,是以虽离师辅而不反也。"这种观点和亚里士多德的观点有异曲同工之妙。

亚里士多德的理想国和柏拉图的理想国也是一致的。他们的理想国都是建立在自由人和工匠/奴隶的划分的基础上的。统治者必须是自由人。自由人是免除了生存的困扰的人,自由人是高贵而美善的人。柏拉图的理想国也是一个共和国,因为他的哲人王也是一个群体性概念,也具有轮流执政的含义。不同点在于,亚里士多德设想的自由人概念或者公民概念不如柏拉图设想的护卫者概念那样彻底和严格。亚里士多德没有提出共产共妻的原则。他的政治哲学设想似乎更加现实和温和。当然,柏拉图对自由人的定义应该是更加合理的,如果一个人不能以理性控制自己的情欲,他就不能称为自由人,也就不能以"天下为公"的精神参政议政。

我们还可以把亚里士多德的理想国和康德的理想国进行比较。康德和亚里士多德的道德理想国都是平等主义的,都是自由人的联合体。但是康德的平等主义是普遍的包含每个人的平等主义,亚里士多德的平等主义是建立在自由人和奴隶的划分的基础上的。亚里士多德的平等主义是自由人之间的平等主义。康德和亚里士多德的理想国都是理性主义的,康德的理性主义是排斥情感和欲望的理性主义,他不承认情感的道德意义,而亚里士多德的理性主义是以理性引导情欲的理性主义,是理性和情欲达到和谐状态的理性主义。康德和亚里士多德的理想国都是自由主义的。康德的自由主义是一种先验的理性的自由理念,而亚里士多德的自由是达到了理性和情欲的和谐状态的自由。所以他们之间的差异是非常明显的。

综上所述,亚里士多德的伦理学和政治学的目的都是培养"自由而高贵"的人格。这种人格是理性和情感的和谐。理性主导情感和欲望,就是实践理性的本质和目的。人格教育是建立在对人的自然的认识之上的。自然高于文明。教育必须因势利导,因材施教,不能违背人性的自然。"教育的目的及其作用有如一般的艺术,原来就在仿效自然,并对自然的任何缺漏加以殷勤的补缀而已。"(《政治学》1337a)他对于自然的自由人和奴隶的划分是决定性的。对于生存、生计的超越不是依靠生产力的发展和物质财富的巨大丰富得到的,而是蕴含在天生的自由人的人格中的。如果我们忽视了这种人性的自然等级差异,就无法建立自由而高贵的人格教育。如果认为所有人都可以和应该成为自由人,都应该按照自由人的标准来要求和培养,就可能导致自由人理想的彻底丧失和普遍的人性灾难。这正是现代平等主义和自由主义的混乱之源。

现代哲学大多以利己主义为根本,认为人性是自私的,自私是合乎自然的。追求个人的名利也就是天经地义、理所当然的。我们不再认为名利是低贱的,不值得追求的。人生仿佛除了追求名利,就没有任何其他目标了。我们不再致力于培养古典哲学意义上的"高贵而自由"的人。亚里士多德告诉我们,人生在世,还有闲暇,还有理性,还有自由而高贵的生活。他设想了一个道德理想国,这个国家的目标是实现高贵而自由的生活。

虽然亚里士多德认为教育应该和国家的政体保持一致,但是他并不是一味地维护国家的利益。他强调公民人格对国家政体的独立性和自由性。如果公民教育完全局限在国家利益和意识形态范围内,那么就不可能存在真正的人格教育。虽然现代国家也强调公民的教育,但是这种教育是完全服务于国家利益的。从马基雅维利开始,现代政治生活和美德脱离了关系,政治本身成为一种无关美德和价值的"技术"。但是政治生活是不可能排除道德问题的。正如施特劳斯指出的:"政治生活需要卓越或者德行,柏拉图以此为起点并且遵循着德行的辩证法:我们会持有任何德行的观念,不论它多么低贱和狭隘(并且没有哪种政治生活不带有这些观念）。"①

当前人类的政治生活中，亚里士多德追求的高贵与自由的人格教育已经越来越远。权力、资本和技术已经成为最强大的三种统治力量。权力、资本和技术的结盟导致现代政治生活变得无比残酷。现代政治科学的方法论主义进一步助长了这种状态。现代政治科学不再关心具体的善恶问题，它力图保持对一切价值的中立和客观，以显示自己的真理性或者超越性。但是这种中立和客观是虚假的。它本质上是以对当代政治体制和价值观的无条件认同为前提的。但是它对这个基础和前提一无所知或者漠不关心，因此现代政治科学已经丧失了改善政治生活的作用和能力。所以对于古典政治哲学的回顾是我们反思和改善当代政治生活的唯一途径。

---

① 施特劳斯：《修昔底德：政治史学的意义》，载刘小枫、陈少明主编《修昔底德的春秋笔法》，华夏出版社，2007，第29页。

第四章 理论理性和哲学生活

理论理性不像技术理性那样被情欲控制，也不像实践理性那样试图控制情欲，理论理性是在自身的活动中的，和情欲没有直接关系。但是这并不意味着理论理性和情欲活动没有任何关系，理论理性的活动仍然伴随情欲的活动。正如实践理性可以直接产生快乐，理论理性也可以直接产生快乐。而且这种快乐是最纯粹、最深刻、最真实的。这就是哲学生活中的至乐。正如柏拉图在《会饮》《斐德若》中曾经揭示的，理论理性中的至乐不是一般人能够体验到的。

按照亚里士多德的观点，理论科学包括物理学（自然哲学）、数学和形而上学（神学）。具体而言，理论理性的认识对象包含自然问题、本体问题和至善问题三个对象。理论理性的思维方式包括了逻辑理性、辩证理性和直观理性三种形式。因为理论理性研究的是高于人类的对象，所以理论理性高于实践理性。理论科学是最高的科学。

第一节 沉思的对象

亚里士多德关于三种理论学术的划分是根据研究对象而划分的。"因为专研实是之为实是的学术是能够独立的一门学术，我们必须考虑到这门学术与物学相同抑相异。物学所讨论的是自身具有动变原理的事物；数学是理论学术，讨论静止事物，但数学对象不能离事物而独立存在。那么异乎这两门学术，必是专研那些独立存在而不动变事物的学术，这样性质的一类本体，我们以后将试为证明其实存于世间。世上若真有这样一类的实是，这里就该是神之所在而成为第一个最基本的原理。于是显然，理论学术有三——物学，数学，神学；理论学术为学术所共尊尚，神学尤为理论学术所共尊尚；每门学术各因其所研究对象之高卑为优劣，而神学所探索者，固为世上最崇高的存在，是以优于一切学术。"(《形而上学》1064a30—b5) 物理学或者自然哲学研究的是自然现象。自然现象的特征就是变化。数学研究的对象是数或者几何，其特征是虽然具有独立性，但是并不能够离开具体事物而存在。形而上学或者神学则研究永恒独立而不变的事物。

换言之，如果理性本身是同一，根据研究的对象不同，理性的运用就可以分为多种形式。一切科学研究的高低等级是根据研究对象的高低等级而确定的。而研究对象的高低又是根据这个对象自身的永恒性和独立性确定的。越是具有永恒性和独立性的对象也就越是高级，而越是不具有永恒性和独立性的对象就越是低级。[①] 因此，亚里士多德确定了物理学、数学和形而上学-神学的等级体系。他为什么采取这种标准呢？因为哲学是爱智慧，而智慧是和永恒不变的对象相关的，对变化的对象的认识只是意见。在古希腊哲人看来，我们只有认识了永恒不变的对象，才能认识变化的对象。这本身就是一种重要的智慧。否定了永恒不变的事物的存在，也就是否定了哲学。现代

---

① 舍勒在建立价值的等级体系时也是采取了这种标准。

哲学已经不再相信存在永恒不变的事物,流变或者生成之物成为了哲学研究的对象。这也就意味着哲学的"终结"。

在此,我们把理论理性的研究对象分为自然、本体(实体)和至善。数是数学的研究对象,数学对象是一个过渡性的对象,所以我们把数学对象排除了。本体和至善当然在很多方面是一致的,但是为了突出至善问题的重要性,我们在此单独列出至善问题。离开了至善问题,我们是不可能理解古典哲学的。

一、自然问题

自然(*physis*)是哲学的最初认识对象。哲学诞生之初是以自然为研究对象的。前苏格拉底哲学被称为自然哲学。在他们看来,自然高于人类。人类是自然的一部分,只有认识整体才能认识部分。所以早期哲学家都把目光转向自然宇宙整体。正如施特劳斯指出的:"发现自然乃是哲学的工作。不存在哲学的地方,也就不存在自然正确这样的知识。"[1] 人是政治的动物,人的成长和发展过程是接受文明教化的过程。这种文明教化是以宗教、法律、习俗等为内容的。这些内容包含了特定的人生观和世界观。这些人生观和世界观就成为我们认识和理解世界的标准。大多数人并不会怀疑这些标准。但是某些人在某些情况下会开始怀疑人生。于是原先的价值观动摇了,他们

---

[1] 施特劳斯:《自然权利与历史》,彭刚译,生活·读书·新知三联书店,2006,第82页。

不得不寻求新的价值观和真理。这样，哲人就抛弃了传统习俗的价值观，试图从更高的自然中寻找答案。哲学就始于对传统价值观和世界观的怀疑和否定。"自然之发现就等于是对人类的某种可能性的确定，至少按照此种可能性的自我解释，它乃是超历史、超社会、超道德和超宗教的。"① 与人类事物相比，自然更加具有永恒性和独立性。对自然的研究才能使人真正获得智慧。为了不陷入虚无主义或者怀疑主义，哲人就需要寻找更高的标准和权威。这个对象就是自然。对自然的发现使人类在祖传权威和正确之外发现了另外的权威和正确。这种"自然正确"为人类提供了新的可能性。"原先，最好的权威是祖传的。经由自然的发现，基于祖传而要求权利的路数被连根拔起。哲学由诉诸祖传的转而诉诸好的——那本质上就是好的，那由其本性〔自然〕就是好的。"②

在古典时期，苏格拉底和柏拉图把哲学的研究重点转向人事。也就是通常所说的"苏格拉底把哲学从天上拉回到人间"。这是他们的哲学革命。他们认为不认识人事，就不能认识自然（天道）。因为研究人事是认识天道的入口。施特劳斯指出："人或政治是通向万物的线索，是通向自然之整全的线索，因为它们连接或结合了最高的与最低的，或者说，因为人是小宇宙，或者说，因为人或政治事物和它们的对应物是最高原则显现自身的形式。"③ 正如儒家所谓的"推人事以明天道"，庄子

---

① 施特劳斯：《自然权利与历史》，彭刚译，生活·读书·新知三联书店，2006，第 90 页。
② 同上书，第 92 页。
③ 施特劳斯：《苏格拉底问题六讲》，载刘小枫、陈少明主编《苏格拉底问题》，华夏出版社，2005，第 41 页。

所谓的"天道远，人道迩"。而柏拉图讲述的泰勒斯落入水井的传说也包含了这个含义。他们通过对人事的研究开创了哲学目的论和政治哲学。亚里士多德当然继承了他们的哲学革命，但是他的思考显得更加温和。因为他已经非常熟悉和接受了这些哲学思想。他的哲学都是建立在苏格拉底和柏拉图的哲学思想的基础上的。

亚里士多德对自然的研究可以分为两个方面。一个是复数意义上的自然（natures），这个自然的研究包括《天象学》《动物之构造》《动物之运动》《动物志》，和他相关的《论感觉和被感觉的》《论记忆》《论睡眠》等等。不同事物有各种不同的自然。例如人的自然不是马的自然。这个自然类似于柏拉图的理念。这些自然哲学研究是分门别类的，类似于现代的科学研究。另一个是单数意义上的自然（nature）。这个自然是指整体意义上的自然，即"作为自然的自然"。我们也可以称之为"宇宙"（cosmos）。《物理学》研究的就是单数的"作为自然的自然"。两种自然的关系是作为自然的自然产生了复数的自然。"自然是非人类所创造的一切事物的源头。为了说明复数理解中的'自然'和单数意义上的'自然'，你们或许会说，自然（nature）是各种自然（natures）的源头。"[①] 如果事物的自然就是其目的，目的就是一个事物的完成，是事物的最圆满的状态，那么单数意义上的自然可以理解为至善。

我们重点讨论亚里士多德《物理学》中的自然观，即单数意义上的自然。他认为自然的概念是多义的。在第二卷中，他

---

① 施特劳斯：《古典政治哲学引论——亚里士多德〈政治学〉讲疏（1965年）》，娄林译，华东师范大学出版社，2018，第63页。

讨论了自然的概念和四因说。自然有四重含义，也就是所谓的"四因"。自然哲学家应该研究四因。

　　首先，亚里士多德认为自然的存在是自明的，无需证明。"想要证明自然这东西的存在是幼稚可笑的。因为明摆着有许多这类的事物实际存在着。反而想用不明白的来证明已明白的，表明这种人不能辨别自明的东西和不自明的东西。"(《物理学》193a5) 这也是古希腊哲学的基本前提。自然是永恒存在的，无始无终，并且存在必然的规律性，因此是人可以认识的。这种自明性类似于胡塞尔对感觉的自明性。因为哲学是对智慧的追求，它的开端必须是毫无疑问的，即是自明的。但是感知的自明性并不一定被认可，例如笛卡尔就认为自己现在感觉到的一切可能是在梦中，并不一定是真实的。自然的自明性并不一定是确定无疑的。所以哲学的"发现自然"并不是一件简单的事情。在《圣经》中，就不存在这种自明的自然的概念。自然世界是上帝创造的，是被造物，并不是永恒的、自在的，也不是神圣的。上帝可以创造它，也可以毁灭它。奇迹是正常的，自然规律并不重要。人类对于自然无需敬畏和仰视。《圣经》的自然观极大地影响了近代哲学和科学。近代科学试图通过对自然的研究认识上帝的奥秘。近代工业化则把自然作为原材料的集散地而看待，自然的神圣性和崇高性都丧失了，作为永恒的理则的自然观消失了。在这个意义上，哲学的衰败也就是不可避免的。

　　其次，亚里士多德把智慧和原因联系起来。有智慧就是认识原因。"智慧就是有关某些原理与原因的知识。"(《形而上学》982a) 如果只知其然不知其所以然，就不能算是智慧的。"我们应须求取原因的知识，因为我们只能在认明一事物的基本原因后才能说知道了这事物。"(《形而上学》983a25)所以越是普遍地知道事物的原因的人就越是有智慧的。"知识与理解的追索，在最可知事物中，所可获得的也必最多（凡为求知而求知的人，自然选取最真实的也就是最可知的知识）；原理与原因是最可知的；明白了原理与原因，其他一切由此可得明白。"(《形而上学》982b)所以知道原因就是认识事物的本质。

那么什么是原因呢？在《形而上学》第一卷第三章中，他指出："原因则可分为四项而予以列举。其一为本体亦即怎是，（'为什么'既旨在求得界说最后或最初的一个'为什么'，这就指明了一个原因与原理）〈本因〉；另一是物质或底层〈物因〉；其三为动变的来源〈动因〉；其四相反于动变者，为目的与本善，因为这是一切创生与动变的终极〈极因〉。"(《形而上学》983a25—30)① 也就是说，在这里，他明确把原因分为了质料因、形式因、动力因和目的因四个。在他看来，我们只有从这四个方面才能真正认识事物的本质，而获得智慧。在《形而上学》第五卷第二章中，他又说明了原因的四种含义。一是事物所由形成的原料。二是事物的通式或模型，亦即事物的基本定义。三是变化或停止变化最初所由以开始者，造物者就是所造物的原因，致变者是所变化的原因。四是事物之所以成为事物的目的。在《工具论》中，他也指出："只有当我们知道事物的原因时，我们才认为具有了关于它的知识。原因有四类：'是其所是'、必然条件、最初的动力因以及'何所为'或

---

① 佛教唯识论强调四缘说，即因缘、增上缘、等无间缘和所缘缘。四缘说是为了成立认识活动的问题。四因说大概相当于其中的因缘方面。

目的因。"(《后分析篇》94a20)

　　亚里士多德认为原因的数目是有限的。如果原因是无限的,知识就是不可能的。在《形而上学》中,他说:"脱离个别,事物就没什么可以存在,而个别事物则为数无尽,那么这又怎能于无尽数的个别事物获得认识?实际上总是因为事物有某些相同而普遍的性质,我们才得以认识一切事物。"(《形而上学》999a25)他进一步认为:"原因的种类若为数无尽,则知识也将成为不可能;因为我们只有肯定了若干种类原因以后,才可以研究知识,若说原因是一个又一个的增加,则在有尽的时间内人们就没法列举。"(《形而上学》994b30)这和柏拉图提出的理念论是相似的。个体事物的数量是无限的,但理念(共相或者种类)的数量是有限的,因此是可以完全认识的。真正的智慧是对事物之间的共相和本质的认识。施特劳斯指出:"尽管有无限多的事物,但事物种类和等级的数目却是有限的,也就是说,当我们提出'什么是'这一问题时,所意指的存在者是有限的。这些种类和等级——有别于个别事物——是不可变的,既不生成也不朽坏。"[1] 所以柏拉图和亚里士多德对理念或者原因的探究是和他们对智慧的追求,和他们的理性主义、乐观主义相关的。相反,海德格尔等现代哲学家推崇有限性则为了强调人的理性的有限性,进而否定认识和哲学的可能性。古典哲学家推崇有限性则是为了确保知识的可能性。那种"不计其数"的无限性是黑格尔所说的"恶的无限",并不是真正的认识对象。

---

[1] 施特劳斯:《苏格拉底问题六讲》,载刘小枫、陈少明主编《苏格拉底问题》,华夏出版社,2005,第49页。

亚里士多德从四因的角度分析了自然的概念。他首先指出，一般意义上的自然主要就是指质料。前苏格拉底哲学对自然的研究主要也是在质料的意义上讨论自然。例如泰勒斯认为水是万物的本原，水就是质料意义上的自然。其他的火、土、气等概念都是质料的含义。自然哲学主要从质料因角度认识自然。但是质料是无差别的，所以对质料因的认识最终可能导致万物混同为一的错误。这样，哲学追求的就不是智慧，而是无知和愚蠢了。

柏拉图认为质料因并不是认识的对象，我们对事物的区分是凭借形式因，事物因为形式而被区分。我们对事物的认识是对事物的形式的认识。因此，在柏拉图看来，形式（form）才是自然，即"作为自然的自然"。形式的自然比质料的自然更加是"自然"。亚里士多德也认为："质料和形式比较起来，还是把形式作为'自然'比较恰当。因为任何事物都是在已经实际存在了时才被说成是该事物的，而不是在尚潜在着时就说它是该事物的。"（《物理学》193b5）我们对事物的认识是依据其形式，我们对事物的命名也是依据其形式，只从质料角度研究自然是不可能成为科学的。我们知道，德谟克里特的原子概念也是 idea，但是他却是在质料的含义上使用的，这是和柏拉图的不同之处。在亚里士多德哲学中，形式和质料是相对概念。一个事物在一种关系中是形式，在另一种关系中则是质料。"质料一种相对的概念，相应于一种形式而有一种质料。"（《物理学》194b5）例如床对于木头来说就是形式，但是对于室内家具来说就是质料。当然，形式的概念是非常复杂的，我们将在下一节具体讨论。

亚里士多德还从"自然是目的"的角度来解释自然。"自然就是目的或'为了什么',因为若有某一事物发生连续的运动,并且有一个终结的话,那么,这个终结就是目的或'为了什么'。"(《物理学》194a30)"自然是一种原因,并且就是目的因。"(《物理学》199a30)他在第二章第八节中批评了反对目的论的观点。他认为自然产生的事物是有目的的,或者是因为比较好才产生的。他从两点进行了论证。第一,自然物的产生要么是偶然的,要么是有目的的。二者只能择其一。自然物的产生总是永远如此或者通常如此而产生的。所以它们不可能是偶然或者自发产生的。自然物之中总是存在一定的规律性。这种规律性或者常规性不可能是无目的的。在他看来,偶然性和自发性是反自然的或者非自然的,不能作为认识的对象。第二,我们凭借观察可以发现,在自然物和人类活动中都存在某种目的。"在凡是有一个终结的连续过程里,前面的一个个阶段都是为了最后的终结。无论在技艺制造活动中和在自然产生中都是这样,一个个前面的阶段都是为了最后的终结。可是技艺制作是为了某个目的,自然产生也是为了某个目的。"(《物理学》199a10)这种情况在人类、动物和植物活动中都是非常明显的。在人类的技术活动中总是存在一个序列,总是指向一个目的。既然技术产物有目的,那么自然产物也有目的。在动物活动中,虽然它们并不使用技术,也不经过思考和研究,但是它们的活动都是有目的的。同样,植物的生长也是有目的的,例如叶子长出来是为了掩护果实等。所以自然在整体上也是有目的的。他还认为在逻辑上,目的也是起点,也需要设定目的的必要性。

亚里士多德还指出自然也是运动的原因。自然物就是那些内在包含运动的根源的事物,所谓"出于自然"。"'自然'是它原属的事物因本性（不是因偶性）而运动和静止的根源和原因。"(《物理学》192b8)相反，人为事物不存在这种运动的根源。他从几个方面讨论了运动现象。第一，运动就是潜能事物的实现。"潜能的事物的实现即是运动。"运动就是从潜能到现实。形式就是实现，形式就是动力因。"推动者总是形式（即'这个'或'如此'或'如许'），在它起作用时，它是运动的本源或起因。"(《物理学》202a10)这意味着形式是根本意义上的自然。第二，运动是必然存在的，运动不是出于偶性，而是出于必然。偶性的东西不是必然存在的，如果运动是出于偶性，那么运动就有可能不存在。第三，运动的形式分为四种，即位移、状态变化、衰坏、生长。四种形式是不能相互还原的，不能把其他运动归结为另一种运动。亚里士多德在《范畴篇》中认为："运动有六种：生成、毁灭、增加、减少、变化以及位移。"(《范畴篇》15a10)① 第四，运动有三个因素，运动者、推动者和推动工具。三者缺一不可。第五，第一推动者问题。运动者或者被自身运动着的事物推动，或者隔着一定数量的中介被这样的推动者推动。因为运动的链条不能无限上溯，所以第一个被推动者或者被静止的事物推动或者被自己推动，但是只有自己被自己推动的事物才能作为原因。这个事物就是第一推动者。

对于第一推动者，亚里士多德进行了详细讨论。(1)第一推动者是不动的。这个第一推动者或者整个被自身推动，或者被自身的一部分推动，另一部分被推动，这样它就分为两个部

---

① 译文引自亚里士多德：《范畴篇 解释篇》，方书春译，商务印书馆，2003。后同。

分。这是不合理的。所以第一推动者自身不能再包含自我推动的部分。"第一推动者是不能运动的。因为一个被某一事物推动的运动者,它的推动者可以或者直接上溯到一个不能运动的第一推动者,或者上溯到一个能自我推动也能使自己停止运动的推动者。无论哪一种情况。结果都是:任何运动事物的第一推动者都是不能运动的。"(《物理学》258b5)(2)运动是永恒的,第一推动者也是永恒的,如果第一推动者不是永恒的,那么运动就有可能停止。但是运动是不可能停止的,所以第一推动者是永恒的。(3)第一推动者是一个,而不是多个。因为第一推动者只要有一个就够了,不需要有多个第一推动者,我们宁可假定第一推动者数量有限。(4)运动是永恒的,也就是连续的,所以第一推动者也是连续存在的。既然运动是永远存在的,那就必然是连续的;如果第一推动者是连续的,就必然是一;在一中,只有单一的运动者和单一的被运动者。否则,"如果一时由这个来运动,一时又由那个来运动,那么,整个的运动就不是连续的而只能是相随的了。"只有自身不运动的事物引发的运动才是连续的。(5)第一推动者的运动是圆周运动。圆周运动是单一的、连续的、无限的。因此天体的运动是最圆满的。"假如运动的目的在另一运动,另一运动又将追溯着另一运动;因为这样的无尽系列是不能有的,所以每一运动的终极目的将必由经行天穹的诸神物〈星辰〉之一为之表现。"(《形而上学》1073a30)(6)第一推动者是没有量的,因此是没有部分的,是不可分的。没有任何有限的事物能够进行无限长时间的推动。(7)第一推动者或者存在于球心,或者存在于球形的表面。因为球面的运动是最快的,离推动者越近则运动越快,所以第一推动者存在于球形表面。

亚里士多德反对把偶然性作为科学研究的对象。"在实是的这许多命意中我们先须说明，关于偶然属性不能作成科学研究。事实上也没有一门学术——实用之学，制造之学，或理论之学——自投于这种研究。"(《形而上学》1026b) 因为偶然事物是无法找到四因的，所以对偶然事物的研究是没有意义的。"因一切学术都只研究那些经常的或是大多数如此的事物，研究'偶然'这一门学术是明显地没有的。……那些反乎常例的事物，学术上是无法陈述的"。(《形而上学》1027a20—25) 亚里士多德的这种观点是非常重要的。但是基督教不再强调常态，而更多推崇奇迹，以此彰显上帝的大能。近现代哲学虽然也强调对常态和规律的认识，但是也强调对反常事物的研究。库恩的科学进步论认为，恰恰是对传统范式不能解释的反常事物的研究才导致科学的进步。非理性主义哲学往往重视例外状态或者极端状态，并且倾向于把例外状态常态化，混淆了常态事物和反常事物的界限。这是错误的。

亚里士多德通过四因说统摄了前人的哲学思想。前苏格拉底哲学主要讨论的是物质因和动力因，柏拉图则主要讨论的是形式因。亚里士多德则进一步提出了目的因的问题。在亚里士多德看来，知道了这四因，我们对宇宙万物的本质和奥秘就可以一目了然了。"所有这些思想家既不能另出新因，这应该证知我们所陈四因为确当而且无可复加了。凡有所询求于事物之原因，宜必并求此四因，或于四因中偏取其某因。"(《形而上学》988b18) 可以说，亚里士多德的四因说是非常完备的，对于后来的哲学思想产生了极大影响。基督教的神学就吸收了四因说的思想。近代的机械论抛弃了目的因，自然神论则把第一因归结为上帝。海德格尔后来强调自然是涌现，是生成。这类似于亚里士多德所说的运动意义上的自然。但是亚里士多德在解释运动生成时，始终结合目的因来解释。他认为一切运动都是趋向某个目的，目的是运动的内因。如果不理解目的，我们是不可能理解运动的。而海德格尔的涌现或者生成则是非目的的、非理性的。他的哲学中没有自然的概念和目的因的概念。应该说，四因说是非常完备的科学自然观。脱离四因说，就无法理解自然。

在古希腊哲学中，自然（宇宙）是非常崇高和神圣的概念。在《宇宙论》中，亚里士多德指出："这宇宙所以能历久不坏的原因，在于诸元素的和合；肇致这和合者，则在于各得其平的比例，它们之间，谁也没克胜其它任何一个势力，重的与轻的是平衡了的，热的与冷的是平衡了的。这样，自然教给了我们，这世界的大道理就在平等；万物既全出宇宙，宇宙实万物之尊亲，也是一切美善的总归，实唯'平等'保持了万物间的'谐和'，恰也是'谐和'保持了这宇宙的'存在'。一切创成的存在哪有比宇宙本体更超胜的。凡所能举出的任何一物总只是这整齐的宇宙的一部分（局部）。一切美好的事物，无不归属于'宇宙'的名下，一切安排得整齐的，都各符契于其'秩序'，而这秩序恰正就是按照宇宙体系而运行的秩序。"（《宇宙论》397a）① 自然或者宇宙是最高的存在。自然就是标准和尺度。

哲学之所以诉诸自然，就是为了发现这个标准和尺度。亚里士多德反复提到这个观点。"在自然中，事物总是被安排得最好。"（《尼各马可伦理学》1099b20）"凡违反自然的都不足称颂。"（《政治学》1325b10）自然本身就意味着完善。施特劳斯

---

① 亚里士多德：《天象论 宇宙论》，吴寿彭译，商务印书馆，1996。

指出:"非常明显的是,一个自然事物的目的是这一事物的自然(the end of a natural thing is the nature of the thing)。举个简单的例子:[如果]我们想知道一匹马的自然,我们就看一看一匹成长中的马,看它的健康状态等等,也就是说,小马或者病马是有欠缺的马。一个事物的自然就是这一事物自身的完善。"① 因此人类不可能超出自然之上。"由自然造就的东西不可能由习惯改变。"(《尼各马可伦理学》1103a18)人类的文明和教育只是对自然的补充和完善。"教育的目的及其作用有如一般的艺术,原来就在仿效自然,并对自然的任何缺漏加以殷勤的补缀而已。"(《政治学》1337a)因此自然是神圣的。"自然使所有存在物都分有神性。"(《尼各马可伦理学》1153b35)古希腊哲学和科学的崇高性和神圣性就是从自然本身而获得的。对自然的研究使得古希腊哲学家超出人类的习俗文明,获得更高的真理。古典哲学和科学对自然的认识超出了政治人事的需要,所以古典哲学是高贵的、神圣的。

但是,在现代科学和哲学中,自然的这种神圣性和崇高性都丧失了。因此,现代哲学和科学是低于政治的,是为政治需要服务的。哲学和科学已经变为政治意识形态的工具。施特劳斯指出:"柏拉图以及亚里士多德,甚至还有智术师都认为,自然(natural)就是可以宽泛地称之为理想(ideal)的东西,而自从17世纪以来,自然转而意味着在谈及'控制'自然或'征服'自然时所暗含之意,换言之,自然成了人的理性努力所针对的东西。"②

---

① 施特劳斯:《古典政治哲学引论——亚里士多德〈政治学〉讲疏(1965年)》,娄林译,华东师范大学出版社,2018,第46页。
② 施特劳斯等:《苏格拉底问题与现代性:卷二》,彭磊、丁耘译,华夏出版社,2008,第228页。

二、本体问题

如果说《物理学》主要讨论的是自然问题,《形而上学》主要讨论的则是实体、本体或者形式的问题。自然是可见的对象,是科学研究的主要内容。而本体或者实体则是不可见的对象,是形而上学(神)研究的主要内容。亚里士多德认为自然只是实是或者本体的一个特殊科属,自然哲学或者物理学并不是最高的学术。在《物理学》中,他指出:"自然哲学家应该研究和质料不分离存在的形式。例如人生于人,也生于太阳。至于确定分离的纯形式的存在方式及其本质,这是第一哲学的任务。"(《物理学》194b10)在亚里士多德看来,因为形而上学研究的是永恒的独立存在的本体或者实体,所以形而上学是"第一哲学"。"世间若有一个不动变本体,则这一门必然优先,而成为第一哲学,既然这里所研究的是最基本的事物,正在这意义上,这门学术就应是普遍性的。而研究实是之所以为实是——包括其怎是以及作为实是而具有的诸性质者,便将属之于这一门学术。"(《形而上学》1026a30)哲学既研究普遍性,也研究存在本身。所以在他看来,形而上学也就是"神学"。"这门第一学术则研究既是独立又不动变的事物。一切原因均须具有永恒性,而于此为特重;这一门学术所探求的原因,于我们看来就很像是神的作用。"(《形而上学》1026a16)因为形而上学研究的对象是永恒不变的,所以形而上学是最神圣、最高贵的学术。"理论学术既优于其他学术而为人们所企求,则这一门就应优于其他理论学术而更为人们所企求。"(《形而上学》1026a22)在他看来,本体或者存在不是一个,存在是多样的,所以哲学或者本体论也包含不同的分支。"有多少类别的本体,哲学也就有多少分支,所以在这门学术中必然有第一义与其相从的各义。实是与元一径归于诸科属;所以各门学术也归于相应的各科属。"(《形而上学》1004a)哲学并不研究个别事物的偶然属性,而是阐明万事万物之所由以成为此事此物之本体。物理学研究事物之属性和动变原理,而不研究其实体,所以物学与数学都属于智慧的分支或者哲学的部分。"有一门学术,它研究'实是之所以为实是',以及'实是由于本性所应有的秉赋'。这与任何所谓专门学术不同;那些专门学术没有一门普遍地研究实是之所以为实是。"(《形而上学》1002a25)可以说,在亚里士多德哲学体系中,形而上学是一切学术的王冠。这是由形而上学的研究对象的性质决定的。当人们不再相信存在永恒不变的对象后,当理论学术不再高于实践活动后,当"实践哲学"成为"第一哲学"后,形而上学的衰落就是不可避免的。

(一)实体的概念

在《物理学》中,亚里士多德认为本原是对立的,有两个或者三个。对立双方需要一个共同的基础。这样他认为存在是多样性的,包含质料、形式和个别事物。他反对"存在是一"的概念。但是,从后面的进一步的讨论中,我们可以说,存在或者本原可能仍然还是一个。特别是在讨论到至善问题时,我们可以说"至善是一"。当然,这个"一"并不是数学意义上的"一",而是强名之曰"一"。

在《形而上学》中,亚里士多德进一步讨论了实体(ousia/substance/essence）或者本体问题。他认为本体具有初始或者第一的含义。"事物之称为第一〈原始〉者有数义——（一）于定义为始，（二）于认识之序次为始，（三）于时间为始。——本体于此三者皆为始。其他范畴均不能独立存在，则本体自必先于时间。每一事物之公式其中必有本体的公式在内；故本体亦先于定义。于认识而论，我们对每一事物之充分认识必自本体始，例如，人是'什么'？火是'什么'？然后再进而及其质、量或处，我们必须先认识其怎是，而后可得认识质或量等每一云谓之所以为是。所以从古到今，大家所常质疑问难的主题，就在'何谓实是'亦即'何谓本体'。"（《形而上学》1028a32-b5）也就是说，亚里士多德认为本体在逻辑上、认识次序上和时间上都是初始的原初的。这可以说是本体或者实体的最重要特征。形而上学作为第一哲学，和本体的第一性相关。

第一，本体在逻辑和语法上是第一性的。本体或者实体可以做主词，不可以做谓词。我们一般的提问和定义就是："这是什么？"在这个问句中，"什么"就是对实体的提问。主词在定义中是第一位的。在这种考察后，亚里士多德认为实体有三种，即形式实体、物质实体和个别实体。它们都可以做主词，而不可以做谓词。这里体现了存在和思维的一致性原则。人的思维和存在并不是分离的，通过对思维和语法问题的考察，我们就可以认识存在本身的真理。这种一致性原则在西方哲学史上影响深远，在近代哲学和德国哲学中表现得尤其明显。

第二，在认识次序上，我们要首先认识本体。亚里士多德把存在分为实体和属性两个方面。实体是决定性的，属性不是决定性的。实体是永恒不变的，属性是变化不定的。实体是基质和底层，属性是表面的现象。认识实体才能获得智慧，认识属性只能获得意见。所以，对实体的认识具有优先性。这类似于我国古代哲学关于道和器的划分。

第三，在时间上，本体是最原初的开端之物。实体是最初的存在，是独立自在的。它并不是派生的，相反，其他一切是实体派生的。哲学是对整全的认识，整全当然包含了开端和起源。自然哲学对本原的思考就体现了对初始之物的思考。对初始之物的思考就是对起源和开端的思考。不但如此，对开端和起源的思考也就是对当下和未来的思考，也就是对永恒和真理的思考。

一般来说，亚里士多德认为本体一词一般含有四个含义。"'本体'一词，如不增加其命意，至少可应用于四项主要对象；'怎是'与'普遍'与'科属'三者固常被认为每一事物的本体，加之第四项'底层'。这里我所说'底层'，是这样的事物，其他一切事物皆为之云谓，而它自己则不为其他事物的云谓。"(《形而上学》1028b33) 他确定了三种实体或者本体，对这些含义分别进行了考察。

亚里士多德首先认为个体事物是实体或者本体。我们一般用"这个"来表示个体的实体。在《范畴篇》中，亚里士多德把存在分为"这个"的实体，和作为数量、性质、关系、状况、时间、地点、状态、活动、遭遇等存在，一共10个范畴。作为"这个"的存在就是实体，其他范畴都是属性，依赖于实体而存在。"实体，就其最真正的、第一性的、最确切的意义而言，乃是那既不可以用来述说一个主体又不存在于一个主体里面的东西，例如某一个个别的人或某匹马。"(《范畴篇》2a5) 如果没有第一实体，其他任何东西都不可能存在。"第一性实体之所以是最正当地被称为第一性实体,是因为它们乃是所有其他东西的基础和主体。"(《范畴篇》3a) 实体具有以下特征:第一,实体是原初的,实体是既不述说一个主体,也不依存于一个主体。第二,实体是单一的,"这个"就是个体的。第三,实体是独立的,实体没有对立物,没有程度上的差别。以此规定,亚里士多德对实体进行了分类,他区分了第一实体和第二实体。前者就是指个体事物,后者是指事物的种和属。属比种更加接近于实体,因为属比种更加接近于第一实体。

同样,在《形而上学》中,亚里士多德也认为:"在它们的底层存有某一确定的事物(即本体或个体)为主题,而它们则为之云谓;假如没有'这个',我们就无从使用'好'或'坐着'这一类词语。明显地,这是由于这一范畴之为'是',而后其它范畴也得以为'是'。所以取消一切附加的涵义,而后见到单纯的原称,则本体才是'原始实是'"。(《形而上学》1028a25) 也就是说,实体或者本体是一切事物的基础,一切属性或者现象都是寄托于实体之上,但是实体并不依赖于其他属性,实体是自在的、独立的。从经验层次看,个体事物是独立存在的,一切属性都是依据个体事物存在的。离开了个体事物,就不可能存在任何属性。所以他把个体事物看作是实体。例如一个人有时候健康,有时候生病,但仍然是这个人。实体是一切生成和变化的基础或者基质。实体即是"多中的一",是"变中的不变"。这是实体的最重要的含义。

但是亚里士多德也看到,我们仅仅停留在个体事物之上讨论实体问题是不够的。因为实体的含义就是自因,自因就是不依赖于其他事物而独立存在,但是个体事物往往是依赖于其他事物的而存在。个体事物可以是属性的基础,但是个体事物的存在却依赖于其他事物。个体实体具有经验性的实在性,但是实体本身却不能是经验的对象。所以对实体的探讨要进一步推进,不能仅仅肯定个体事物是实体。

亚里士多德又进一步讨论质料实体和形式实体。他认为质料(hyle)最多是"潜在实体"。严格来说,质料不能是实体,因为质料没有任何规定性,不能作为主词。"这里我所指物质,它自身既不是个别事物也不是某一定量,也不是已归属于其他说明实是的范畴。这些范畴都各有所云谓,其所云谓的实是亦各异。因为一切其他事物用来说明本体,而这里所标指的是物质;所以终极底层自身既不是个别事物,也不是某一定量,也不是具有其他正面特性的事物;并且也不是这些的反面,因为反面特性也只有时偶尔附随于物质。"(《形而上学》1029a20—26)也就是说,虽然质料是一切事物的基础,但是质料本身却不能作为实体。因为本体主要的是具有独立性与个别性,而质料并不具有这种特征。所以,严格来说,他并不认为物质是实体。

在亚里士多德看来,严格来说,只有形式(eidos)才能是实体。"事物之称'是'者有几种涵义。'是'之一义为一事物是'什么',是'这个';另一义是质或量或其他的云谓之一。在'是'的诸义中,'什么'明显地应为'是'的基本命意,'什么'指示着事物之本体。……其他的所谓'是'就因为那是这'基本之是'的量或质,或其变化,或对这事物有所厘定的其他云谓。"(《形而上学》1028a10—20)形式就是事物的"什么"。当我们说明事物"是什么"时,我们说的就是事物的形式。其他的属性都是事物的次要的规定性。例如我们在讨论一张床的时候,我们讨论的并不是床的材料例如木头,而是床的外形等。而这个"什么"更多是种属(eidos/*genos*)或者共相的概念，亚里士多德把种属称为"第二实体"。这种实体概念类似于柏拉图的理念，它和柏拉图的理念的不同就在于它不是独立自在的，而是依赖于具体事物的种属概念。

亚里士多德反对柏拉图的理念或者通式为本体。因为柏拉图的理念或者通式是普遍性，而普遍性只能作谓词，不能做主词。"似乎任何'普遍性名词'皆不可能称为一个本体。每一事物的本体其第一义就在它的个别性，——属于个别事物的就不属于其它事物；而普遍则是共通的，所谓普遍就不止一事物所独有。那么这普遍性将在其所共通的诸事物中，专举那一个别事物指为其本体，或是所有共通各事物都作为普遍性的本体，或是全都不算；但这总不能成为所有各事物的本体。它若作为某一个别事物的本体，则别个事物也将取以为本体；因为事物之本体与其怎是为一者，它们本身亦必合一。"(《形而上学》1038b10) 没有一个普遍性概念可以指示一个"这个"，普遍性概念只能指示"如此"(普遍)。但是亚里士多德的观点是比较混乱的。在第七卷和第八卷（实体研究卷）中，他也认为形式实体在实体性上高于个体实体，是"第一实体"。可以说，亚里士多德早期比较倾向于个体实体，后期更倾向于形式实体。

亚里士多德反对"存在是一"的观念。这种观点主要是巴门尼德提出的："照巴门尼德的论点，万物皆一，一即天下之实是，因此事物之异于实是，亦即异于一者，不会存在。"(《形而上学》1001a20—34) 在亚里士多德看来，因为一是数字，也是普遍性的，不能构成事物的本体。"'是'与'一'原为一切云谓中最普遍的云谓。所以一方面诸科属不能脱离其他事物而成为某些实是与本体；另一方面，实是与本体既不能为科属，'一'同样也不能成为科属。"(《形而上学》1053b20) 他分析了"一"的四种含义：即自然延续之事物、整体、个别与普遍。"（一）延续的事物，其所为延续或是一般的或以专指'那'出于本性的生长，非由接触，或被捆扎，而成一者；在这一类中，其活动较单纯而一致的，应是更严格更优先地合乎'一'的命意。（二）成为整体而具有一定形式者为较高级的'一'，在这类中，其延续之原因当以出于自性，不以胶粘或搭钉而合成者为重。这一类事物的活动在空间与时间上均属一致而不可区分；因此，明显地，如一事物具有基本运动（即空间运动）中的基本型式（即圆运动），这事物基本上就是一个空间量体。于是，有些事物就因其延续或整体而成'一'，另有些则因其公式为一而成'一'。这类事物在思想上是一，是不可区分的；所谓不可区分就是说这事物在形式或数上不可区分。（三）于是，个体之在数上为不可区分的，与（四）在形式上，其理解与认识为不可区分的，所有这些足使本体成为一者，便当是基本命意上的'一'。"（《形而上学》1052a15—b）也就是说，从这四个方面看，"存在是一"的命题都是不能成立的。

他还进一步讨论了数理对象的问题。这个问题可能是针对毕达哥拉斯学派的。"数理对象比之实体并非更高级的本体，它们作为实是而论只在定义上为先，而并不先于可感觉事物，它们也不能在任何处所独立存在。但这些既于可感觉事物之内外两不存在，这就明白了，它们该是全无存在，或只是在某一特殊含义上存在；'存在'原有多种命意。所以它们并非全称存在。"（《形而上学》1077b15）柏拉图认为数理对象可以是理念或者本体，虽然是最低的理念。亚里士多德则否定了数理对象作为本体的可能性。亚里士多德还认为数理对象也具有美善的性质。"因为善与美是不同的（善常以行为为主，而美则在不活动的事物身上也可见到),那些人认为数理诸学全不涉及美或善是错误的。因为数理于美与善说得好多,也为之做过不少实证;它们倘未直接提到这些,可是它们若曾为美善有关的定义或其影响所及的事情作过实证,这就不能说数理全没涉及美与善了。美的主要形式'秩序,匀称与明确',这些惟有数理诸学优于为之作证。又因为这些(例如秩序与明确)显然是许多事物的原因,数理诸学自然也必须研究到以美为因的这一类因果原理。"(《形而上学》1078a34)所以数并不是和美善无关的,这可以说就是数学之美。例如有人认为正确的数学公式必然是合乎美的法则的,否则,就可以断定这个数学公式是不成立的。

综上所述,亚里士多德倾向于认为形式本体和个体实体是本体。个体事物是实体。每个具体事物都有其自然。"某物是什么,其一义为本体与'这个',此外各义就是量、质等诸云谓。一切事物都各有其'是',但其为是各有不同,或为之基本之'是',或为之次级之是;某物是什么?其原义所指为本体,其狭义则指其它范畴。"(《形而上学》1030a20)其次,形式也是实体,是一个事物是其所是的根本。"我们所探求的就是原因,即形式[式因],由于形式,故物质得以成为某些确定的事物;而这就是事物的本体。明白地,于是,一切单词是无可询问的,也无可作答;对于这样的事物我们应另觅询问的方式。"(《形而上学》1041b10)在这一点上,亚里士多德和柏拉图没有区别。我们可以设想,柏拉图强调理念或者形式的独立性是出于"哲学革命"的需要。亚里士多德已经完全接受了这种革命成果,所以他批评柏拉图的理念论的分离说和模仿说,强调形式不能脱离个体而存在。

正如有研究者所说，在他的哲学中，形式如何内在于个体实体，形式如何作用于质料，这个问题仍然是悬而未决的。实体作为不变的存在必须超出经验的，但是他又坚持在经验中寻找实体，这构成了亚里士多德实体学说的矛盾之处。但是亚里士多德关于个体实体和形式实体的观点并不冲突。它们是分别从不同角度安立的。例如个体实体也是形式和质料的结合，而质料本身不是真正的实体，所以在个体实体中，真正起作用的仍然是形式本体。亚里士多德毕竟是哲学家、形而上学家，他不可能满足于现象的经验认识，他会最终超越现象界，上升到永恒不变的本体界。哲学本质上就是对永恒不变的对象的认识。如果放弃这一点，就是否定了哲学。

（二）形式作为动力因

在讨论形式实体时，亚里士多德还引入了潜能和实现的问题。这主要涉及形式因作为动力因的问题。

大概来说，形式是实现，质料是潜能。形式是积极的主动的，质料是消极的被动的。形式的功能就是赋予形式。质料可以被形式随意塑造①。"我们将'埃奴季亚'［实现］一字，联系到'隐得来希'［完全实现］，主要是将动变延伸向其他事物；因为实现的严格解释限于'动作'。"（《形而上学》1047a30）形式是不变的，潜能则和变化相关。"潜能的最严格解释当限于有关动变的范围。"（《形而上学》1046a）

在两者的关系上，实现先于潜能，形式先于质料，所以形式是第一实体。"本体或形式是实现。照这论点，实现当然在

---

① 在这个意义上，柏拉图认为质料也可以说是有理性的。

本体上先于潜能;如上所述,一个实现,在时间上常为另一实现之先,一直上溯到永在的原动者之实现。"(《形而上学》1050b)例如在一棵树的种子里蕴含了这棵树的所有信息,这些信息就是形式,就是实现。但是这些信息首先处于潜能状态,在种子长大以后,才能以现实的方式存在。形式本身没有变化,只是从潜能发展为现实。从纯粹质料方面看,没有形式的纯粹物质只能以潜在状态存在,当它现实地存在时,它就存在于形式之中。形式是永恒不变的存在,质料不是永恒不变的存在。"实现,在较严格的意义上亦为'先于';永在事物在本体上先于可灭坏事物,永在事物均非潜在。理由是这样:每一潜能均同时是相对反事物之潜能;不可能在一主题中出现的事就必不出现,而可能出现的则也可暂不实现。于是可能成'是'的可以成是或不成是。可能成为'非是'的就可成为非是;可能成为'非是'就是可灭坏;'可灭坏',若为全称命意就是在'本体上'灭坏,若为别称命意则可以在地方上,或在量上,或在质上,与各个可能的非是相关各部分灭坏。因此完全不灭坏的事物完全不是潜在的,(虽则于某些方面,如说它潜在地具有某些素质或说它潜在于某地方,则也未尝不可;)所以一切不灭坏事物之存在均为实现存在。一切具有必然性的事物也不会潜在地存在;所谓必然事物即基本事物,世上若没有这些,其余一切也就不会有。假如所谓永恒运动这类事物是有的,这些也不会是潜在;这里若有一永动事物:它的运动当非出于潜能,只在'何从来'与'何处去'的问题上又当别论(若说它具备有各方向动能的物质,这也未尝不可)。"(《形而上学》1050b6—30)

这一段话表明:第一,永恒的形式实体先于变化的事物。

因为变化的事物有生有灭,有始有终,而永恒的形式不生不灭,无始无终。在变化的事物未产生之前,永恒的实体就已经存在。在变化的事物消失以后,永恒的形式实体仍然存在。所以永恒的实体先于变化的事物。变化的事物的存在也依赖于永恒的实体,如果没有永恒的实体,就不可能有变化的事物。因为我们说一个事物是变化的,那就意味着我们已经对永恒的事物有所认识,只是这种认识可能是非常模糊的和不自觉的。永恒的事物也就是必然的事物。永恒的事物是没有可能性的。否则,就不是永恒的事物。而变化的事物则是有可能性的,可以产生,也可以不产生。第二,实现是必然性的、永恒的,所以实现不包含两端。潜能的特点或者本质就是包含了两端,潜能可以实现,也可以不实现。同一潜能致人健康也致人疾病,致静也致动,引动建设也引发破坏。这样,潜能同时含有各个对反;但相反两项不能同时存在,相反的实现也不能同时见到,例如健康与疾病不得两存。实现较之好的潜能更好且更有价值。实现那善端较其潜善为更善。

亚里士多德对于永恒的形式实体的存在进行了证明。如果自然事物都永在流动,而一切可感觉事物绝无永恒性,人们将无所措其感觉。"假如我们永是动变,绝无常态,那么大家又何必以病人的视觉幻异为惊奇?(照他们的论点,无病的人看可感觉事物也刻刻在作变异;可是实际这同一事物虽则引起了两个生理不同的人发生不同印象,它自身并未参加那病人视觉的变异。倘事物,真像上面所说,是在动变之中,那么对于那无病的人也应引起变异的印象。)我们若保持正常而不变,事物也将有其不变者保持着在。"(《形而上学》1063b)在《泰阿泰德》中，柏拉图也曾经说，如果一切都在运动变化，那么感觉会立刻变为"非感觉"，知识也会立刻变为"非知识"。最后的结论就是："对任何事物都可以做任何判断，也可以不做任何判断。他们将不能用语言表达他们的观点。"①（《泰阿泰德》183a）所以如果否定了事物的稳定性、不变性，那么我们就不可能做出任何判断，甚至连认为"感觉就是知识"的判断也不可能得出，否则就是违背了他们自己的观点。在近代哲学中，休谟哲学就是以对感觉事物的经验为起点，最后导向怀疑主义的。如果我们仅仅承认感觉事物的真实性，那么最终必然否定认识的可能性。所以我们在说"一切都是变化的"，这本身就已经以"不变的事物"为前提。

亚里士多德指出，如果认为仅仅存在变化的事物，如果只有变化的事物才是认识对象，那么就不可能有知识。如果认识是可能的，哲学是可能的，那么必然存在永恒不变的实体。"倘在各个个体以外，全都没有另一抽象事物存在，那么所有事物就只是感觉对象而世上就不会有理知对象，所谓知识就只是感觉，感觉之外便无知识。又，永恒与不动变的事物就也不可能有；因为一切可感觉事物皆在动变而悉归灭坏。但，如果全无永恒事物，创造过程也不会有；一物必由另一物生成，在这生生不息的创造系列上，必须存在有一原始的非创造事物；万物总不能由无生有，因此这创造与动变的发展也必须有一个初限。每一动变必有一目的，没有无尽止的动变。凡创造之不能达到一个目的，完成一个事物者，这种创造就不会发生；一

---

① Plato: *Complete Works*, Edited, with Introduction and Notes, by John M. Cooper, Hackett Publishing Company, 1997.

个动变达到之顷正是一个事物完成的时候。又，因为'物质'总是不经创变便已存在，物质所由以成就为本体者，即'怎是'，也就存在，这可算是合理的；'怎是'与'物质'若两不存在，则一切事物将全不存在，而这是不可能的；所以综合实体之外，必须另有事物，即'形状或通式'。"(《形而上学》999b3—16) 在这里，亚里士多德明确肯定了形式实体的第一性。如果仅仅认为个体事物是实体，那么我们就无法避免此处的矛盾。赫拉克利特的观点从现象界看当然没有错误的。但是，我们还必须同时看到另一面，即永恒不变的本体界。我们能够做出"一切皆流，无物常驻"的判断本身就已经是一种恒常的判断。我们只有同时看到两边，我们的认识和智慧才是完全的。哲学是对永恒实体的认识和研究，只有认识永恒不变的实体才是智慧。所以亚里士多德并不是近代英国经验主义意义上的哲学家。

亚里士多德强调，永恒的形式实体也是无限的、不动的。"在感觉事物以外有一个永恒，不动变，而独立的本体。这也已显示了，这本体没有任何量度，没有部分而不可区分（因为这能历经无尽时间创造运动，而一切有限事物均不能有无限能力；每一量度既成为有限或为无限，这一本体既有无限能力就不能是有限量度，但无限量度并无实际存在，因此这也不会是无限量度）。其他一切动变既皆后于空间变化，这又显示了，这本体必当不受动变而且不可改易。"(《形而上学》1073a2—11) 永恒本体是不动的，这和理性本身是不动的是一致的。永恒实体和理性本质上是一回事。静止高于运动。因为静止意味着圆满，意味着无所追求，而运动则意味着不圆满，意味着某种追求。"这当致想于最神圣最宝贵的事物而不为变化；苟为变化这就成为运动而且会每变而愈下。"(《形而上学》1074b25)正如老子所说："静为躁君。"古人还认为"宁静致远",人只有在内心宁静的状态下,才能对事物有清楚的认识。宁静是和智慧相应的,骚动则是和愚蠢相应的。对于永恒事物的研究恰恰可以使人达到这种宁静而高贵的智慧境界。所以古代哲人都强调静止的高贵性。真正的圣者都是从容中道的。

虽然永恒实体是不动的,但是永恒的形式实体是一切事物运动的原因,即"第一动因"。① "这活动的来源必须是由己或由另一些事物——或由第三个活动原理最后推究到那原始动因。现在这必须归宗到'第一动因'了。若不承认这第一动因,就得继续寻找那第二或第三动因所由获得活动原理的事物。所以还当径称这事物为'第一'。这就是永恒常规运动的原因;另一些事物则为变异的原因,而两者合并着说,显然就成为宇宙贞常与变异的总因。这就是运动实际表现的性格。"(《形而上学》1072a13—19)在运动的系列中,必须有某些致动而不被动的永恒事物,这永恒事物就是本体,也就是实现。"第一原理或基本实是创作第一级单纯永恒运动,而自己绝不运动,也不附带地运动。但因为被动事物必需有某物致使运动,而原动者又必须自己不动,永恒而单纯的运动必须由永恒而单纯的事物为之创作,又因为我们见到了所说不动原始本体所创作的宇宙单纯空间运动以外,还有其它空间运动——如行星运动——那也是永恒的(凡物体之为圆运动者均属永恒不息;这个我们已在'物学论文'中为之证明),这些运动也必

---

① 基督教把"第一因"归结为上帝。第一因本来是认识对象,但是基督教中第一因成为信仰对象。佛教则"因缘所生法"否定了第一因。第一因是无因生,是违反因果规律的。我们可以作一些比较。

须各有一个永恒而自己不动的本体为之创作原因。星辰正因是某一类的本体,而成为永恒,致动于星辰者既必先于星辰亦必为永恒本体。于是按照上所述及的理论明白地,这就必须有与星辰诸运动为数一样多的本体,自己不动,永恒而无任何量度。"(《形而上学》1073a20—35)宇宙天体是模仿永恒的理念,地球等自然物模仿天体。如果我们认识了永恒不变的形式本体,我们就把握了宇宙的奥秘。"譬如北辰,居其所而众星共之。"我们只有在变化中把握不变者,我们才能获得智慧。所谓"以不变应万变"。

综上所述,形式实体是最真实的实现。形式本体是不动的,是永恒运动的推动者。当然,研究永恒的实体有何意义呢?我们一般容易陷入繁琐的文字概念之中,而忘记了对永恒实体的研究对于我们心灵的影响。正如柏拉图所说:"一个真正专心致志于真实存在的人是的确无暇关注琐碎人事,或者充满敌意和妒忌与人争吵不休的;他的注意力永远放在永恒不变的事物上,他看到这种事物相互间既不伤害也不被伤害,按照理性的要求有秩序地活动着,因而竭力模仿它们,并且尽可能使自己像它们。"(《理想国》500c)施特劳斯也指出:"在严格和古典意义上的哲学,是对永恒秩序或永恒原因或所有事物的原因的追求。这样,它就预先假定了存在着一种永恒不变的秩序,历史就在其中发生,而它并不受历史的影响。换言之,它预先假定了任何'自由王国'只不过是'必然王国'中一个有赖于它的领域。"[①] 因此,对形式实体的认识和观照是我们获

[①] 施特劳斯、科耶夫:《论僭政:色诺芬〈希耶罗〉义疏》,何地译,华夏出版社,2006,第228—229页。

得智慧的根本。智慧则使人超出了无常的人事变化,变得安宁、不动,变得神圣和高贵。这就是高贵的哲学生活的意义。如果我们总是追寻变化之物,我们就会被外物所诱惑和支配,就会变得骚动不安和浅薄无知。

亚里士多德并不怀疑人类认识本体的可能性。如果形式是"体",那么个别事物就是"相"。形式作为"体"必然显现在个体事物的"相"上。"相"是"体"的显现,"体"是"相"的本质。"体"和"相"是不二的,我们缘"相"就可以认识"体",所以亚里士多德认为本体是可知的。但是在现代哲学中,对本体的认识就已经成为问题,休谟的怀疑主义就否定了认识本体的可能性。康德也认为体和相是分离的,本体(物自体)是不可知的。人类对物自体的认识已经打上了自身的烙印,我们只能认识到我们能够认识的东西。他不再相信理性是无限的、绝对的,而认为理性就是世界的本质,对世界的认识就是理性的自我认识。我们应该看到,康德的物自体其实是质料因意义上的本体,并不是形式因意义上的本体,仍然类似于原子论的含义。康德把形式因安立在人类的先天主体性上,包括感性的直观形式和知性的范畴形式。物自体本身没有形式,是人类的主体性赋予了形式。康德的这种观点当然具有一定的正确性。但是他并未认识到这种不可知是因为凡夫被自己的情欲和烦恼遮蔽所致,并不是物自体不让人知道,也并不是人类永远不能摆脱这种遮蔽。亚里士多德认为人类可以超越自己的经验性,最终认识形式实体本身。

三、至善问题

亚里士多德认为对四因的研究应该有四种学术。但是它们的地位并不是等同的,对目的因或者至善的研究为最高学术。"四因都可以称为智慧的学术。至于其中最高尚最具权威的,应推极因与善因之学,终极与本善具有慧性,——万物同归于终极而复于本善,其他学术只是它的婢女,必须为之附从而不能与相违忤。"(《形而上学》996b10) 所以要理解亚里士多德的形而上学,对目的因和至善论的研究是必需的。哲学和形而上学就是关于至善的科学。所谓"止于至善"。只有在对至善的沉思中,哲学形而上学才达到了最高的终结。否则,没有对于至善的沉思,哲学就不是真正的理性沉思。

(一)从形式因到目的因

亚里士多德的目的论主要来自苏格拉底和柏拉图的哲学。苏格拉底首先提出了哲学目的论。"苏格拉底最早将哲学的中心主题定义为人类活动——有目的的活动,并因此把目的理解为通向整全的关键。"① "他假定整全的可理解性 (the intelligibility of the whole) 的主题如下:理解某事物意味着根据目的来理解。如果理性主义意味着假定'好'是最初或最终的至高无上,那么,理性主义确实是乐观主义。如果理性主义要求目

---

① 施特劳斯等:《苏格拉底问题与现代性:卷二》,彭磊、丁耘译,华夏出版社,2008,第 265 页。

的论地理解整全,那么,理性主义确实是乐观主义。有大量证据表明,苏格拉底开创了哲学目的论。"① 可以说,哲学目的论是苏格拉底和柏拉图的哲学革命的重要成果。他们开辟了真正的哲学研究之路。只有遵循这条哲学之路,我们才能打开哲学智慧的大门。但是哲学目的论却已经被现代哲学所抛弃了。

在亚里士多德看来,对目的因的研究是更重要的。在《尼各马可伦理学》中,他指出:"每种事物的品质就决定于其目的。"(《尼各马可伦理学》1116b23)也就是说,目的决定本质。在《形而上学》中,他指出:"每一动变的事物总是向着某一原理即终极而动变,(事物之目的就是它所以发生的原理;创造以其终极为目的,)而实现就是终极,事物之获取其潜能就为要达到这终极目的。"(《形而上学》1050a10)在他看来,我们应该根据目的因来理解运动。否则,我们就不可能理解运动。这种目的论的观点是特别由对人类行为的观察而得出的。因为人类的行为都是有目的的,而且不同的目的决定了行为的本质。同一个行为如果目的是不同,那么它们的本质也就是不同的。借此,他们也依据这种方法来认识宇宙自然现象。"正如我们所说过的那样,知道了某一事物的'是什么',就等于知道了它的'为什么'。无论是对于一般的与其属性相分离的存在还是对于某一属性的存在来说,情况都是如此"。(《后分析篇》90a30)但是现代科学和哲学首先并不致力于对人类行为的观察。它们似乎试图超出对人类事物的认识而直接认识自然。在它们看来,一切运动都是纯粹的机械运动。机械运动就

---

① 施特劳斯:《苏格拉底问题六讲》,载刘小枫、陈少明主编《苏格拉底问题》,华夏出版社,2005,第 13 页。

是位移。其他一切运动都被还原为机械运动。而机械运动是无目的的，这样，它们就抛弃了古代哲学的目的论传统。但是不承认目的因，科学和哲学就无法成立。

那么，应该如何安立目的因呢？形式因和目的因是什么关系呢？一方面，我们可以形式因推出目的因，其根据就是"使用"的概念。在《欧叙德谟》中，柏拉图指出，如果我们只是知道某种东西而不知道如何使用这种东西，这不会带来好处。例如我们知道点金术，却不知道如何使用黄金，那么黄金就没有任何好处。所以我们的知识必须同时结合制造和使用两个方面，否则就不是完整的知识和技艺。"制造的技艺是一回事，使用的技艺则完全是另一回事。"（《欧叙德谟》289c）在《理想国》中，柏拉图指出，不论谈到什么事物都有三种技术：使用者的技术、制造者的技术和模仿者的技术，一切器具、生物和行为的善美与正确都与使用（作为人与自然创造一切的目的）有关。"因此，完全必然的是：任何事物的使用者乃是对它最有经验的，使用者把使用中看到的该事物的性能好坏通报给制造者。例如吹奏长笛的人报告制造长笛的人，各种长笛在演奏中表现出来的性能如何，并吩咐制造怎样的一种，制造者则按照他的吩咐去制造。于是，一种人知道并报告关于笛子的优劣，另一种人信任他，照他的要求去制造。因此，制造者对这种乐器的优劣能有正确的信念（这是在和对乐器有真知的人交流中，在不得不听从他的意见时的信念），而使用者对它则能有知识。"（《理想国》601d—e）从这里可以看出，柏拉图认为使用者才是有真实知识的，制造者并未有真实的知识。这意味着使用决定制造，目的决定形式。一个形式的好坏就在于是否合乎目的。所以形式的本质和意义就是合乎目的。在《物理学》中，亚里士多德的一段话和柏拉图的观点如出一辙："技术也有两种：一种为支配原材料的技术，一为具有知识，换言之，一为使用者的技术，一为制造者的技术。因此，使用者的技术在某种意义上也是生产者的技术。当然也有分别：使用技术是认识形式，生产技术则是认识质料。例如舵手知道舵是什么样的，亦即知道它的形式，并且对舵的规格提出要求，而造舵的木工知道该用什么木材，通过哪些制造活动，以达到目的。因此在技术产物里是我们人以功能为目的而制作质料，而在自然产物里质料原来就存在。"（《物理学》194b5）

因此，我们在理解形式因和目的因的时候，不能脱离使用的问题来理解。一个事物的形式是不是正当的或者合理的，很多时候依赖于我们对它的使用。使用和目的因相关。"一切作为本来没有高卑的区分，这完全凭它们的目的或者好或者坏，才能显见那些行为或为光荣或为卑辱。"（《政治学》1333a10）从体用的角度看，形式因类似于"体"，目的因类似于"用"。形式因和目的因的关系就是"体"和"用"的关系。或者说，形式因是从事物自身的角度安立的，而目的因是从一个事物和另一事物的关系中安立的。形式因是本体，目的因是功能。两者的角度不同，含义并无区别。当然，事物自身也含有目的因，即目的因是一个事物存在的原因。就事物自身而言，目的因是为了达到完善性。施特劳斯指出："自然一词还暗示了，或者如亚里士多德明确的表达：一件事物的自然是其目的（telos）。当一个事物的存在（coming-into-being）已经完成，一个事物作为事物的自然才存在。完成：在希腊语中的词源是名词'目的'（end, telos）。我们有一个开端，种子，然后朝向高峰，然后衰败。但是目的是高峰；换言之，目的并不意味着死亡作为人的生命结束（end）那个意义上的目的。"① 所以形式因也就是目的因，即事物的发展是为了达到自己的完善性。这种完善性就蕴含在形式因中。形式本身具有完美性。这种完美性构成了目的因的内涵。所以目的决定形式。就和其他事物的关系而言，目的因是为了达到更大的完善性。目的因也是事物发展和运动的根本动力。目的因也就是动力因。所以，我们应该从目的论角度理解理念论、形式因。孤立地理解理念论或者形式因是片面的。

我们还可以从自然物和人造物两个方面来说明。首先，对人造物来说，目的决定形式。一切用具都为了使用，使用包含合目的性。合目的性是决定性的。只有合目的性的人造物才能存在。比如一张床的大小高矮（形式）就来自其合目的性（目的）。我们对事物的命名有时候依据形式，很多时候也根据使用来命名。例如"家"就是指以猪祭祀的地方，"路"就是指使人行走的地方等等。语言和命名对于我们的思维活动是非常重要的。但是我们往往忽视了"使用"在形而上学中的意义。我们更多关心的"体"和"相"，而忽视了"用"，所以我们对事物和语言的认识都不可能是完整的、透彻的。海德格尔的用具概念即从使用的角度理解事物的显现和存在。这对于我们理解哲学和形而上学是非常重要的。但是如果因此认为一切事物都是围绕人来理解，也不是完全准确的，或者说，我们应该从圣人或者哲人的角度来安立，并不是一般意义上的人。只有哲人和圣人才配得作为人的原型和标准。只有哲人或者圣人

---

① 施特劳斯：《古典政治哲学引论——亚里士多德〈政治学〉讲疏（1965年）》，娄林译，华东师范大学出版社，2018，第60页。

才是万物的尺度。圣人观象制器,观物命名。器并不是一般人制造的,而是圣人制造的。只有圣人才能正确地制定形式和命名。其次,对自然物来说,目的决定形式也是合理的。一个事物的存在的意义首先要依据其自身来理解,同时也依赖于和他物的关系,缺一不可。人类世界存在于更大的自然世界,人类世界的意义系统是更大的宇宙意义系统的一部分。自然物同样构成了一个整体的系统。个体物只能在这个系统中才得以存在,并且它的存在也为他物提供了条件。因此任何事物一方面是独立的,另一方面又不是独立的。所谓"因缘所生法"。自然物的形式不一定合乎人的使用目的,但是也只有在人的使用中才能被理解和认识。所谓"推人事以明天道"。施特劳斯指出:"前苏格拉底哲学是一种对整体之理解的追求,对整体之理解并不等同于对整体之各个部分的理解。正因为如此,前苏格拉底哲学不知道对人类事物做一种相对独立的研究。……苏格拉底把对整体之理解等同于对整体之各个部分的理解。因此,苏格拉底哲学允许对人类事物的性质进行研究。"① 因此一个自然物的形式不但对自己,对他物也都具有必然性。形式的必然性来自于它的合目的性。形式因最终导归目的因。

综上所述,形式因和目的因是相互依存的。一切形式都是合目的性的。同时,目的性只能体现在形式因中。下面,我们将会看到,柏拉图和亚里士多德都没有止步于这种使用和目的的概念,他们都从功用性上升到超功用性,即从有用性上升到至善因,至善因是超功用性的。至善是"无用之用"。

---

① 施特劳斯:《弗洛伊德论摩西与一神教》,载刘小枫、陈少明主编《政治哲学中的摩西》,华夏出版社,2006,第31页。

(二) 至善作为目的因

为了真正理解目的因,我们还需要从目的因进一步导归至善因。至善是世界的真正本体。哲学的最高对象即是至善。不认识至善,就不是智慧。柏拉图对至善有深刻的揭示。首先,他通过对现实生活中的人的观察而得出了一个深刻结论。"每一个灵魂都在追求善,都把它作为自己全部行动的目标。人们直觉到它的确实存在,但又对此没有把握;因为他们不能充分了解善究竟是什么,不能确立起对善的稳固的信念,像对别的事物那样。"(《理想国》505e)这种观点是认识人性的奥秘的关键。所以,他认为关于至善的知识是最重要的。至善的知识先于一切知识。"善的理念是最大的知识问题,关于正义等等的知识只有从它演绎出来的才是有用和有益的。……如果我们不知道它,那么别的知识再多对我们也没有任何益处,正如别的东西,虽拥有而不拥有其善者,于我们无益一样。"(《理想国》505a)虽然大多数人都不认识至善,但至善是最真实的,其他都是至善的影像。"知识的对象不仅从善得到它们的可知性,而且从善得到它们自己的存在和实在,虽然善本身不是实在,而是在地位和能力上都高于实在的东西。"(《理想国》509b)至善是可知的,但是我们关于至善的认识却不能以日常的概念语言的方式去说明。我们只能以比喻的方式阐释。这个比喻就是太阳喻。"善在可见世界中所产生的儿子——那个很像它的东西——所指的就是太阳。太阳跟视觉和可见事物的关系,正好像可理知世界里面善本身跟理智和可理知事物的关系一样。"(《理想国》508c)因此,至善在柏拉图哲学中具有至高无上的地位和重要性。我们只有追溯到至善因,才能对目的因有完全的理解。脱离了至善因,我们就不可能理解目的论。

在《物理学》卷二,亚里士多德否定无限系列的存在,提出了"第一因"的问题。他认为"显然,世上必有第一原理,而事物既不能有无尽列的原因,原因也不能有无尽数的种类"(《物理学》994a)。他从四因方面分析,认为不可能存在无尽系列。他还认为也不能有无穷尽的后果。原因和结果都不能是无穷尽的。必然存在第一因。"第一原因既是永恒的,就不该被毁灭。"同样,也必然存在最终目的。这个终极目的就是至善。"极因是一个'终点',这终点不为其他什么事物,而其它一切事物却就为了这个目的;有了这末项,过程就不至于无尽地进行;要是没有这末项,这将没有极因,但这样主张无尽系列的人是在不自觉中抹掉了'善'性(可是任何人在未有定限以前他是无可措手的);世上也将失去理性;有理性的人总是符合于一个目的而后有所作为,这就是定限;终极也就是'定限'。"(《形而上学》994b10—16)在他看来,第一因和善性、理性是一致的。如果否定了这个第一因,那么就同时抹杀了善和理性。我们可以设想,一切事物的存在都有自己的目的,这就构成了一个目的系列。而一切目的都是为了善,这样就构成了一个善的系列。在这个善的系列中,必然存在一个终极的善,这个终极的善就是至善。它不再为了其他目的和善而存在。因为理性总是和目的、善相关的。我们的一切理性的思考都是对善的思考。理性天然和善相关。如果否定了目的和善,也就否定了理性。否定了理性,也即是否定了善。至善论和理性主义是必然相关的。这也是古典哲学揭示的最深刻的智慧之一。但是,近代哲学把欲望和欲望的满足作为唯一的善,不再对善本身进行深刻的思考,并且否定了至善的存在,因此,近现代哲学就不可能再坚持它宣传的理性主义,近代理性主义最终转向了非理性主义。

在《形而上学》中,亚里士多德指出,作为"第一因"的实体是至善。"原始与永在诸事物是没有恶,没有缺点,没有偏邪的。"(《形而上学》1051a5—20)"假如基本而永恒的,最为自足的事物竟然并不主要地赋有'善'这样最自足自持的素质,这正该诧异了。事物之自足而不灭坏者,除由于其本性之善而外,实在找不到其它缘由。所以,说善是第一原理,宜必不错;若说这原理该就是元一,或说若非元一,至少,亦应是列数的一个要素,这些都是不可能的。"(《形而上学》1091b20)他认为"存在是一"的观点是含糊不清的,不能给我们任何实质的教益。准确地说,"存在就是至善"。"元一或存在是善,……本体正是为了善而生成与存在的,……善正是那事物成实的极因。"(《形而上学》988b10)至善的本质就是自足。自足即是无所待。自足即是自在。自足即是圆满无缺。因此,至善自足必然贯穿一切事物之中。虽然具体事物不是自足至善的,但是它们的本体仍然是至善自足的。至善也必然贯穿事物的开端和终结。一切文化中对起源和开端的探讨就是对至善的讨论。我们看到,很多宗教和传说中都把开端设想为至善的。例如圣经中的伊甸园,儒家传统中的三皇五帝时代,希腊神话中的黄金时代等。这些非哲学的思想都和亚里士多德的开端至善论不谋而合。当然,至善不可能只存在于开端,它也同时贯穿了当下和未来。至善是永恒的、不变的。只是在表面的现象界才会有生生不息的变化,才会有是非善恶的争斗,至善的本体始终是如如不动的。

至善本身是不动的。至善是无始无终、不生不灭的。"像毕达哥拉斯学派与斯泮雪浦一样的那些人们因植物与动物〈比其种籽与胚胎为美〉的例示,就假想至善与全美不见于始因而出现于后果,这意见是错误的。因为种籽得于另一些个体,这些个体完善而先于种籽,第一事物并非种籽,而是完成了的实是;我们该说,在种籽之先有一个人,不是人由子生,而是子由人生。"(《形而上学》1072b35)至善不能仅仅看作是一种后果,至善也存在于初始之物中。如果认为至善仅仅出现在后果中,至善就不是圆满的、永恒的。至善本身是清静圆满、自足自在、无始无终,遍于一切万物。

这种思想类似于佛教的如来藏思想。例如《胜鬘师子吼一乘大方便方广经》中说:"世尊,如来藏者,是法界藏、法身藏、出世间上上藏、自性清净藏。此性清净如来藏,而客尘烦恼、上烦恼所染,不思议如来境界。何以故?刹那善心非烦恼所染,刹那不善心亦非烦恼所染。烦恼不触心,心不触烦恼。云何不触法而能得染心?世尊,然有烦恼、有烦恼染心,自性清净心而有染者,难可了知。唯佛世尊,实眼实智,为法根本,为通达法,为正法依,如实知见。"《佛说不增不减经》中说:"舍利弗。甚深义者即是第一义谛。第一义谛者即是众生界。众生界者即是如来藏。如来藏者即是法身。舍利弗。如我所说法身义者。过于恒沙不离不脱不断不异。不思议佛法如来功德智慧。"《大方等如来藏经》中说:"譬如真金堕不净处。隐没不现经历年载。真金不坏而莫能知。有天眼者语众人言。此不净中有真金宝。汝等出之随意受用。如是善男子。不净处者无量烦恼是。真金宝者如来藏是。有天眼者谓如来是。是故如来广为说法。令诸众生除灭烦恼。悉成正觉施作佛事。"《大萨遮尼乾子受记经》中说:"此身即是如来藏故。大王当知。一切烦恼诸垢藏中。有如来性湛然满足。如石中金。如木中火。如地下水。如乳中酪。如麻中油。如子中牙。如藏中宝。如摸中象。如孕中胎。如云中日。是故我言。烦恼身中有如来藏。"

至善就是终极目的。至善因就是第一动因。"一切事物所向往的都是善。"(《论题篇》116a20)事物的变化是趋向至善,运动并不是没有目的的盲目运动,也不是简单的机械运动。"每一事物,如其自身或其自性是善的,则自己就是一个终极,而成为其他事物所由生成而存在的原因;为了某一终极或宗旨,这就将有所作为;有所作为方可见其动变;这样,在不变的或具有本善的事物上,动变无可作为,动变原理也不能应用。"(《形而上学》996a25)不动变的实是必然存在有一个至善因,至善因之作用不仅为善业,也为某物之善果而为之作用。至善不可能产生不善。"事物所由成其善美的原因,正是事物所由始其动变的原因。"世间万物都有目的,而各各努力以致于至善。"每一自然事物生长的目的就在于显明其本性。事物的终点,或其极因,必然是达到至善。"(《政治学》1253a)动力因、目的因和至善因是一致的。

在《形而上学》第十二卷(神学卷)中,亚里士多德提出了至善、理性和神相统一的概念。思维如果以他物为对象,就不是至善的。思想只有以思想本身为对象,才能达到至善。"若说这理性〈心〉进行思想活动,还得有所赖于另一些事物,那么它的本体就不是思想活动而是一个潜能,这就不能成为完善的本体;这是由于思想活动,理性才获致其至善。"(《形而上学》1074b20)至善是圆满的自足的状态。以他物为对象的思维就不是圆满自足的。"若以理性为至善,理性〈神心〉就只能致想于神圣的自身,而思想就成为思想于思想的一种思想。"(《形而上学》1074b35)这种以自身为思维对象的思维就是最神圣、最真实的。在他看来,这种以自身为对象的思维境界就是神。形而上学在此就是神学。"以纯理为活动与实现者尤佳,思想必致想于事物之最佳最高者,由此所启之思想方为嘉想。思想与所想者相接触,相参与,而两者循合于一体。凡能受致理知对象之怎是者,才得成其为理性。于思想活动之顷间亦正思想持获其所想对象之顷间。是以思想〈理性〉所涵若云容受神明,毋宁谓禀持神明,故默想〈神思〉为惟一胜业,其为乐与为善,达到了最高境界。如云吾人所偶一领会之如此佳境,神固万古间未尝一刻而不在如此之佳境,这不能不令人惊奇;若谓神所在境宜更佳于如此者,则其为惊奇也更甚。而神确在更佳更高之处。生命固亦属于神。生命本为理性之实现,而为此实现者唯神;神之自性实现即至善而永恒之生命。因此,我们说神是一个至善而永生的实是,所以生命与无尽延续以至于永恒的时空悉属于神;这就是神。"(《形而上学》1072b20—30)亚里士多德的神只是纯粹理性的一种至善的境界,这种境界是人通过理性的训练而可以达到的。借此,亚里士多德改变了古希腊人关于神的观念。这种哲学的神和基督教的神还是有很大差别的。基督教的神是人格化的神,有和人一样的喜怒哀乐,他们也参与人类的生活。人类是永远不可能成为神的。对于这样的神,人类唯有信仰和崇拜。

  宇宙本身是一个至善的体系。至善才是宇宙万物存在的本质和原因。宇宙守持至善而存在。"宇宙的本性由那一方式持守其善与至善:自然独立于万物之上,抑即为万物之秩序。也许两个方式都是的;譬如一个军队,军队之所以为善,必由秩序与首领,而依于首领者尤多;因为秩序出于首领并非首领得于秩序。而且万物虽不一律,多多少少各有其秩序——草木禽鱼莫不如是;世上各物并非各自为业,实乃随处相关。一切悉被安排于一个目的;像在一室之内,自由人最少自由,他不做无目的的动作,一切事情或大部分事情业已为他制完了一生的行迹,而奴隶与牲畜却大部分蠢蠢而动,无所用心,并不专为某些共通的善业而一齐努力;这些共通的善业,就是人类本性的组成要素,其他的机体也都相似地各有共通的善业为大家向往的目标。"(《形而上学》1075a13—25)这种观点和柏拉图在《蒂迈欧》中关于宇宙的描述是非常一致的。"宇宙拥有各种生命体,可朽的和不朽的,因而它自己就成了一个可见的生命体,其中包含一切可见物和理智的形象。它是可见的神,在优越性和完美性上都是无可比拟的。因此,它是独一无二的。"(《蒂迈欧》92c)[①] 这可以说是柏拉图的"宇宙颂"。

形而上学就是目的论、至善论的科学。我们对一切事物的认识归根到底就是对至善的认识。"这终极目的,个别而论就是一事物的'本善',一般而论就是全宇宙的'至善'。上述各项均当归于同一学术;这必是一门研究原理与原因的学术;所谓'善'亦即'终极',本为诸因之一。"(《形而上学》982b10)所以我们应该以目的因统摄形式因的科学。否则,我们就不可能达到真正的科学。但是现代科学止步于形式因,甚至质料因,而不再关心目的因、至善因。霍布斯否定了至善的存在,把善恶和人的苦乐、欲望联系起来,或者和国家契约观念联系起来。"任何人的欲望的对象就他本人说来,他都称为善,而

[①] 柏拉图:《蒂迈欧篇》,谢文郁注,上海人民出版社,2003。

憎恶或嫌恶的对象则称为恶；轻视的对象则称为无价值和无足轻重。因为善、恶和可轻视状况等语词的用法从来就是和使用者相关的，任何事物都不可能单纯地、绝对地是这样。也不可能从对象本身的本质之中得出任何善恶的共同准则，这种准则，在没有国家的地方，只能从各人自己身上得出，有国家存在的地方，则是从代表国家的人身上得出的；也可能是从争议双方同意选定，并以其裁决作为有关事物的准则的仲裁人身上得出的。"① 康德认为在古代，哲学是关于至善的科学。"作为一门科学，这种学说，在古人所理解的这个词的意义上便是哲学。后者在古人那里原是对至善借以措身的概念以及对至善借以获致的行为的诠论。"② 但是在现代，哲学不再关心至善问题，至善问题已经过时了。"在近代人那里有关至善的问题已经过时了，或者至少看起来已经成为第二位的事情了。"③ 我们学习古典哲学，重要原因在于重新唤起对至善的关心和思考。

第二节　沉思的形式

在《尼各马可伦理学》中，亚里士多德区分了理性的五种活动，即技艺、科学、明智、智慧和努斯。其中，技艺是技术理性或者工具理性，是理性服务于情欲的理性活动。明智和实践理性相关，是以理性节制情欲的活动。

科学是对普遍的必然的事物的认识。"科学的对象是由于

---

① 霍布斯：《利维坦》，黎思复、黎廷弼译，商务印书馆，1985，第 37 页。
② 康德：《实践理性批判》，韩水法译，商务印书馆，1999，第 119 页。
③ 同上书，第 70 页。

必然性而存在的。因此，它是永恒的。因为，每种由于必然性而存在的事物都是永恒的。而永恒的事物就既不生成也不毁灭。"(《尼各马可伦理学》1139b21)科学是通过证明来进行的，或者是归纳的或者是演绎的。科学知识也是可以通过学习获得的。科学都是从"始点"开始的，但是科学据以推理的始点不是科学可以达到的。科学是和逻辑理性相关的，类似于柏拉图所说的第二种知识，即从"假设"开始的知识。

努斯是和始点相关的。"努斯相关于始点，对这些始点是讲不出逻各斯来的。"(《尼各马可伦理学》1142a25)如果说逻各斯是逻辑理性，那么努斯则是直观理性。"明智就是正确的逻各斯。"努斯凭借直观方式把握事实。他认为努斯是天生具有的。"这些品质是人生来就有的：尽管不是生来就有智慧，一个人却生来就会体谅，理解，也生来就具有努斯。"(《尼各马可伦理学》1143b5)它们可以随着年龄而增长。

智慧是科学和努斯的结合。始点也不是智慧的对象，因为爱智慧也要依靠证明。"智慧显然是各种科学中的最为完善者。有智慧的人不仅知道从始点推出的结论，而且真切地知道那些始点。所以智慧必定是努斯与科学的结合，必定是关于最高等的题材的、居首位的科学。"(《尼各马可伦理学》1141a20)科学和智慧认识的对象都不是人类事物，而是超出人类的事物。人类并不是最高的存在，如果认为政治和明智是最高等的科学，那是荒唐的。可以说，科学是概念性的推理性的知识。努斯则是一种直观性的知识。智慧是科学和努斯的结合，即"绝对知识"。

根据亚里士多德的这种观点，理论理性包括逻辑理性、辩证理性和直观理性三种形式。逻辑理性是和科学相关的，辩证理性是哲学相关的。当然，从总体上看，哲学生活就是理论生活，哲学和科学是一回事。理论理性高于实践理性。哲学生活是自由人的生活，是免除了生活所迫的，是超越了功名利禄、成败得失的生活。如果说实践理性的政治生活是要解决理性和情欲的关系问题，而理论理性的哲学生活已经解决了理性和情欲的关系问题，所以哲学生活是纯粹理性的生活。

一、逻辑理性

科学理性主要就是逻辑理性，逻辑理性表现为形式逻辑。形式逻辑主要是亚里士多德建立的。在《工具论》中亚里士多德阐述了形式逻辑的理论，对后来的哲学和逻辑产生了深远影响。培根的《新工具》主要就是针对亚里士多德的《工具论》而创作的。他要反对亚里士多德的逻辑学，而建立适合现代科学发展的新逻辑学。

（一）逻辑与实在

亚里士多德认为研究逻辑通则是非常重要的。"对于通则的探索，该属于一门哲学家的学术；因为这些真理为一切事物所同然，并不专主于某些独立科属。每一科属咸各有其实是，而这些真理于实是之为实是确切无误，由是遂为世人所公认而通用。但世人应用它们却各为满足自己的要求；因此凡是适宜于为他们所研究诸科属作证的，他们就照顾这些通则。这些通则既于一切实是皆显然无误，那么于一切事物如欲问其实是，则研究那实是之为实是的人们，自然也将研究这些通则。"（《形而上学》1005a20—b5）真正热爱智慧的人应该在进行专门研究之前，先熟悉这些通则，不应在倾听学术讲授的时候才来争辩。但是进行专门研究的人，如几何学家或算术家，并不关心这些通则是真是假。有些自然哲学家或物理学家也错误地认为唯有他们是在研究整个自然以及实是。但真正的形而上学家则超乎自然哲学家之上，他们所考察的都是普遍真理与原始本体，他们对于逻辑通则也是研究和通达的。

在亚里士多德哲学中，逻辑和实在是一致的。或者说，逻辑是对实在的模仿。在《工具论》中，他指出："我们所探讨的问题的种类与我们所知道的事物的种类一样多。它们有四类：事实、根据、存在、本质（是什么）。"（《后分析篇》89b23）如果我们不认为逻辑可以反映实在，我们就不会相信逻辑。在《范畴篇》中，亚里士多德对事物和名称的关系进行了研究。当事物只有一个共同名称，而和名称相应的实体的定义有所区别时，事物的名称就是"同名异义的"；当事物不仅具有一个共同名称，而且与名称相应的实体的定义也是同一的，那么事物的名称就是"同名同义的"。所以在亚里士多德看来，事实和语词之间具有一种本质性的关系。正是根据语词和事实的本质关系，亚里士多德区分了实体和属性。语言的表达或者是复合的，或者是简单的。"一切非复合词包括：实体、数量、性质、关系、何地、何时、所处、所有、动作、承受。"（《范畴篇》1b25）他认为实体就是主词，属性就是谓词。这体现了他把逻辑和实在联系相联系的思维方式。

对于名称的本质，亚里士多德认为名称是约定俗成的结果。"名词是因约定俗成而具有某种意义的与时间无关的声音。名词的任何部分一旦与整体分离，便不再表示什么意义。"（《解释篇》16a20）但是，如果名称仅仅是约定俗成的产物，那么，名称和人类生活的自然基础就可能被忽视了。柏拉图在《克拉底鲁》中不仅分析了名称的约定性，还强调了名称的自然性。"名称是自然的，并不是每个人都知道如何正确地对事物进行命名。"（《克拉底鲁》391b）① 名称和自然的关系是逻辑理性和实在的关系的一个方面。理性是宇宙自然中最初的最实在的。逻辑也是宇宙理性的表达方法。所以我们可以依据逻辑认识实在。柏拉图在《蒂迈欧》中也指出："这个世界是理智和必然的共同产物。理智是通过说服来驾驭必然的。理智是统治力量，它说服了必然而把大多数被造物引向完善。"（《蒂迈欧》48a）这种关于理性（语言）和实在的本质性关系的观念是古典哲学的基本观念。

亚里士多德也区分了知识和意见。"知识和知识的对象与意见和意见的对象并不相同。知识是关于普遍的，是通过必然的命题而进行的，必然的东西不可能变成其他。……意见所涉及的就是可真实可虚假、能够变成其他的东西。换言之，意见就是对既非直接亦非必然的前提的断定。"（《后分析篇》88b30）"科学知识不可能通过感官知觉而获得。即使感官是关于有性质的对象而不是关于某个东西的。我们所感觉到的必定是在某一地点、某一时间中的某个东西，但普遍的而且在一切情况下都是真实的东西是不可能被感觉到的，因为它既不是一个特殊的东西也不处在某个特定的时间中，否则，它就不再是普遍的了。因为只有永远而且在各处都可得到的东西才是普遍的。所

---

① Plato: *Complete Works*, Edited, with Introduction and Notes, by John M. Cooper, Hackett Publishing Company, 1997.

以由于证明是普遍的,普遍不能为感官所感知,所以很明显,知识不能通过感官知觉而获得。"(《后分析篇》87b30)这种观点和柏拉图是一致的。亚里士多德虽然重视感觉,但是他也并不认为感觉可以给人知识,否则,动物也同样可以具有知识。对事实本身的研究应该依据逻辑理性,而不是感官感觉。

对于逻辑理性和实在的本质关系的认识是西方哲学史的基本问题。如果这个问题被抛弃了,哲学的认识就是不可能的。在近代哲学中,黑格尔建立了逻辑和实在、逻辑和历史的一致性原则。在他看来,理性是最终的实在,自然事物是合乎理性的和逻辑的,实在合乎概念,所以理性和实在是一回事。逻辑学、自然哲学和精神哲学构成了他的整个哲学全书的统一性内容。不但如此,他还认为人类的历史过程也是合乎理性和逻辑的,人类的历史发展目的就是理性王国的实现。"哲学用以观察历史的唯一的思想便是理性这个简单的概念,'理性'是世界的主宰,世界历史因此是一种合理的过程。"[①] 黑格尔的这种哲学被称为是一种历史理性主义。他的哲学的目的就是为了论证现代性理想的必然性和最终实现。但是黑格尔的理性和精神仍然是服务于欲望和激情的,并不是古典哲学意义上的理性和精神。

在现代分析哲学中,罗素和维特根斯坦建立了逻辑哲学。维特根斯坦认为世界和语言之间存在逻辑同构性。世界是由事实、事态和简单物体三个层次组成的,世界就是事实的总和。语言同样包含了命题、基本命题和简单名称三个层次,语言是命题的总和。他认为世界结构与语言结构之间存在先天的对应关系,简单名称与简单命题对应,事态与基本命题对应,命题

---

① 黑格尔:《历史哲学》,王造时译,上海书店出版社,1999,第6页。

与事实对应，语言与世界对应。这种哲学被称为逻辑原子主义。对于不能纳入这种逻辑结构的内容，例如伦理学、美学、神学等问题，我们只能保持沉默。借此，他区分了可说和不可说的问题。

胡塞尔则试图以直观的方式解释逻辑和范畴问题。他拒绝传统的形而上学思辨，主张把所有哲学概念回溯到它们在直观中的最初源泉上去。他认为最具有确定性的知识起源于内在感知之中，我们可以在"看""直观"中把握实事本身。现象学的现象就是自行显现之物，就是绝对的自身被给予之物。现象学就是对这种绝对的自身被给予之物的研究。现象首先包含了在意识中显现的个别之物，也就是在感性直观中的被给予之物，如桌子、房子、树、花等。胡塞尔认为，不仅个别事物可以达到绝对的自身被给予性，而且观念之物也可以达到自明的被给予性。所以现象学的现象还包括一般之物，即范畴、种属等。他认为我们对本质和范畴的认识也是一种直观的认识。范畴和逻辑并不是一种人为的构造和抽象，它们同样有实在的基础和意义。因此，现象学最初是为纯粹逻辑学进行奠基，其目的就是克服逻辑概念上的语义混乱。逻辑学就是以一般或者范畴为研究对象。"含义一般——即在种类统一意义上的含义——构成了纯粹逻辑学的领域，因而对种类本身的任何误认都会涉及到它自己的本己本质。"① 由此可见，正是现象学与逻辑学的这种内在关系决定了胡塞尔现象学的基本方向。

但是，在现代哲学中，也存在一种强大的反对理性和逻辑

---

① 胡塞尔:《逻辑研究》(第二卷第一部分)，倪梁康译，上海译文出版社，1999，第112页。

的哲学思潮。这种非理性主义思潮试图抛弃逻辑和理性,以直觉、想象、情感等把握实在,这是非常错误的。直觉、想象和情感中确实包含了实在的某些因素,但是非理性的东西不是实在的本质方面,而是非本质的偶性的方面。非理性的东西中也包含了理性的东西。它们之所以能够对实在有所体现,也是因为它们之中蕴含了理性和逻辑的因素。真正把握实在的能力只能是理性,而不可能是非理性,求助于非理性的认识是不可能的。同样,对实在的否定也是一种认识,对理性的否定也是一种理性,只是这是一种非常片面的和不自知的理性认识。理性就像是种子或者微粒一样含藏在一切事物之中。只有在哲学生活理性才能获得真正的充分的发展和实现。所以我们必须借助于理性和逻辑的力量去认识真理。如果抛弃逻辑理性,我们就不可能认识实在。当然,在认识活动的高级阶段,也就是辩证逻辑和直观理性的阶段,逻辑就是需要扬弃的。

(二) 形式逻辑

在《工具论》中,亚里士多德讨论了形式逻辑的各个问题。《工具论》包括《范畴篇》《解释篇》《前分析篇》《后分析篇》《论题篇》和《辨谬篇》。这六篇逻辑著作在他去世后由他的学生汇编在一起,取名《工具论》。其中《范畴篇》主要研究概念和范畴的问题,《解释篇》主要研究了判断问题,《前分析篇》和《后分析篇》主要研究推理和证明,《论题篇》和《辨谬篇》主要研究论辩的方法。《工具论》对概念、判断、直接推理、三段论以及逻辑规律等都做了详细的论述,包含了传统逻辑中关于演绎推理的大部分内容。可以说,亚里士多德的直言三段论学说的建立标志着逻辑学的诞生。

在《范畴篇》中，他首先讨论了名词、动词、概念和范畴等问题。例如名称有同名同义的，也有同名异义的；有基本词，也有派生词；有可以述说他物的，也有不述说他物的。不述说他物，只能被他物述说的就是主词，述说他物的就是宾词。有的既可以述说，也可以被述说。他还对实体和属性进行了讨论。第一实体就是个别事物，而第二实体就是种和属。他还对数量、关系、性质、状态、经受等进行了讨论。

在《解释篇》中，他讨论了名词、动词、命题、句子等问题。他认为口语是内心经验的符号，文字是口语的符号。名词是因约定俗成而具有某种意义的与时间无关的声音。声音本身并不是名词，声音作为一种符号时才能成为名词。动词不仅具有某种特殊意义，而且还与时间有关。动词没有独立的意义，只是表示由其他事物所述说的某种情况。句子是一连串有意义的声音，它的每个部分都有其独立的意义。并非任何句子都是命题。只有那些自身或者是真实的或者是虚假的句子才是命题。命题可以分为肯定命题和否定命题，"肯定命题是肯定某事物属于另一事物，否定命题否定某事物属于另一事物"（《解释篇》17a25）。命题还可以分为简单命题和复杂命题，复杂命题都是简单命题结合而成的。命题还可以分为单一命题和复多命题。那些陈述了单一事实，或者通过结合而形成的单一事实的命题是单一命题。那些陈述了多个事实或者其各个部分并没有连结起来的命题乃是复多命题。有些命题是全称命题，有些命题是单称命题；有些命题之间是矛盾命题，有些命题之间是相反命题等等。

在《前分析篇》和《后分析篇》中，亚里士多德对三段论进行了详细的讨论。他首先对前提进行定义。"前提是对某一事物肯定或否定另一事物的一个陈述。它或者是全称的,或者是特称的,或者是不定的。所谓全称前提,我是指一个事物属于或不属于另一事物的全体的陈述;所谓特称前提,我是指一个事物属于另一个事物的有些部分、不属于有些部分或不属于另一个事物全体的陈述;所谓不定前提,我指的是一个事物属于或不属于另一个事物,但没有表明是特称还是全称的陈述。"(《前分析篇》24a15)然后,他对三段论进行定义。"三段论是一种论证,其中只要确定某些论断,某些异于它们的事物便可以必然地从如此确定的论断中推出。所谓'如此确定的论断',我的意思是指结论通过它们而得出的东西,就是说,不需要其他任何词项就可以得出必然的结论。如果一个三段论除了所说的东西以外不需要其他什么就可明确得出必然的结论,那么,我们就称这个三段论是完满的;如果一个三段论需要一个或多个尽管可以必然从已设定的词项中推出但却不包含在前提中的因素,那么,我们就称这个三段论是不完满的。"(《前分析篇》24b20)

三段论推理包含大前提、小前提和结论。大前提是普遍的命题,涵盖所有同类事物。小前提则是这一类事物中的个别事物,所以它也必然具有同类事物的属性。因此,结论就必然是确定无疑的。证明是一种三段论,但并不是所有的三段论都是证明。接下来。他对三段论什么条件可以成立,什么条件不能成立,什么情况是完满的,什么情况是不完满的等各种形式进行了讨论。三段论是关于证明的知识。所以在《形而上学》中,亚里士多德认为哲学家必须研究三段论。"明显地,研究一切本体的哲学家也得研究综合论法[三段论法]。谁最精习于一科属的事物,谁就必然能够陈明有关这一门的最确实原理，所以谁最精习于现存事物［现是］者也必然能够陈述一切事物的最确实原理。惟有哲学家能如此，最确实的原理是万无一误的原理［因为常人每误于其所不知］。这样的原理宜非虚语，而且应该为众所周知。凡为每一个有些理解的人所理解的原理必不是一个假设；凡为有些知识的人所必知的原理当是在进行专门研究前所该预知的原理。"（《形而上学》1005b7—19）

在《后分析篇》中，亚里士多德讨论了定义的问题。定义是逻辑思维的第一步。我们知道，下定义是苏格拉底的主要对话方法。苏格拉底推理任何问题都是要求对方给出定义。例如什么是正义，什么是勇敢，什么是节制等。在对定义的反复讨论中，苏格拉底使对方的认识和智慧不断得以提高。亚里士多德在《形而上学》中也强调了定义的重要性。他指出："我们必须注意到事物的怎是与其定义，若无定义，研究是徒劳的。"（《形而上学》1025b30）对事物的定义就是对事物"是什么"的认识。定义就是对事物的本质的探讨，就是把一个事物和其他事物区分开来。"定义是关于'是什么'或本质的。"（《后分析篇》90b30）"在综合论法中，'怎是'为一切事物的起点（综合论法的起点，'这是什么？'）。"（《形而上学》1034a30）定义是一切科学认识的基本目的和前提。按照现代逻辑学的说法，下定义就是确定事物的内涵和外延。

亚里士多德认为定义是个别事物和种属的关系，其基本形式就是种加属差。"我们必须考察由于分类法所造成的定义。除了基本科属与其差异而外，定义中就再不用别的了。其他诸科属只是那基本科属，次第附加，继续区分出来的诸差异而已。"（《形而上学》1037b30）"最后的差异就该是事物的本体与其定义；……于是，假如逐级进求差异中的差异，达到了最后一级差异——这就是形式与本体；……所以定义是包含诸差异的公式，或者按照真确的分类方法，即是最末一差异。"(《形而上学》1038a30)"定义是由种加属差构成的。"(《论题篇》103b15)因此定义和对事物的种和属的划分有关。

亚里士多德讨论了二分法的问题。"不难看到，根据种而划分是上述方法的一小部分。划分好比是一种弱的三段论，因为它预定了所要证明的东西，并且总是推出比所讨论的属性更广泛的东西。"(《前分析篇》46a30)二分法类似于这种种加属差的方法进行定义。但是他认为二分法并不能够产生结论，划分法就是像是归纳法一样不能证明什么。在《政治家》中，柏拉图也使用了二分法。他首先从知识开始划分。他依据知识和行动的关系，把所有知识区分为实践的和认知的两个"种"。例如数学知识和木匠的知识。认知的技艺又分为指导的和分辨的，王者的技艺属于指导的技艺。指导的技艺可以分为指导他人的和自我指导的。他接下来从被指导者（生成者）方面进行划分。被指导者分为有灵魂的和没有灵魂的，对有灵魂的动物的指导分为对个体动物的指导和对群体动物的指导。群体动物又分为驯养的和野生的，人属于驯养的动物等等。这种二分法对于我们理解定义的本质也有一定帮助。

他认为定义和三段论不同。"定义是关于'是什么'或本质的。而一切证明很显然首先把"是什么"确定为一个既成事实。"(《后分析篇》90b30)"揭示一个事物的'是什么'与证明一个事实并不相同。定义揭示'是什么'，但证明却证实一个属性属于或不属于某一主体。……十分清楚，并非每个可下定义的事物都是可以证明的；也不是每个可证明的事物都是可下定义的；对于同一事物既有定义又有证明是完全不可能的。因此定义和证明不是同一的,也不互相包含。否则,它们的对象就会相同或者相包含。"(《后分析篇》91a—10)定义并没有确保被下定义的事物能够存在,也不与它们要为之下定义的事物相等同。下定义者要么说明事物是什么,要么说明它的名称的意义,如果定义根本没有证明"是什么",那么,这样一来,定义就必定是一个其意义与名称相同的表述。但这是荒谬的。"定义与三段论是不相同的。它们没有共同的对象。此外,同样明显的是,定义既没有证明也没有揭示任何事物,我们既不能通过定义也不能通过证明认识到事物的'是什么'。"(《后分析篇》92b35)

在近代哲学中,培根的经验论发展了归纳推理。他认为知识来自感觉和经验,通过对现象的观察和归纳,我们可以达到对事物的一般规律的认识,只有这种认识才能提高人类对自然达到认识,促进科学的发展。但是这种方法被认为不具有绝对的正确性。笛卡尔的唯理论发展了演绎推理。他认为我们的感觉经验是不可靠的,我们应该从内心中自明的概念和命题出发,然后,通过遵循严格的推理方法,就可以建立科学知识的大厦。但是这种方法被认为不能增加人类的新知识。所以,康德试图通过综合经验论和唯理论的优点,而提出先验哲学的思想。但是他认为人类的知识只能局限在现象界,不能达到本体界,这样就陷入了不可知论的错误。

二、辩证理性

逻辑理性或者形式逻辑的本质就是"分别诸法",对不同的事物进行清楚的定义和推理。这是一切哲学和科学思考的必然起点。但是如果我们仅仅停留在这种形式逻辑的范围内,我们就不能发现更高的真理。所以我们需要进入到更高的理性思维中,这就是辩证理性。

苏格拉底和柏拉图对辩证法非常重视。在他们那里,辩证法有两层含义。第一个是最初的对话含义。但是这种对话并不是聊天闲谈,而是针对某个问题进行辩难。例如苏格拉底对各种问题进行定义的探讨。在此,我们需要注意,苏格拉底的对话是根据不同人的不同问题进行辩证的。这种方法体现了因材施教、有教无类的特征。正如施特劳斯指出:"苏格拉底作出的任何评论,或者柏拉图的任何其他代言人,都带有针对对话者的某种意图,针对他们的处境,永恒的或者暂时的处境,他们的个性,他们的能力,他们的社会地位等等。"① 这种辩证法是古代一切伟大智者的共同特征。在这里,我们要把辩证法和古希腊智者派的诡辩术区分开。诡辩术的本质在于只关心说服对方,而不关心真理。辩证法是追求真理的方法。第二个是探讨各个理念之间的联系的科学方法。柏拉图在《理想国》中指出:"我指的是逻各斯本身凭着辩证的力量而达到的那种知识。在这里假设不是被用作原理,而是仅仅被用作假设,即,被用作一定阶段的起点,以便从这个起点一直上升到一个高于假设的世界,上升到绝对原理,并且在达到绝对原理之后,又回过头来把握那些以绝对原理为根据提出来的东西,最后下降到结论。在这过程中不靠使用任何感性事物,而只使用理念,

---

① 施特劳斯:《古典政治哲学引论——亚里士多德〈政治学〉讲疏(1965年)》,娄林译,华东师范大学出版社,2018,第 38 页。

从一个理念到另一个理念,并且最后归结到理念。"(《理想国》511b)对实在或者本体的研究只能依靠辩证法。"只有辩证法有能力让人看到实在,也只让学习过我们所列举的那些学科的人看到它,别的途径是没有的。"(《理想国》533a)在《巴门尼德》等对话中,柏拉图提出了"完备的辩证法"的概念,它主要探讨的就是对立范畴之间的关系。辩证法的特征就是一方面要依据概念和范畴等,否则我们就无法进行讨论,但是另一方面,辩证法要超越一切概念和范畴,它并不是固执于任何单纯的概念范畴之中的。只有通过辩证法的超越性,我们才能最终认识实在本身。这是辩证理性高于逻辑理性的方面。

据说,亚里士多德曾经讲述《对成选录》,却遗失了。他认为哲学包含了对对立范畴或者对立关系的研究。"每一门学术的任务应须研究'对反',也就是研究相反的概念或者范畴。我们这一门学术的范围也就该包括上述的'对成'诸观念,'有别'与'不似'与'不等'以及从这些或从'众多与元一'衍生的其他各项。"(《形而上学》1004a15)这些概念大概包括了存在和非存在、多和一、运动和静止、相同和差异等,类似于柏拉图的通种论中的基本范畴。下面,我们根据《工具论》和《形而上学》中的一些内容进行分析。

(一)《工具论》中的讨论

在《工具论》的《论题篇》和《辩谬篇》中,亚里士多德讨论了论辩的规则问题。

在《论题篇》中,他指出对论辩推理的考察的目的在于寻求一种探索的方法,通过它,我们就能从普遍接受的任何问题来进行推理。当我们自己提出论证时,不至于说出自相矛盾的话。他首先明确了推理的定义,把推理区分为两种。"推理是一种论证,其中有些被设定为前提,另外的判断则必然地由它们发生。当推理由以出发的前提是真实的和原初的时,或者当我们对于它们的最初知识是来自某些原初的和真实的前提时,这种推理就是证明的。从普遍接受的意见出发进行的推理是辩证的推理。所谓真实的和原初的,是指那些不因其他而自身就具有可靠性的东西。不应该穷究知识第一原理的原由,因为每个第一原理都由于自身而具有可靠性。所谓普遍接受的意见,是指那些被一切人或多数人或贤哲们,即被全体或多数或其中最负盛名的贤哲们所公认的意见。"(《论题篇》100a25)推理是从一些特定的假设出发,通过和其他判断的结合,得出最终的结论。推理分为两种:从真实而原初的前提出发的推理就是证明的推理,而从普遍接受的意见出发的推理就是辩证的推理。

他对论证所依据的根据和推理涉及的主题进行了划分。"论证所依的根据和推理涉及的主题要数目相等、性质相同,因为论证的始点是命题,推理涉及的是问题。所有命题和所有问题所表示的或是某个属,或是一特性,或是一偶性;因为种差具有类的属性,应与属处于相同序列。但是,既然在事物的特性中,有的表现本质,有的并不表现本质,那么,就可以把特性区分为上述的两个部分,把表现本质的那个部分称为定义,把剩下的部分按通常所用的术语叫做特性。根据上述,因此很明显,按现在的区分,一共出现有四个要素,即特性、定义、属和偶性。"(《论题篇》101b20)接下来,他对定义、种、特性等分别进行了界定。定义是揭示事物本质的短语。定义大多涉及相同或相异的问题。当我们能论证事物相同还是相异时,我们也就能对事物的定义作出表述;当我们证明不相同时,我们也就会推翻定义。特性不表示事物的本质,只是属于事物,它的逆命题也能成立。种是表示在属上相区别的很多事物之本质的范畴,如回答"这是什么"这类问题的语词就是本质范畴。偶性既不是定义和特性,又不是种,但是也属于事物;它可能属于也可能不属于同一的某个体,例如坐的姿势就可能属于也可能不属于同一个人。

接下来,他对辩证推理进行界定。他认为我们不能把一切命题,也不能把一切问题都当作是辩证的。没有一个有意识的人会提出一个无人主张的命题,或者提出一个所有人或多数人都明白的问题。因为后者无人置疑,而前者则无人接受。"辩证的命题存在于一切人或多数人或贤哲们,即所有或多数或其中最负盛名的贤哲所提问题的意见中,而不是与这种意见相悖。因为如若贤哲们的意见与多数人的意见并不相悖,就会为人所接受。与普遍意见相似的看法、与那些同普遍意见相反的看法对立的命题,以及与得到认可的技艺性学科相一致的看法,都属于辩证的命题。"(《论题篇》104a5)在他看来,一个辩证的问题就是一个探讨的题目,它或者引人选择和避免,例如,应不应该选择快乐;或者引人得到真理和知识,例如宇宙是否是永恒的;或者它自身就能解决问题,或者有助于解决其他某个问题。它涉及的问题或者是无人有意见,或者是多数人与贤哲的意见相反,或者是贤哲与多数人的意见相反,或者是这一切人中的每个人都意见各异。因此,他认为:"论题乃是在哲学方面著名的人所提出的、与一般意见相反的假定。例如像安提斯塞尼所说'矛盾是不可能的',或者如赫拉克利特提出的'一切皆运动',或者如麦里梭宣称的'存在是一'。因为去考究一个普通人随意提出的与一般意见相反的看法是愚昧的。或者，论题乃是我们所持的与一般意见相反的关于那些观点的论证，例如像智者们断言，'并非一切存在物是生成的或永恒的'。因为一个是语法学家的有教养的人就既不是生来如此也不是永远如此的。对于这种观点，即使有人不这样认为，但还是可以由于它具有合理性而加以认可。"(《论题篇》104b25) 一个论题就是一个问题，然而并非所有的问题都是论题，因为对于有些问题，我们完全没有什么见解。几乎所有辩证的问题都被称为论题。并不需要对所有命题和每个论题都加以探究，而只是考察那种可能会使人生疑的问题。

亚里士多德指出，辩证的论证有归纳和推理两类。推理是什么前面已经说过，归纳则是从个别到一般的过程。例如，假如技术娴熟的舵工是最有能力的舵工，技术娴熟的战车驭手是最有能力的驭手，因此我们可以归纳：技术娴熟的人就是在某一特定方面最有能力的人。比较起来，归纳更有说服力也更清楚，因为归纳更容易为感觉知晓，因而能够被多数人运用，但推理在反驳自相矛盾的论证时更加有力，也更为有效。(《论题篇》105a15) 他认为推理的手段有四种：第一是获得命题，第二是区分每一表达的多层含义的能力，第三是发现区别，第四是研究相似性。后三者在某种意义上说也是命题，因为它们之中的每一个都可以做成一个命题。例如，"意欲选择的东西或是美好的，或是愉悦的，或是有利的"；"感觉与知识的区别在于后者消失后能够再现，而前者则不能"；"健康的东西和健康之间的关系，与强壮的东西和强壮之间的关系是相似的"。上述例子中，第一个命题由于使用多层含义的表述，第二个命题源于发现区别，第三个命题则出自研究相似性。(《论题篇》105a30)

他认为命题和问题一般分为三种。有些命题是伦理的,有些是逻辑的,有些则是自然哲学的。伦理命题如"如果看法不一致,一个人是否更应服从父母或法律";逻辑的命题如"相反者的知识相同还是相异";自然哲学的命题如"宇宙是否永恒"。问题也是如此。他认为命题的选择要以多种方式进行,与用多种方式对命题作出的区分一样。人们可以选择所有人的,或多数人的,或贤哲们的,亦即一切或多数或其中最负盛名的贤哲的意见,或选择那些与似乎为普遍意见相反的看法,也可以选择技术学科方面的意见。必须从与似乎为普遍意见相反的看法的对立命题中形成命题,正如前面所述。另一有用方式是,不仅要从已被接受的意见中,也要从与之相似的看法中选择它们。例如,"相反者的感觉是相同的"(因为关于它们的知识相同),"我们是通过摄入而不是通过放出来看某种东西的"。再有,在一切场合或多数场合,似乎真实的见解也应该当作本原和已被接受的假定;因为它们已被那些没有看到它们有什么例外的人所认可。我们还应从写成的论证篇章中挑选,并为它们制定一览表,将其分开,置于各自不同的属之下,例如"论善"或"论生命",并且,要从本质开始论及善的一切方面。也应注意个别人的意见,如恩培多克勒曾经说过物体的元素是四种;因为或许有人会把某个人阐述的看法当作普遍意见来接受。(《论题篇》105b15)

在第二卷中,他讨论了立论和驳论的方法。有些问题是全称的,有些则是特称的。例如,"一切快乐都是善"与"没有什么快乐是善"就属全称,而像"有的快乐是善的"与"有的快乐不是善"则是特称。一般说来,立论与驳论的方法对这两类问题都是相同的。因为当我们证明了什么属于一切时,也就证明了它属于其中的某个。同样,如若我们证明了什么不属于某个,也就证明了它不属于一切。他接下来列举了几种方法。一种方法是考察你的论辩对手是否把某种属的东西说成是偶性的东西。这种错误在种方面最容易出现,例如某人说白色只偶然地是颜色,但颜色乃是白色的种。另一种方法是考察被某人所断言的东西属于一切或者不属于任何一个,这种考察要依据属而不是在无限数目中进行。这种考察应该从原初的东西开始,一步步进展,直到不可分割的东西。再一个方法是做出偶性以及偶差所属东西的定义,然后再考察是否有某种不真实的东西在定义中被当成真实的了。再者,可将问题自身变成命题,然后再提出反对。这种方法与考察被某人陈述的语词属于一切或不属于任何东西的方法大体上相同,只是在方式上有区别。(《论题篇》110a10)

亚里士多德在第三卷讨论了在两种相近的情况下选择哪一种更好的问题,在第四卷和第五卷讨论了种和特性的问题,在第六卷讨论了定义的问题,在第七卷讨论了相同和相异的问题,在第八卷讨论了叙述排列方面和提问的问题。我们在此不再赘述。

在《辩谬篇》中,他探讨有关诡辩式反驳的问题。他首先指出论证一般有四类:教导的论证、辩证的论证、检验的论证以及争辩的论证。教导的论证是从适应于所有论题的基本原理出发,而不是从回答者的意见出发进行推理的论证;辩证的论证是从被人们广泛接受的意见出发进行推理,最后得出一个矛盾命题的论证;检验的论证是从回答者所持有的观念出发所进行的论证,而且这一观念必须为每个具有这种专门知识的人所公认;争辩的论证是从仿佛被人们所接受,而实际并没有被人们所接受的意见出发所进行的假推理,它只是显得像推理而已。《分析篇》中讨论了证明的论证,《论题篇》讨论了辩证的论证和检验的论证。《辩谬篇》讨论竞争的论证和争辩的论证。(《辩谬篇》165b)

在他看来,有些推理是真正的推理,有些则是似是而非的推理。如果缺乏经验就不易辨别出来。推理是从某些陈述出发,引起对陈述之外的另一些事物加以论断而得出结果。反驳则是推出所给结论的矛盾命题的推理。反驳的推理主要是通过某种方式的考察和追问而达到的。如果提问者提出的问题和所设定的论题毫无关系,而且无所限制,那么他就能够比较容易达到反驳的目的。因为人们在漫无边际地交谈时最容易陷入错误的境地,当人们没有一个确定的论题时谈话便会漫无边际。提问者提出许多问题,并且要求回答者说出他的思想,这就非常容易使对方陷入悖论或谬误。不论对方回答"是"或"不是",都会陷入这一论点,提问者则有丰富的材料对他进行非难。所以,导致谬误或悖论的要点不是直接提出论点,而是假装由于想知道而提问,因为这种追问的方式就提供了进行非难的机会。

争辩的论证是一种表面上看起来是反驳,而实质上是谬误的论证。亚里士多德指出这种似是而非的推理有五种形式。"首先,我们必须看看那些在用论证进行争衡和论辩的人所怀有的各种目的。其数目有五个:反驳、谬误、自相矛盾、语法错误、迫使对方处于赘语的状态,亦即让他多次重复同一话语,或者即使并不真正这样,也得在每个这种事情的表面上显得是这样。他们最大的愿望显然是反驳、揭露对手在说谎、使他自相矛盾、使他犯语法错误(即作为论证的结果,使回答者说话不符合语法规则),或者使他多次重复同一事情。"(《辩谬篇》165b15)可以看出,他显然非常熟悉当时的诡辩方式和各种现象,并且对这种诡辩进行了分类和总结。我们当前的诡辩和反驳大概也不出这五种形式。

亚里士多德指出,从总体上看,反驳的方式有两种,一个与语言有关,另一个与语言无关。首先,他讨论了和语言的反驳有关的情况。"用语言造成错觉的方法有六种:语义双关、歧义语词、合并、拆散、重音,以及表达形式。我们可以通过归纳法和演绎法来证明这一点。除此之外也可能假设。"(《辩谬篇》165b25)在这些方面,我们不能用同样的名词或语句来表示同一事物。以下这些论证就与语义双关有关,例如,"有知识的人学习,因为知道字母的人学习他们要听写的东西"。"学习"在这里就是语义双关,它有两层意思,"通过使用知识而理解"和"获得知识"。再如,"恶是善,因为必然存在的是善,而恶必然存在"。"必然存在"在这里就有两层意义,它是指"必然性的事物",而这对于恶在许多情况下也都是适用的。他指出,语义双关和歧义语词有三个情况:一个是一个语句或名词包含多种意义;一个是我们习惯在多种意义上使用一个词;一个是当一个词和另一个词合并后产生了多种意义时,虽然这个词本身只有一种意义,例如,"识字",是由"认识"和"字母"两个词合并在一起形成的,把它们拆开都只有一种意义,但合并起来后就有了多种意义,它既指字母自身所具有的知识,也指别人具有这些字母的知识。他在后面还讨论了其他几种情况,我们在此不再赘述。

最后,他讨论了消除这种反驳的方法。"就依赖语言的论证来说,消除的方法永远都取决于论证所依赖的东西的对立面。例如，如果论证与合并有关，那么消除的方法就是拆散；如果论证与拆散有关，那么消除的方法就是合并。再有，如果论证与高音调有关，则消除的方法是抑音调，反之亦然。如果论证与语义双关有关，那么消除的方法就是使用与之对立的词。"(《辩谬篇》179a15)所以消除这种反驳的方法就是对语词的意义进行精确的分析和界定。苏格拉底的定义法和二十世纪的语言分析哲学就和这种情况有关。

其次，亚里士多德讨论了和语言无关的谬误。他把这种谬误分为七种：由于偶性而产生的谬误；由于意义笼统而产生的谬误，或者虽非笼统，但是就某个方面或地点或时间或关系上被述说而产生的谬误；由于对反驳无知而产生的谬误；由于结果而产生的谬误；因假定尚待论证的基本论点而产生的谬误；把不是原因的事物作为原因而产生的谬误；将多个问题并成一个问题而产生的谬误。(《辩谬篇》166b20)

对于这七类谬误，亚里士多德一一进行了讨论。对于与偶性有关的论证，我们应该明白，偶性并不必然属于事物，所以在得出结论时，我们应该肯定它并不是必然属于事物的偶性。对于笼统性的论证，我们应当是针对其矛盾命题来考察结论，强调论证是就个别事物或个别方面，或地点，或方式，或关系来说，而非笼统的论证。由于反驳的定义而产生的反驳，我们必须根据其矛盾命题考察结论，看看同一个名词是如何出现在同一方面，在同一关系，同一方式和同一时间中。与假定尚待论证的基本论点有关的反驳，我们要陈述出真实的观点。对于那些从结果得出结论的反驳，我们必须从论证本身进行揭露。对于那些由于增加某些东西而进行推论的反驳，我们必须考察在抽走了增加的成分后这种不可能性是否仍然会发生。如果是这样，那么回答者就应当澄清这个事实，并且应当指出，他承认所增加的成分，并不是因为他相信它，而是因为论证的缘故，不过他的对手却根本没有为了他的论证而使用它。对于那些将多个问题并为一个问题的人，我们应当在一开始就立刻作出辨别，因为如果答案只有一个，那么问题也只有一个，我们应当一对一地就事论事。

亚里士多德认为这些反驳的推理既有正确的使用，也有错误的使用。"诡辩式的方法有这么一种专门揭示谬误的方法，即，诱使对手达到某一观点，而他自己则有大量论据反对这一观点；就像前面所说的，这样做既可能用正确的方式，也可能用错误的方法。"(《辩谬篇》172b25) 借此，亚里士多德区分了辩证法和诡辩术。如果反驳的推理是正确的方式，就是辩证法，如果是错误的方式，就是诡辩术。"根据特殊事例而静观一般原理的人是辩证法家，表面上这样做的人则是诡辩家。"(《辩谬篇》171b5) 智者派就是这种诡辩家的代表，他们的目的就是使对方思维混乱，陷入自相矛盾，最终为自己赢得智慧的美名和利益。"在一些人看来，表面的智慧比起真正的智慧来，更为有用，真正的智慧也许显得并不智慧（因为诡辩术只是一种表面的智慧而不是真正的智慧；诡辩家便是仰仗这种似是而非的智慧来获取金钱的人）。"(《辩谬篇》165a20) "诡辩术是一种利用表面智慧的赚钱术，所以诡辩家们所追求的只是一种表面的证明。"(《辩谬篇》171b30) 相反，辩证法家的目的是追求真理和智慧，而对名利都漠不关心。"辩证法家的任务就是要把握那以共同原理为根据而形成的反驳的各个方面，考查所产生的反驳是真实的还是表面的，亦即看它们是辩证的，或者表面是辩证的，或者属于检验的论证。"(《辩谬篇》170b10)

他认为辩证法家的任务就是对诡辩的反驳进行研究并能够应用它们，因为这种研究的全部内容都是因探究命题的方法所构成。他指出，要使人导致悖论，你就得先查明和你交谈的人属于哪一派，然后就这一派的某种见解向他提问，而大多数人认为这种见解是荒谬的；因为任何一派都有这种信条。基本的原则是把各种不同派别的观点都汇集起来，收进你自己的命题之中，然后通过正确的论证得出正确的结论，而使诡辩的悖论不会产生。辩证法家应当从人们的愿望和所持有的意见中寻找正确的论证。因为人们嘴上说的和心里所愿望的事情并不是同一的，他们说着最富丽堂皇的话，然而他们希望的则是他们的利益。例如，他们声称，与其快乐地生，不如高尚地死；与其卑贱富裕，不如诚实贫穷。但是他们的愿望则与他们所说的正好相反。所以，按照心愿说话的人必定会表达平常所持有的意见，而那些按照平常意见说话的人，必然会接受被隐瞒起来的意见。在这两种情况下，他们都会必然地产生悖论，因为他们所说的观点要么和他们所持有的观点矛盾，要么和他们隐藏的观点相矛盾。例如这一类问题："人是应当服从智者还是服从自己的父亲？""人是应当做便易的事还是做公正的事？"以及"宁可我负人还是宁可人负我？"等等。(《辩论篇》173a20)

辩证法家是拥有真正智慧的人，所以消除诡辩谬误的最终方法就是我们必须具备真实的知识。我们只有拥有一切事物的知识，才能把握反驳所产生的各种方式。因为知识可能是无限的，证明也是无限的。凡是一个证明可能的地方，也必然存在相反的证明。例如，如果有人认为正方形的对角线可以和边长通约，那么就会有人证明不可能通约。如果只有某方面的知识，我们就不可能面对一切反驳。虚假的反驳也是无限的，所有的学问都具有自己特有的虚假推理。"很显然，我们需要掌握的，并不是所有反驳的规则，而只是和辩证论证有关的规则，因为这些反驳对于所有的技术和能力来说是共同的。有识之士的任务是考察那些为各学科所特有的反驳，弄清它们是否只是表面而非真实的反驳；或者，如果是真实的，其原因何在。相反，考察那些以不隶属于任何一门技术的共同原理为根据的反驳，则属于辩证法家的任务。因为只要我们把握了任何学科的规范推论的根据，那么我们也就把握了反驳的根据；因为反驳是一种矛盾命题的推论，所以，矛盾命题的一个或两个推论就形成反驳。这样我们就知道了所有这种推论的各种根据，而知道了这些根据，我们也就知道了它们的消除方法；因为对它们加以反驳就是消除它们的方法。我们也知道表面反驳的各种根源，这种表面并不是就所有人来说的，而只是就具有某种特征的人来说的；因为对于偶尔碰到的人来说是表面反驳的各个方面，如果要加以考察，那将是一项无止境的工作。所以，辩证法家的任务就是要把握那以共同原理为根据而形成的反驳的各个方面，考查所产生的反驳是真实的还是表面的，亦即看它们是辩证的，或者表面是辩证的，或者属于检验的论证。"(《辩论篇》170a20) 也就是说，只有真正的智慧和知识才能消除诡辩的谬误。

这样，亚里士多德关于所有谬误产生的根源、数量、本性；我们要怎样去证明对手在说虚假的话，并使他说出自相矛盾的话来；在什么样的情况下会发生语法错误；怎样提问，问题的正确的安排是什么；以及所有这些论证的用处是什么；关于问题的所有回答；如何一般地和特殊地消除论证和语法的错误等等问题进行了充分的论述。

(二)《形而上学》中的讨论

在《形而上学》中，亚里士多德也讨论了辩证法和诡辩论的问题。他区分了诡辩论、辩证法和哲学。"辩证家与诡辩派穿着与哲学家相同的服装；对于诡辩术，智慧只是貌似而已，辩证家则将一切事物囊括于他们的辩证法中，而'实是'也是他们所共有的一个论题；因而辩证法也包含了原属于哲学的这些主题。诡辩术和辩证法谈论与哲学上同类的事物，但哲学毕竟异于辩证法者由于才调不同，哲学毕竟异于诡辩术者则由学术生活的目的不同。哲学在切求真知时，辩证法专务批评；至于诡辩术尽管貌似哲学，终非哲学。"（《形而上学》1004b20）也就是说，哲学更多是一种理论的沉思，不一定诉诸和他人的讨论。而辩证法则以批评他人的观点为主要内容，通过这种对错误观念的批评来展示正确的观点。而诡辩论则根本不追求真理，而是驰骋语言，颠倒是非，以说服他人为目的。柏拉图在自己的对话中也经常对哲学家和智者进行区分。他在《智者》中对智者进行严格的定义，刻画出智者的典型。在《理想国》中，柏拉图指出，智者冒充哲学家，在城邦中蛊惑民众，追逐名利，败坏了哲学之名。所以对智者和哲人的区分是非常重要的，我们的很多错误就在于混淆了哲人和智者。反观现代哲学家，他们之中更多的是智者，而不是哲人。

亚里士多德从研究对象的角度界定了哲学、辩证法和诡辩术。他指出："'实是'，就'实是'而论诸属性和所含的诸对反，恰正是哲学这门所专研的对象。人们可以分别将事物之不属实是，只属动变者归之于物学；将事物之不以'自身为是'而以'其属性之所是为是者'归之于辩证法与诡辩术；于是，留给哲学家的仍为我们所已举示的诸事物之所以为实是。"(《形而上学》1061b5) 也就是说,亚里士多德认为哲学研究的是实体本身,诡辩论和辩证法研究的是属性。实体是永恒不变的,属性则是变化不定的。只有对实体的研究才能获得智慧,对属性的研究只能获得意见。诡辩论的错误就在于以属性替代了实体,以变化的事物取代了不变的事物,也就是把一切都归属于"关系",以现象为真实。"那些专求辩论必胜的人老是寻找那些不可能的事物;他们主张容许大家互反〈自相矛盾〉——这种要求本身一开始就是一个矛盾。但事物若并不尽属'关系'范畴,有些事物可以自在而独存,这就不必是每一呈现于感觉者都属真实;惟有见此事物之呈现的某些人明白这些现象;所以谁若以现象为尽属真实,他就使一切事物均成'关系'。"(《形而上学》1011a15—b) 因此诡辩论者必须时时检点自己,不能说真实存在于其所呈现,只能说真理存在于向"他"呈现的现象。否则他们就会发现自己在否定自己。如果我们以现象为真实,就会认为一切事物无须以真假相诤,因为事物之呈现于各人,所得现象原不一致;即便呈现于同一人时,前后也可能不一致,甚至常常同时发生相反的现象。例如我们有两眼,如果两眼视觉不一样,一个事物就可以显现两种现象。这样就可能导致相对主义的立场。这种观点本质上是使一切尽成"关系",使一切相关于意见与感觉。但是事物实体的存在并不依赖于人们的感官感觉或者意见观念。这就是柏拉图和亚里士多德探讨本原或者实体的重要原因。本原或者实体就是超越人们的感官而存在。实体就是不处于"关系"之中的事物。摆脱关系而认识实体,就其自身而认识之。这就是智慧和真理的意义。

在《形而上学》中,亚里士多德讨论了一些和诡辩论、辩证法相关的命题。

他分析了"一切皆真"和"一切皆假"的命题的悖论。"所有这些观念常是自相刺谬，戳破自己的理论。因为他在说'一切皆实'这一叙述时，他已对反了自己下联的叙述［因为它的相对叙述就在否定这真实］，所以他自己这叙述就成为不真实的了。他在说一切皆虚，引出的结论也相似，使他自己也成为一个撒谎者。如果前一位［说'一切皆实'的］除外了那相对的一个条例［一切皆虚］，说世上惟有那一条不实；而后一位［说一切皆虚的］则除外了他自己，说世上只有他不虚；这样，他们已经被逼到替真实与虚假作出无限止的假设了。若要为他的真实理论注明所由称为真实的境界，这过程将无休止地进行。"(《形而上学》1012b15—23) 所以，我们不能说一切叙述全是假的，因为若说一切叙述都是假的，那么必然连自己的原理也是假的。同样，如果我们说一切叙述全是真的，那么，当我说"这个叙述是假的"时，这句话就也成为真的了。正如我们经常提到的"克里特人说谎"的悖论一样。

他还批评了"一切皆动"和"一切皆静"的命题。"那些人说'一切皆在静定'显然是不正确的，那些人说'一切皆在动变'也不正确。假如一切皆在静定，则同一叙述将永是真的，同一叙述也将永是虚的——但这明显地在动变；因为那作此叙述的人［自己就在动变］，先前他未在世上，过一会儿他又将不在世上了。假如一切皆在动变，世上又将没有一件实在的事物；于是一切尽假。但我们曾已说明这是不可能的。又，凡是变化的必须原是一事物，因为变化是由某些事物变为某些事物。再者，若说'一切事物咸有时而静定或咸有时而动变'，没有一样事物是'永静'或'永动'，这样说法也不切实；宇宙间总该有一原动者，自己不动，而使一切动变事物入于动变。"（《形而上学》1012b23—31）所以，一切事物都是相反相成的，如果片面地坚持一个方面，那么我们就会犯以偏概全的悖论。

亚里士多德在第十卷还讨论了"一"与"多"，同与异等基本范畴。"我们所勤求的学术应该是研究普遍性的；因为每一公式与每一学术均以普遍原则而不以最低品种为对象，照这道理，学术应从事于最高科属之研究。这些，最后将归结于'实是与元一'；因为这些在本体上为各个原理之基始，而涵融着万物；倘'一'与'是'消灭，则万物亦当与之俱灭；因为每一事物莫不自申其为'一'为'是'。但'一与是'各当以其差异为云谓，科属则云谓于事物之所同，不云谓其所异，凭这样的命意，我们似乎不能拿'一与是'当作科属和原理。"（《形而上学》1059b25—33）可见，亚里士多德一方面认为存在（是）和一是最普遍的范畴，另一方面又认为不能把它们作为最普遍原理。但是，如果我们把问题进一步推进，就会看到，存在和一确实是最普遍的范畴，是无法避免的。

所以他最后把一切对立归结为"存在和非存在"、"一和多"的对立。"一切对成可以简化为'实是与非是'，和'一与众'，例如静属一，动属多。实是和本体为对成所组合，这是几乎所有思想家都同意的；至少他们都曾提起过各自的对成作为第一原理——有些举出奇偶，有些举出冷热，有些举出定限与无定限，有些举出友与斗。所有这些以及其它诸对成明显地都可简化为'一与众'〔这简化我们可以承认〕，其他思想家所述原理也完全可以此为科属而为之归综。经过这些考虑，这就明显了，研究实是之所以为实是者应属之于一门学术。因为一切事物或即对成或为对成所组合，而'一与众'实为一切对成之起点。"(《形而上学》1004b28—1005a5)我们知道,柏拉图的《巴门尼德》就是以对"一"和"多"的讨论开始的。在《斐莱布》中,柏拉图也讨论了一和多,以及居间者的问题。古希腊哲学的一个基本观点就是"一是一切,一切是一"。所以古今中外一切哲学的探讨都可以归结为对"一"和"多"的讨论。哲学就是认识"多"中的"一"和"变中的不变",只有认识了"一"和"不变",才是智慧。而认识"多"和"变化",只是意见。

他认为普罗塔戈拉也是这种诡辩论的代表。"普罗塔哥拉的教义也是从同一意见发展出来的,要是正确就两皆正确,要是谬误就两皆谬误。一方面,假如承认一切意见与现象均属真实,所有言论将同时又真确而又虚假。因为许多人的信念是互相冲突的,人们常认为与他不同的意见是错的;所以同一事物必须又是而又不是。另一方面这样说,所谓'有人认为对,有人认为错',相反的只是各人的意见;同一事物确实可以'又是又不是';那么所谓实是倘真为这样,一切就都无不是了。明显地,这教义也出于同一思想方式。"(《形而上学》1009a10—15)普罗塔戈拉的著名观点是"人是万物的尺度",其含义就是认为各人的感觉都是真实的。如果这样,对于同一事物,一个人认为是美的,另一个人认为是丑的。一切事物都莫不如此,同一事物可是可非,可善可恶,一切相反叙述也都同属真实。普罗塔戈拉是个人主义和感觉主义的代表,这种观点必然导致相对主义和怀疑主义的结论。

亚里士多德认为这种观点的来源有两个。一部分是出于自然哲学家的教义。例如赫拉克利特的"同样的事物可以为是亦可以为非是"的观点。如果坚持这种观点,认识就是不可能的。"万物既如流水般没有一瞬的止息,欲求于此有所认识是不可能的。"另一部分是出于世俗寻常之见。因为世人对于同一事物或喜或厌,或以为甘或以为苦,各因所见不同,而作不同之想。他们的错误就在于把知识和感觉等同起来。"这些思想家一般假定知识就是感觉,感觉的差异则出于身体的差异,一切出现在我们感觉中的事物必然是真实的;这样,恩培多克勒与德谟克利特,几乎也可以说所有其他的思想家,都成了这一类意见的俘虏。"(《形而上学》1009b15)我们知道,意见是随着身体和感觉而变化的,而知识则不随着身体和感觉而变化。他们把感觉当作了存在,但是"存在"在感觉中有多种含义。"因为在动变中的事物无可为之作成真实的叙述,他们看到了自然界全在动变之中,就说'既然没一时刻没一角落不在动变,所以没一事物可得确实地予以肯定'。"亚里士多德对此进行了批评。"虽说在变动中的事物尚非实在的事物,可是事物之有所消失者必先有此可消失者在,事物之今兹变现者,必先有某些事物在。一般说来,一物灭坏,必将因此而变现有某物;一物生成,必有所从而生成之物在前,亦必有为彼而有此生成之物在后,而这一过程不能无尽已地进行。——但暂且不管这些问题,让我们坚持这一点,同一事物,所变的不在量与质。既便事物在量上并非恒等;我们总是凭它的形式认识每一事物。——又,我们这样批评执持那些意见的人应可算是公正的:他们就是对可感觉事物也仅见极小部分,却要将自己的意见应用于全宇宙;因为这只有紧绕于我们周遭的可感觉世界才是常在生灭的不息过程之中;但这世界——就这么说吧——只是全宇宙中的一个小小的分数而已,所以这才较为公正,应该为着那另一部分而放弃这世界小小的可感觉部分,不宜凭这一部分去评判那另一部分。"(《形而上学》1010a17—32)他在此的批评包含两个方面：一个是认为我们不能无限制地否定静止和存在。虽然一切事物都是变化，但是仍然有些事物或者方面是不变化的。这种不变的事物是我们认识的基础。另一个是变化事物的范围是极少数的，还存在更广大的不变的事物，例如宇宙星辰等。我们不能以极小范围的事物取代广大的事物。

哲学如果是可能的，就应该肯定不变动的事物的存在。"我们必须向他们证明，要他们认识：宇宙间必有全无动变性质的事物存在。实际那些主张事物同时'既是而又不是'的人，如欲由此而有所引申，则与其说一切均在动变，毋宁说一切皆归安定；因为一切属性均已备于一切主题，天地万物，各如位育，殊已无所需于动变了。"(《形而上学》1010a35)只有肯定存在永恒不变的事物，才能肯定真理的可能性。"凡认为世上一切事物皆变动不息，没有一刻能保持相同的情态，用这样的观念作为我们判断真理的基础，这是荒谬的。探索真理必以保持常态而不受变改之事物为始。这些当以诸天体为最宜；列宿千古无恙，昨今相同，不参加变化，也不会一刻这样，一刻又那样。"(《形而上学》1063a10)所以亚里士多德和柏拉图都肯定存在永恒不变的实体，这种实体是真理和智慧得以可能的条件。

他认为诡辩论是缺乏教育导致的。"凡不能分别何者应求实证，何者不必求证就是因为失教，故尔好辩。"(《形而上学》1006a5)显然，他不认为好辩是一种美德。正如柏拉图在《欧叙德谟》中展示的，智者们为了获得人们的掌声和喝彩，随意地歪曲事实，颠倒黑白，混淆是非，驰骋语词，陶醉在自己的诡辩逻辑之中。这些诡辩术给一些不能清楚思考问题的年轻人带来了很大的困惑和危害，也有可能让他们变得非圣无法，恣意放纵，最终害人害己。因此，一个真正有智慧的人是不可能好辩的，智慧必然是羞涩的、谦虚的。孔子就认为："刚毅木讷，近乎仁。"（《论语·里仁》）"君子欲讷于言而敏于行。"（《论语·里仁》）他也曾经被人批评好辩。《论语》中记载，微生亩谓孔子曰："丘何为是栖栖者与？无乃为佞乎？"孔子则辩解说："非敢为佞也，疾固也。"（《论语·子罕》）孟子在中国古代传统的地位一直比较低，也是因为他过于好辩。在《孟子》中曾经记载，公都子问："外人皆称夫子好辩，敢问何也？"孟子回答说："予岂好辩哉？予不得已也！"（《孟子·滕文公下》）应该说，他们都是因为对恶势力的憎恶才显得好辩的，并不是为了显示自己的口才。

亚里士多德认为诡辩论的错误就在于对于问题或者名词缺乏定义，思想混乱。如果名词的含义都是限定的，就可以避免这种错误。所以，正如他在《工具论》中的观点一样，他以定义法来反对诡辩论。"应付所有这些人们就当以建立'定义'为起点。定义之所以为人所重就在于它必有所指明；由名词组成的公式将所解释的事物划出了界限，赫拉克利特学说以一切事物为既是而又不是，似乎使一切事物悉成真实；而阿那克萨哥拉在两项相反之间设立间体，又似乎使一切事物悉成虚假；因为当事物全是混合物时，混合既不是好也非不好，这样谁都不能明确指出一件真实的事物。"（《形而上学》1012a25）也就是说，一切思维的混乱都是对名词概念的定义不清楚所致。

如果我们对概念或者范畴进行了清晰的界定，就可以避免一些错误和悖论。"若有人说一个名词有几个命意，只要它的命意为数有限，道理还是一样；因为每一个定义还得提出一个异字。例如,我们可以说'人'不止一个而有几个命意,则每一命意总得有一个像'两足动物'一类的定义,有几个命意也只是有几个定义,其为数是已有定限的了;对每一个定义都得系之以一特殊名称。可是若说命意不必有定限,一字可有无尽数的命意,这显然不可能理解;因为不确定一个命意等于没有什么命意,若字无命意,人们也无从相互理解,这样,理知就被取消了。我们只能着想于一件事物,不将思想属之于一件事物而要思想任何事物,这等于什么都没想到。凡是可能着想的任何事物,就会有一个名称系之于这事物。"(《形而上学》1006b10)所以除非是同义异词,同一事物既是又不是,是不可能的。如果对同一事物的不同含义混淆为同一含义,则不仅相反的事物将混同为一,而且一切事物皆将混同为一。一切都无分别,真假混在一起。这样一来,坚持这种观点的人实际上将不能说出也不会说出任何可以令人明了的事物。因为他同时说是与不是,对于一切事物不作判断,只是混混沌沌的,若有所思若无所思,这样的人将与草木无异。凡主张矛盾两可的人不可能真的站住这一立场。

亚里士多德肯定了苏格拉底的定义法。"苏格拉底竭诚于综合辩证,他以'这是什么'为一切论理〈综合论法〉的起点,进而探求事物之怎是;因为直到这时期,人们还没有具备这样的对勘能力,可不必凭依本体知识而揣测诸对反,并研询诸对反之是否属于同一学术;两件大事尽可归之于苏格拉底——归纳思辨与普遍定义,两者均有关一切学术的基础。但苏格拉底并没有使普遍性或定义与事物相分离,可是他们〔意式论者〕却予以分离而使之独立,这个就是他们所称为意式的一类事物。"(《形而上学》1078b25)苏格拉底的哲学研究不再关注所谓的自然问题,而是专心于伦理道德概念的研究,对有关伦理诸品德进行普遍定义。这种探讨方法带来了哲学的革命,创立了哲学目的论和政治哲学。

他还试图以矛盾律和排中律等形式逻辑原理反对诡辩论。他认为矛盾律是最确实的原理。矛盾律的基本含义就是"同样属性在同一情况下不能同时属于又不属于同一主题"。依据矛盾律,他又提出了排中律:"在相反叙述之间也不能有间体,于一个主题我们必须肯定或否定一个云谓。首先我们若将'真与假'解释清楚,这就可明白,凡以不是为是、是为不是者这就是假的,凡以实为实、以假为假者,这就是真的;所以人们以任何事物为是或为不是,就得说这是真的或是假的;若说这'既非是又非不是',则事物将在真假之间。"(《形而上学》1011b25)根据矛盾律和排中律,相反的矛盾叙述不能在同一主题同时为真实或者同时为假。我们只能限定:"当正面是真实时,反面应是虚假,而反面是真实时,正面应是虚假。"所以一切信条中最无可争议的就是"相反叙述不能同时两都真实"。他依据矛盾律和排中律,对诡辩论进行了批评。"如果人不仅为辩论而辩论,这就必须在一切相反之间,都设立一个间体,惟有这样他才能说世上毕竟有了'既非真实又非虚假'的事物,而在那些'是与不是'的事物之间将可得成立一'中性'事物,在生成灭坏之间也造为一类变化间体。"(《形而上学》1012a5)在他看来,承认在两个对立的事物之间存在中间物,是诡辩论建立自己的观点的方法。但是这样只会导致无穷的居间者产生,所以是错误的。如果坚持矛盾律和排中律的原则,就可以防止诡辩论。

亚里士多德还以现实生活中的事例来反对诡辩论。诡辩论在现实生活中是不成立的。例如，一个诡辩论者虽然可以这样宣称，但是实际上他在实际生活中并不会这样，就像一个人要去某地，他不会无所选择。他走路也会谨慎小心，不要掉入沟里。这说明他并不是真的"无可无不可"。他并不会将一切事物都等量齐观，而是有所取舍和差别的。"每一个人的行动没有不是在趋吉〈向于某些事物〉而避凶的〈免于另一些事物〉。似乎举世的人，即使不能判明举世一切事物，他总是会断定若干事物的利害善恶的。如果说这些不算知识，只是意见〈猜忖〉，他们还应是切求真理的人，犹如一个病人之切求健康较之一个无病的人更为急迫；于认取真理而论，只会猜忖的人较之于真有所识知的人，当然他尚不算健全。"(《形而上学》1008b30)也就是说，我们对一些问题的反思不能仅仅局限在理论思辨的范围内，我们还应该在实践领域中考察一个观点的真理性。政治生活并不是完全的权力斗争，而是包含了对真理的需要和追求。所以政治生活是我们追求真理的起点，脱离了政治生活，我们就不可能发现真理。

其次，亚里士多德也对辩证法进行了正面的讨论和规定。他指出，辩论双方必须首先对语词概念进行准确定义，并且以此为讨论的共同基础和前提。"参加辩难的两方必须默契此意；如其不同意这一规律，他们的辩论怎能进行？每一字必须指示可以理知的某物，每一字只能指示一事物，决不能指示许多事物；假如一字混指着若干事物，这就该先说明它所征引的究属是其中那一事物。于是谁说'这是而又不是'，他就否定了他所肯定的事物，这字原义'如此'者，他说这'不如此'；这是不可能的。所以'这是'虽然指明了某事物，这就确乎再不能用以代表那与它相反〔矛盾〕的事物。又，假如肯定了这字标征某物，此字此物就作成必需的联系；凡必需为'是'的就不该'不是'。所以要想确乎相反地肯定而又否定同一主题是不可能的。"(《形而上学》1062a10—24) 也就是说，辩证法的前提是对问题的清晰的定义和对矛盾律的遵守等。

他认为论辩的双方并不是同样正确或者错误的，人们必须有一个清楚的认识和抉择。"对于辩难两方面的意见与印象若作等量齐观，当是幼稚的；两方必有一方错误。这是明显的，问题起于感觉；同一事物实际并不会于此人味甜，而又于彼味苦，如其有别，其中一人的味觉当已受损或有所变改。若然如此，大家就该以其中的一方为度量事物的标准，而不用那不正常的另一方。于善恶、美丑以及类于此者，亦然。那些执持着我们所反对的那种意见的人，正像用一手指压在下眼睑而看见了两手指，然后又示人以手指只有一个，于是他主张二与一相同（这于另一位不自干扰其视觉的人，一手指看来就是一手指）。"(《形而上学》1063a) 我们从柏拉图对话中可以看到，苏格拉底始终是对话的主导者和引导者。这种引导和主导是需要有很高的智慧的。如果主导者没有极高的智慧，他就不可能明白对方的观点，就不可能对这种观点进行精确的辨析。可以说，苏格拉底对所讨论的任何问题都已经完全了然于胸，清清楚楚，所以他才能揭示这些观点的错误。这也就意味着我们应该以圣人或者好人为尺度和标准。并不是所有人的观点或者感受都是同等重要和正确的。

亚里士多德还指出，我们对于不同的人应该采取不同的讨论方式。"对于不同的对手不宜用同样的辩难方式；有些人需要与之讲理，有些人只能予以强迫。因为有些人接受辩论，旨在贯通自己的思想，所以只要将困惑各点予以启发，引导他逐步进入明亮的地方,他就豁然开朗,治愈了他的愚昧。然而对于那些仰仗着言语与名词,专为辩论而辩论的人,除了否定他的辩论,就没法为之诊治了。"(《形而上学》1009a15—20)这有点类似于因材施教、应病与药的方法。这是古代圣者教化人们的基本方法。对于不同的人采取不同的对话主题和方式,才是合乎正义和自然的。例如柏拉图也指出:"我们大家并不是生下来都一样的。各人性格不同,适合于不同的工作。"(《理想国》370b)辩证法对话的一个重要作用就是对他人的错误观点进行反驳,也就是对愚昧无知之病的诊断和治疗,可以称为"对话疗法"。苏格拉底的对话就具有这种治疗的功能。例如在《卡尔米德》中,卡尔米德患有头痛病。因为卡尔米德是世家贵胄,这种头痛病应该就是傲慢之病。所以苏格拉底和他讨论节制的问题,并且把哲学智慧称为是一种咒语,通过这种咒语可以医治他的头痛病。相反,智者就不会这种辩证法对话,他们只是善于诡辩和长篇大论,他们看重的是学生的财富,而不是其天赋自然。他们的教学活动只是为了获得名利。

辩证法是对对立范畴的研究。亚里士多德对"对反""对成"和"相对"等概念进行了界定。"事物之互异者,其为异可大可小,最大的差异我称之为'对反性'。最大差异之为对反性可由归纳来说明。事物之异于科属者难于互相接近,它们之间距离太远也无法比拟;事物之异于品种者,其发生所开始之两极就是对成的两端,两极间的距离为差异之最大距离。但每一级事物间差异最大的那一端,也就是成为完全的一端。到这里再没有超越它的事物,而不为它物所逾越者这就完全。各级差异的系列,溯到其全异处便抵达这系列的终点(这与其他以达到目的为完全者其义相类),终极以外,更无事物;一切事物既尽包于两极之间,故以终为全,而既称为'全',便无所仗于它物了。这样,可以明白,对反性即最大差异;所称为'相对'的数义,其分别就在这些相对所达到那完全差异的不同距离,不同程度的对差就成为相应的各式'对成'。若然,则这也可明白,每一事物只能有一事物为之对成(因为极端之外既无它极,而在同时间内也不能有更多的极端),而一般说来,如以差异论对成,则差异以及完全差异必须是两个事物之间的差异。"(《形而上学》1055a3—22)

亚里士多德也试图以潜能和实现的观点来处理对反问题。他认为同一事物只有在潜能状态中才蕴含相反的两个方面,在成为现实时就只能是一个,不能同时是两个。"实现较之好的潜能还更好而更有价值。凡能有所作为的,总是一样能做相对反的事业,人能做好事,也同样能做坏事,每一潜能就包含着这两端;同一潜能致人健康也致人疾病,致静也致动,建设也破坏,引动建设也引发破坏。这样,潜能同时涵有各个对反;但相反两项不能同时存在,相反的实现也不能同时见到,例如健康与疾病不得两存。"(《形而上学》1051a5—20)他以善和恶的问题加以说明。例如在潜能状态存在善和恶的对反,如果实现善端,这种现实的善就比潜能的善更加善,因为现实高于潜能。同样,在恶业也如此,如果实现的是恶,恶的实现比其潜能的恶为更恶。所以事物存在对立面,是应该承认的。但是对立面只有在未实现时才可能同时存在的。

在《宇宙论》中,亚里士多德认为对反是自然或者宇宙的基本原理。"也许自然是爱好(喜欢)诸对反的,由诸反对,它演化以成和谐,和谐不由诸类似或诸相同事物合成,而恰是由诸对反合成的,由诸不相类似或不相同事物合成。……于是,就这么一个协和，凭以调洽最相对反的诸本性（原理），而使天与地，以至于全宇宙，组成为有秩序的一个整体（完全）。"（《宇宙论》396b10）自然或者宇宙所以能永恒不坏的原因就在于诸对反元素导致的和合与平衡。例如重与轻、热与冷的平衡等，自然告诉我们，世界的大道理就在对立面的平等和秩序。

亚里士多德认为本体没有对反。"本体并无对反，这不仅事实昭然，理知的思考也可加以证实。所以一切对反不能严格地称为第一原理；第一原理当异乎诸对反。"（《形而上学》1087b）也就是说，凡是存在对立面的事物都不是最高的存在。最高的最真实的存在一定是没有对立面的。我们应该超出诡辩论和辩证法，而发现更高的真理。如果我们还局限在对反的思维中，我们就不可能认识本体，获得真理。"大家都认为一切事物出于对成。但'一切事物'与'出于对成'两有所误；这些思想家谁也没有说明具有对成的事物如何由对成造出；因为对成各据一端，不能相为制作。"（《形而上学》1075a30）例如在我国哲学范畴中，道是没有对立面的。道没有非道作为对立面。道也并不和器对立。只有在器的层面，才存在对立面。例如黑白、美丑、是非、男女等。所以，在我们看到了这些对立面后，我们就应该超出现象界的对立面，进一步去认识本体界的道，以获得最高的智慧和真理。圣人就是超越了对立面，获得了最高智慧的哲人。如老子所说："天下皆知美之为美，斯恶已；皆知善之为善，斯不善矣。有无相生，难易相成，长短相形，高下相盈，音声相和，前后相随，恒也。是以圣人处无为之事，行不言之教，万物作而弗始，生而弗有，为而弗恃，功成而弗居。夫唯弗居，是以不去。"（《道德经》第二章）

辩证法就是引导我们超出对反，认识本体，逐渐达到最高智慧的方法。"从适于个别学科的本原出发是不可能对它们言说什么的,既然这些本原是其他一切事物的最初根据,而且,必然要通过关于每个东西的普遍意见来讨论它们。辩证法恰好特别适于这类任务,因为它的本性就是考察,内含有通向一切探索方法的本原之路。"(《论题篇》101b)柏拉图也指出:"当一个人企图靠辩证法通过推理而不管感官的知觉,以求达到每一事物的本质,并且一直坚持到靠思想本身理解到善者的本质时,他就达到了可理知事物的顶峰了,正如我们比喻中的那个人达到可见世界的顶峰一样。"(《理想国》532a)辩证法是从形式逻辑上升到直观知识的重要阶段。忽视了辩证逻辑,就无法上升到直观知识。可以说,现代哲学对于辩证法的理解是非常狭隘和片面的。这种对辩证法的敌视和无知导致现代哲学无法达到最高的智慧。

最高智慧是对本体的认识,所以智慧本身也没有对反。智慧是唯一的。"所有其他的思想家都得面对着这样的必然结论,智慧,即最高知识应有某物为之对反;至于我们,就没有这样的结论。凡属原始性〔第一〕事物均无对成;因为一切对成均具有物质,而物质所存仅为潜在;如以'无知'为任何知识的相对名词,这就得引出'无知'的对象以对向'知识'的对象;但一切原始事物没有对成。"(《形而上学》1075b23)最高的智慧是一种理性的直观,在这种直观中,一切事物都如其所是地完全显现,没有任何言语的干扰和遮蔽。所以这种直观的智慧是离言绝相的,是无法言说的。最高智慧也就摆脱了一切语言概念的言说可能带来的背反和诡辩的问题。应该看到,亚里士多德对辩证法和对反问题的讨论是非常深刻的。

为了理解古典哲学的辩证法,我们可以以康德的辩证法、黑格尔的辩证法和佛教的中观辩证法来进行比较。

　　康德哲学仍然是形式逻辑和形式理性的范畴，他对于辩证法的理解是比较片面的。他把牛顿力学作为哲学、科学和知识的典范。他认为知识是关于现象的知性的认识，是感性直观杂多和知性范畴的结合。如果不具有这样的结合形式，就不是知识。他认为传统的形而上学不符合知识的定义。形而上学的错误在于理性试图超出了现象，并且使用知性范畴去界定理念，所以不可能成为知识。理念是绝对的无条件的，但是感性认识和知性认识都是有限的。理念包括灵魂（精神现象的最高统一体）、世界（物理现象的最高统一体）和上帝（精神和物理的统一体）。理性在试图认识世界理念时，必然陷入"二律背反"。形而上学的理性宇宙论和机械论唯物论相互对立，都能够自圆其说，不能驳倒对方。康德列举了这种二律背反。其中正题代表形而上学，反题代表机械论唯物论。（a）正题：世界在时间和空间上是有限的。反题：世界在时间和空间上是无限的。这是有限和无限的论战。（b）正题：世界中的一切都是单一的不可分的部分构成的。反题：世界中的一切都是组合的可分的部分构成的。这是复合和单一的论战。（c）正题：世界上存在绝对自由。反题：没有自由，一切都按照自然规律发生。这是自由和必然性的论争。（d）正题：世界上存在一个绝对的必然存在者。反题：世界上不存在必然的绝对存在。这是必然和偶然的论争。最后，康德得出结论人的认识能力是有限的，知识的有效性只能适用于现象界，物自体是不可知的。因此，在康德哲学中，辩证法是消极的批判性的，有点类似于亚里士多德对于辩证法的理解。

　　黑格尔则试图从积极的方面理解辩证法。他认为哲学思维不同于一般的知性理性,而是辩证理性或者思辨理性。知性思维虽然超越了表象思维,是一种概念认识,但是它坚持概念的抽象的同一性,坚持概念之间的抽象区分和对立,陷入了非此即彼的形而上学观念里,没有把各种概念看作是统一的辩证运动的整体。在《精神哲学》中,他指出:"知性在涉及精神和理性时特别把有限性的规定固定下来;坚持有限性的观点为最终的观点,这不仅被认为是知性的事情,而且也被认为是道德和宗教的事务;相反,企图超出有限性观点,则被认为是思维的狂妄,甚至是思维的疯狂。"① 在他看来,辩证理性则把概念之间的对立看作是概念本身的自我发展、自我异化、自我返回的统一整体,因此只有思辨思维才是真正的哲学思维。哲学的本质是思维对思维自身的概念式认识,认识不过是精神或者思维的自我认识。他认为思维是存在的本质,存在是思维的外化和异化。事物的存在只有符合思维即事物的概念才具有实在性,思维不断在存在中实现自己,使存在和自己符合。思维和存在的同一是辩证发展过程,经过了逻辑学、自然哲学和精神哲学三个阶段。逻辑学是研究绝对理念的自在自为的科学。自然哲学是研究绝对理念异化为自然界的科学。精神哲学是研究绝对理念通过人类精神回到自身的科学。黑格尔的辩证法把历史上的一切哲学概念都统一在自己的体系之中。他并不是消极地看待概念之间的对立关系。概念之间的矛盾和对立恰恰构成了精神或者理念的发展动力。在一个概念被另一个概念否定后,新的更高的概念会产生,因此不同的概念构成了一个上升、综合的发展过程。其最终目的就是理念或者精神的自我实

---

① 黑格尔:《精神哲学》,杨祖陶译,人民出版社,2006,第30页。

现。这个思想在人类的政治历史上就是理性的自由王国的实现。所以黑格尔并不是在玩概念游戏,他是在为现代性政治理想奠基和辩护。而其思辨哲学的问题在于否定了直观知识,他始终使理性活动停留在思辨阶段,没有摆脱概念和判断。他的绝对知识不是理性的直观知识。

佛教中观辩证法则和柏拉图、亚里士多德的辩证法更加相似。《俱舍论》中曾经说:"先分别诸法,后说毕竟空。"也就是说,我们必须首先对概念或者法相进行清晰的界定和说明,然后我们通过辩证法的方式扬弃或者超越这些概念法相,达到对空性的完全认识。佛教中观宗就极大发展了辩证法。龙树菩萨在《中论》中指出:"不生亦不灭;不常亦不断,不一亦不异;不来亦不出,能说是因缘,善灭诸戏论,我稽首礼佛,诸说中第一。"(《中论·观因缘品》)在他看来,我们应该扬弃生灭、常断、一异和来出的对立概念,然后就可以达到对空性的认识。《坛经》中,慧能大师也指出:"出语尽双,皆取对法,来去相因,究竟二法尽除,更无去处。"(《坛经·付嘱品》)他把这种对话或者辩论的原则作为最终的遗嘱教给弟子,目的就是使他们理解中观辩证法的精髓,能够达到明心见性的智慧。华严宗大师法藏也指出:"一全是多,方名为一;又多全是一,方名为多。多外无别一,明知是多中一;一外别无多,明知是一中多。"(《华严义海百门》)也就是说,他认为"一"和"多"只是我们观察事物的角度不同,两者没有本质的差异。在《中观精要》中,更敦群培对中观辩证法进行了深刻的阐述。他说:"当一位博学多闻的圣哲,与一位世间的愚夫聊天时,愚夫说'是'时,圣者不会从他自己的观点去答复,而是以'应成某过'的论式,引导愚夫说'如果你所言的这一句,是正确的话，那么，你所说的其它话，就全不正确了'，以此，让对方领悟出自己观点漏洞。"① 也就是说，中观学者也不承许任何立场和观点，他只会顺着对方的观点和立场进行辩论，最终揭示对方观点的错误。"如果对方承认'存在'时，你自己的观点应该立足于'非存在'之上；但是，当对方承认'非存在'时，'存在'应该是你自己观点的立足点。因为，'存在'与'非存在'是两种反向的极端，所以，月称菩萨说：'中观论者'不应该有一个自心承许的观点。"② 佛教强调对实相的认识需要扬弃语言和概念。《楞伽经》中说："云何自证法？谓诸佛所证我亦同证，不增不减，证智所行，离言说相、离分别相、离名字相。"③ 也就是说，这种内自证境界不同于我们一般人的混乱颠倒的日常体验，而是一种扬弃了语言和思维的智慧境界，在其中，万法的本性清晰地显现出来，但这种认识又不是语言可以传达的。"如果在其思想中一无所挂，即没有产生'有'，也没有产生'无'的话。那就一定是一种解脱开悟之心了。寂天大师说：'当一个人的心中没有'有无'之概念时，心中便绝无所缘，坦坦荡荡的了'。"④ 对于内心自在空灵的哲人来说，他也没有任何对于真理和智慧的执着。任何执着都是一种限定和遮蔽。可以说，中观宗辩证法是一种最为彻底的辩证法，它要求我们在经过概念的思辨后，还要扬弃一切对立的概念，最终才能达到对实相的认识。如果我们还执着于概念和逻辑，我们就不可能认识实相。

---

① 更敦群培：《中观精要》，白玛旺杰译，甘肃民族出版社，2009，第61页。
② 更敦群培：《中观精要》，第56页。
③ 《大乘入楞伽经》第4卷，《大正藏》第16册，第608页中。
④ 更敦群培：《中观精要》，第59页。

三、直观理性

我们在此强调，理性的本质是直观。理论（theoria）一词的含义也是观看或者静观。静观在古希腊哲学中具有非常崇高的地位和意义。但是后来由于受到基督教的影响，很少人能够理解静观的深刻含义。

柏拉图已经揭示了理性的直观本质。理性的直观是灵魂的本质认识。① 在《阿尔喀比亚德前篇》中，柏拉图指出："用眼睛看眼睛，看其中最美的，即它本身会看的那部分，这样就看到它自己了。"（《阿尔喀比亚德》133a）② 在《理想国》中，柏拉图也指出："人的灵魂就好像眼睛一样。当他注视被真理与实在所照耀的对象时，它便能知道它们了解它们，显然是有了理智。但是，当它转而去看那暗淡的生灭世界时，它便只有意见了，模糊起来了，只有变动不定的意见了，又显得好像是没有理智了。"（《理想国》508d）"知识是每个人灵魂里都有的一种能力，而每个人用以学习的器官就像眼睛。——整个身体不改变方向，眼睛是无法离开黑暗转向光明的。同样，作为整体的灵魂必须转离变化世界，直至它的'眼睛'得以正面观看实在，观看所有实在中最明亮者，即我们所说的善者。"（《理想国》518a）这些表达都清楚地表明，柏拉图认为存在一种理性的直观认识。理性的直观是灵魂的本质。但是由于我们受到了

---

① 在《会饮》中，柏拉图展示了苏格拉底的沉思。
② 柏拉图：《阿尔喀比亚德》，梁中和译，华夏出版社，2009。

感官和身体的限制,只能使用感性和知性这种粗糙的认识方式,不能正确使用纯粹理性的直观认识。只有哲人能够在最大程度上使用纯粹理性直观,所以哲人是最有智慧的人。

在《克拉底鲁》中,柏拉图指出,存在一种超出语言和概念的认识事物的方式。因为在最初语言和名词还没有的时期,人类认识事物就是不凭借语言和概念的。既然最初的命名者可以不借助名称认识事物,那么我们也可以不借助于名称认识事物。"让我们假定,只要你愿意,都可以通过名称的中介来学习事物;我们也假定,你可以通过事物本身来学习事物。这好像是一种更加高尚、更加清晰的方式——一种方式是学习事物的相似形象,相似形象传达了事物的真理,相似形象和真理被设想为一致的;另一种方式是学习事物的真理,真理和真理的相似形象只是被适当地设想。……我怀疑我们如何能够学习或者发现事物的真实存在。但我们可以承认,事物的知识并不是从名称中派生出来的。不是,获得事物知识必须学习和研究事物本身。"(《克拉底鲁》439a—b)① 可以说,这两种认识方式对应的是意见和知识。通过名称认识事物获得的就是意见。通过理性直观认识事物获得的就是知识。凭借语言和概念的认识必然受到语言概念的影响,这种认识方式不可能是绝对真实和正确的。只有在扬弃了语言和概念之后,我们才能真实地认识事物的本质。

我们可以说,理性本质上是一种超越了概念思维的直观认识。借助于名词和概念的理性思维只是一种知性,是理性的低

---

① Plato: *Complete Works*, Edited, with Introduction and Notes, by John M. Cooper, Hackett Publishing Company, 1997.

级形式。不论是逻辑理性还是辩证理性，都还没有摆脱语言概念的束缚。理性使用语言概念的目的是"帮助观看"。即在我们的理性不能真实的直接的观看的时候，我们使用语言和概念帮助我们去观看事实本身，但是当我们的理性经过了净化和发展，最终可以直接观看事实本身，就无需借助于任何概念。这个时候看到的事实本身才是真正的事实和真理，是没有经过任何中介和干扰的事实本身。这种直观的理性我们可以称为纯粹理性，是理性的真实面目。

亚里士多德也看到了理性的直观性。可以说，在亚里士多德哲学中，纯粹理性的主要概念就是努斯。当然，亚里士多德对努斯的使用似乎并不严格。努斯一般指理性，包括了实践理性和理论理性。但努斯似乎主要指理论理性，或者主要是指直观理性。在《尼各马可伦理学》的一个注释中，彼得斯认为亚里士多德把理智的直觉看作是沉思的理智和实践的理智的基础。① 所以，我们在此以努斯来解释直观理性。

在第一章分析《灵魂论》时，我们已经提到亚里士多德把努斯或者心识分为两个部分，即实用心识和理想心识。实用心识是被动的，理想心识是主动的。理想心识就是目的，就是本原。它没有更高的目的。形而上学的沉思就是理想心识的自我认识和自我观照。因此，理想心识才是灵魂的本来面目。理想心识是不变的、独立的、自在的。感觉、情绪等会受到身体的变化的影响。但是努斯不受身体的变化的影响。理想心识是自体自根的，是永恒不变的。努斯本身是不动的。"理智本身是

---

① 亚里士多德:《尼各马可伦理学》，廖申白译，商务印书馆，2003，第186页。

不动的，动的只是指向某种目的的实践的理智。"（《尼格马可伦理学》1138a35）因为心识本身是完全的完善的，它不需要追求什么来完善自己。理想心识是最高的存在，它没有更高的目的。努斯是人天生具有的。"这些品质是人生来就有的：尽管不是生来就有智慧，一个人却生来就会体谅，理解，也生来就具有努斯。"（《尼格马可伦理学》1143b5）人的学习和成长就是对本有的努斯的发展。

我们可以说，努斯的直观性表现在对始点的直接把握。"努斯也从两端来把握终极的事务。因为，把握起点和终极的是努斯而不是逻各斯。在证明中，努斯把握那些起点，在实践事务中，努斯把握终极的、可变的事实和小前提。"（《尼格马可伦理学》1143b）可以说，逻各斯的理性是一种和语言概念相关的知性，知性对事物的认识必须借助于概念和言词。而努斯是理性的最本原形式，它是以直接地方式直接把握始点。始点是不可能通过逻各斯的理性把握的。"努斯相关于始点，对这些始点是讲不出逻各斯来的。"（《尼格马可伦理学》1142a25）一般情况下，我们都是凭借感性和知性认识事物，而感性和知性对事物的认识受到身体、感官、概念等的干扰，所以我们对事物的认识都不是完全正确的。亚里士多德认为只有在我们对始点有清楚的认识后，我们的知识才是真实无误的。"只有当一个人以某种方式确信，并且对这结论依据的始点也充分了解时，他才是具有科学知识的。因为，除非对始点比对由始点引出的结论更加了解，否则他就只是偶然地有科学知识。"（《尼格马可伦理学》1139b30）这类似于我们所谓的"知其然，亦知其所以然"。而一般意义上的科学知识是从假设出发的，这种知识是不完全的，随时可以被证伪的。① 这和柏拉图对科学知识和至善的直观的哲学知识的划分是一致的。

亚里士多德在多处谈到了论证的最初前提不可证明的问题，证明不可能无穷推进。"一切事物悉加证明是不可能的。"（《形而上学》1006a5）他批评那些凡事都寻求证明的人。"凡是逐节追求证明的人，总是逼到最后一条规律为止；终极规律自然地成为其他一切原理的起点。"（《形而上学》1005b33）"他们要找一个起点，由这起点来作别的证明，而他们又想要用证明来找起点，从他们的方法上看来，能否找到，他们也并无自信；但他们的情调恰如我们以前曾说过的：实证的起点原本不是另一个实证，他们却要为说不出理由的事物找寻理由。"（《形而上学》1011a10）例如，矛盾律就是不可证明也无需证明的自明真理，"两点之间直线最短"等几何学公理也属于直观知识。如果我们要无限追溯，那么就会破坏一切知识。绝对知识必然是直观知识。否定了直观知识就是否定了知识的基础。

在《工具论》中，他也指出："我们认为，并不是所有知识都是可以证明的。直接前提的知识就不是通过证明获得的，这很显然并且是必然的。因为如果必须知道证明由己出发的在先的前提，如果直接前提是系列后退的终点，那么直接前提必然是不可证明的。以上就是我们对这个问题的看法。我们不仅主张知识是可能的，而且认为还存在着一种知识的本原。我们借助它去认识终极真理。"（《后分析篇》72b20）这种本原的知识不能是推理的概念的知识，而是直观的知识。这种本原的直观的知识是绝对正确无误的。"我们在追求真理时理智运用的

---

① 科学和逻各斯的知识类似于佛教的比量，而努斯的直观知识则是现量。

能力中,有些始终是真实的,另一些则可能是错误的,例如意见和计算,而科学知识和理会①是始终真实的。除了理会而外,没有其他类知识比科学知识更为精确。基本前提比证明更为无知,而且一切科学知识都涉及根据。由此可以推出,没有关于基本前提的科学知识。由于除了理会外,没有比科学知识更为正确的知识,所以把握基本前提的必定是理会。这个结论不仅从上述考虑中可以清楚地看到,而且也因为证明的本原自身并不是证明,所以科学知识的出发点自身也不是科学知识。由于除科学知识外,我们不拥有其他真实的官能,因而这种知识的出发点必定是理会。这样,科学知识的最初源泉把握本原,而科学知识作为一个整体与全部事实整体发生了同样的关系。"(《论题篇》100b5—15)

理性直观的最高对象或者唯一对象就是努斯自身②。在《形而上学》第十二卷中,亚里士多德详细讨论了这个问题。如果理性或者心识是最神圣的事物,然而思想如何才能被称为神圣呢?如果理性或者努斯是不能思维的,那就和睡眠没有差异,也就无从受到尊敬。然而,如果理性或者心识进行思想活动,还得有赖于另一些事物,那么它的本体就不是思想活动,而是一个潜能,这样努斯或者心识就不能称为是完善的本体。所以,理性的本体就不是思想的机能,而是思想活动本身。既然如此,理性或者努斯的认识对象又是什么呢?如果努斯是以

---

① 即努斯。
② 吴寿彭先生在注释中指出:"此章论思想机能、思想活动、思想对象与所得思想时,'理性'被分化为'人心'与'神心'两者,因而阐明俗思因思想对象多歧而所得之思想亦趋混乱;神思因专以自身之清纯为思想对象,故其思想万古常净而不失其至善。"(《形而上学》第281页脚注2)这种神心当然不是指上帝之心,而是指纯粹直观理性。

别的事物为认识对象，那么它既能够思想同一事物，也能够思想不同的事物。它能够专心致志思想善业，也能够随意地胡思乱想。如果纯粹理性的对象是最神圣最宝贵的事物，那么这种事物必然是永恒变化的，如果这种对象会变化，它就只能是每变而愈下。所以理性的思想对象应该是最神圣崇高的事物，这种对象只能是理性或者努斯自身，只有在这种自我认识、自我观照中，努斯才是最神圣的至善的。"因此，若以理性为至善，理性〈神心〉就只能致想于神圣的自身，而思想就成为思想于思想的一种思想。"（《形而上学》1074b35）这种思想不异于思想活动，思想与思想对象是合一的。如果思想与被思想者是不同的，那么这种理性就不是至善的。努斯作为思想对象是单一的，而不是复合的，一切非物质事物都不可区分，所以它也不会因为思维不同部分而改变。但是亚里士多德也指出，人的努斯并不会一直思维至善，只有神的努斯才一直思维至善。"我们这样答复，——如'人心'或竟称之谓复合物体的理性，其思想对象有时为复合，人心只是偶一返求诸己而已（人心之为善既有异乎全善，故不能不有时而致想于不善，惟在全人生中企求其达于至善），惟全善的神心历万古而常单纯地以大自我为思想。"（《形而上学》1075a10）而亚里士多德的神并不是超越的人格化的东西，而是纯粹理性自身。"生命本为理性之实现，而为此实现者唯神；神之自性实现即至善而永恒之生命。因此，我们说神是一个至善而永生的实是，所以生命与无尽延续以至于永恒的时空悉属于神；这就是神。"（《形而上学》1072b15—30）这是古典哲学家关于神的基本观点。近现代哲学家在理解神的概念时仍然是站在基督教的立场上。

对自我的认识就是真正的理性直观。在这种无名的默照中，理性已经扬弃了一切概念和语词，当达到一定的境界后，理性本身的光明就能真正显现出来。老子认为："不出户，知天下；不窥牖，见天道。其出弥远，其知弥少。是以圣人不行而知，不见而明，不为而成。"(《老子》第四十七章)庄子在《人间世》中也说："瞻彼阕者，虚室生白，吉祥止止。夫且不止，是谓坐驰。"也就是说，自我认识就是理性直观。理性直观就是自我认识。只有在这种理性直观中，内心的光明本性才能显现出来。所谓"心外无物""唯识无境"。宇宙的真理就包含在灵魂自身之中。我们对外在现象的认识归根到底是对灵魂自身的认识。所谓的外在现象不过是灵魂自身的一种显现。真理不假外求，真理就在我们心中。努斯的自我沉思就是对自身的回归和完成。因此得道的真理需要我们回光返照，返身而诚，没有这种功夫，我们就不可能认识道。

这种自我认识或者沉思是最高的，是至善的。"思想要是纯粹为了思想而思想，只局限于它本身而不外向于它物，方才是更高级的思想活动。"(《政治学》1325b20)因为思想以外在事物为认识对象，就意味着它仍然是不自足的。只有努斯以自身为对象，努斯才达到了自足和圆满。而自足和圆满是至善的本质。所以努斯的自我沉思就是至善。在对《会饮》中的疏解中，施特劳斯在解释苏格拉底的沉思时指出："自我认识基于——某种程度也在于——关于善的认识。所以当苏格拉底把注意力转向自身时，也就意味着他把注意力转向了善。"[1] 这在某种意义上表明了自我认识和至善的关系。达到了自我认识

---

[1] 施特劳斯：《论柏拉图的〈会饮〉》，邱立波译，华夏出版社，2012，第41页。

就是达到至善。这种自我认识可以达到最究竟的真理，而真理不可能不是善，真理同时就是至善。真和善是同一的。越是真的，就是越是善的。人们之所以追求真理，就因为真理是一种善。正如人们追求美，也因为美是一种善。所以真、善、美本质上是一回事。认为真理和至善是分离的，这是现代哲学的一种错误偏见。

正如柏拉图的回忆说所揭示的，理性的自我认识就是回忆。回忆就是认识转向自己，从对外在事物的认识转向对自身的认识，从而可以发现内心深处的真理。因为理念内在于灵魂本身，所以要认识真理，就必须回光返照，反观自心。亚里士多德也肯定在我们的灵魂中存在先天形式或者知识的。在《灵魂论》中，他指出："说灵魂为'诸形式（意式）的所在'，确乎是优良的诠疏，但这个胜义，须限止于灵魂的思想功能，不可应用于整全的灵魂，而那些'形式'只能是潜在形式，不可为现实形式。"（《灵魂论》429a30）但是亚里士多德似乎反对柏拉图的回忆说。"一切学习无论是用'实证法'或用'界说法'进行，必须先知道某些'前提'（知道一些或全部前提）以为依凭；界说〈定义〉的要素必须先已知道而熟习；用'归纳法'来学习也相似。若说知识真的基于宿慧，这很奇怪我们不知道自己具有这样伟大的知识。"（《形而上学》992b30）应该说，知性的认识需要以假设或者前提为开端，但是当我们进行到比较深入和高级的认识活动时，就应该逐渐超越一切假设和前提，达到绝对知识和直观知识。正如在佛教的智慧境界中，万法实相就是清清楚楚地直接显现，没有一丝混杂和遮蔽，也不借助于任何的概念和假设。

基于努斯的自我观照的特性，亚里士多德认为努斯是神性的。"如果努斯是与人的东西不同的神性的东西,这种生活就是与人的生活不同的神性的生活。……应当努力追求不朽的东西,过一种与我们身上最好的部分相适合的东西。因为这个部分虽然很小,它的能力与荣耀却远超过身体的其他部分。最后,这个部分也似乎就是人自身。因为它是人身上主宰的、较好的部分。……合于努斯的生活对于人是最好的、最愉悦的,因为努斯最属于人。"(《尼各马可伦理学》1177b25)虽然努斯是每个人天生都具有的,但并不是每个人都能够发展努斯。只有哲人是真正发展了努斯的人。只有在哲人中,努斯的理性的直观才是真正起作用的。因此哲人就是人的最高成就,是人性能够达到的最高可能性。哲人就是人的楷模和本原。所以亚里士多德认为哲人就是"半神",哲学生活是最神圣的崇高的生活。做人就要做哲人,人生的真正目标就是成为哲人。人的自由与高贵就在于此。

对于理性直观和绝对知识,现代哲学中也多有涉及。近代哲学中经验论大多承认感性直观。唯理论则承认存在直观知识。例如斯宾诺莎把知识分为三等:感性知识、理性知识和直观知识。感性知识是最低等的知识,他称为"意见"。这类知识又可分为由传闻得来的知识和由泛泛的经验得来的知识,这类知识没有"确定性",不能使我们认识事物的本质。第二等是理性知识,它是"由于一件事物的本质从另一件事物推出而得来的知识"。理性知识是经由推理得来的。比如,同一物体从远处看则小,从近处看则大。这种知识虽然可以科学地洞察事物之间的关系和规律,但不能说明事物究竟为什么是这样,因此,它仍不是完善的知识。第三种是直观知识。直观的知识是"纯粹从一件事物的本质来考察一件事物,或者纯粹从对于它的最近因的认识而得来的知识"。这种知识,既不借助感性经验,也不运用理性推理,而直接凭借"人的固有的能力和本性"把握住事物的本质,如3+2=5,两条直线各与第三条直线平行则这两条直线必定平行等。这种知识是最高级的知识,能"最完满、最确定地认识一个对象"的知识。康德明确肯定感性直观,而否定了理性直观。他认为如果存在理智直观的话,也只有上帝才是可能的。所以人类只能获得现象的知识,不能获得关于本体的知识。谢林则承认理智直观,但是他的理智直观是审美直观,审美直观和感性直观更加接近。黑格尔也肯定了感性直观,似乎没有承认理性直观。他也谈到了绝对精神的自我认识。认识对象和认识主体都是绝对精神。在经过辩证的否定后,绝对精神必然认识到自己就是实体和主体的统一。"当实体已完全表明其自己即是主体的时候,精神也就使它的具体存在与它的本质同一了,它既是它自己又是它自己的对象,而知识与真实性之间的直接性和分裂性所具有的那种抽象因素于是克服了。存在于是被绝对中介了,成了实体性的内容,它同样是自我的财产,是自身性的,或者说精神概念。"①哲学就是一个圆圈,就是绝对精神的自我回归,自我完成。他把这种认识称为"绝对知识"。但是这种绝对知识应该是直观知识。如果在绝对知识还存在概念,那么绝对知识就仍然是分离的,而不是绝对的。黑格尔哲学本质上是现代政治意识形态,亚里士多德哲学则超出了政治生活,是高贵的、神圣的。

胡塞尔的现象学则试图恢复理性直观的意义。他首先肯定了感性直观,认为感性直观是一种自明性的来源。所以他认为

---

① 黑格尔:《精神现象学》,贺麟译,商务印书馆,1979,第24页。

现象学是一种彻底的实证主义。但是，知识并不仅仅局限在感性直观，还需要由概念范畴来建构。那么这些概念范畴是抽象的还是直观的呢？如果这些概念范畴是抽象的，那么就不能保证它们的真实性。只有这些概念范畴是直观的，它们才具有自明性，由它构成的知识才具有真理性。所以胡塞尔试图揭示和概念范畴相关的直观认识。这就是范畴直观和本质直观。他认为人不仅能够感性直观，也能够本质直观。可以说，胡塞尔关于范畴的现象学研究不同于分析哲学对范畴的逻辑分析。分析哲学主要是借助于数理逻辑对语句进行分析，以确定语义的单一性和精确性。这种逻辑分析只关注观念、范畴之间的联系，并不关心它们与意识行为的关系，即不关心范畴之物的被给予方式。但是现象学不是关注范畴之物和一般之物之间的关系和存在，而是关注它们的被给予方式。这种对被给予方式的关注就意味着把范畴、概念回溯到给出它们的行为体验中去，把逻辑范畴的分析与体验行为联系起来。在他看来，"作为思维统一性的逻辑概念必定起源于直观；它们必定是在某些体验的基础上通过观念直观的抽象而产生并在新的抽象中不断得到其同一性的新的验证"。① 不仅逻辑学的概念、定律、判断等，而且自然科学的概念、定理、法则等等都必须与给出它们的行为类型联系起来，使它们在现象学的直观和体验中获得充实和自明性意义。不仅如此，为了建立同一性的绝对知识，胡塞尔还提出了先验自我的问题。他认为只有先验自我及其意向性活动才具有绝对的自明性，先验自我及其构造性活动构成了一切

---

① 胡塞尔：《逻辑研究》（第二卷第一部分），倪梁康译，上海译文出版社，1999，第5页。

自明性和确定性的源泉。先验自我是现象中的现象，是"元现象"。胡塞尔用笛卡尔的"我思"来标示这种纯粹意识，包括"我知觉、我记忆、我想象、我判断、我感觉、我渴望、我意愿"中的每一项以及一切类似的自我体验。现象学就是建立在行为的自我关涉即反思行为的基础上的。这种反思同样是一种直接的直观行为，而并不是一种需要借助于概念、符号进行的抽象思维行为。在胡塞尔看来，这种直观的反思行为就是真正的"哲学思维"。现象学的绝对性、自明性都来自于这种行为的自我关涉。但是胡塞尔现象学也仍然是概念知识，而不是直观知识。

理性直观知识本质上是"以心观心"，"直指本心"。当我们知道一切都是心的显现后，我们就应该从对现象的认识转向心本身的认识。我们应该去认识心的本质是什么？心存在于什么地方？心的形象是什么样的？在这种观察中，我们就会发现，我们的内心总是充满各种观念和想法，这些观念和想法是生生灭灭的，所以它们并不是真实存在的。我们越是深入地认识心的本性，我们就越会明白心是不存在的。正如《金刚经》所说："过去心不可得，现在心不可得，未来心不可得。"这样，我们就不会被虚假的妄想心所遮蔽。但是心也并不是"虚无"，心的本性是清静光明的，如万里晴空一样。如果我们的观察到了一定程度，这种心的自性的光明就会显现出来。在这种光明境界中，认识主体和认识对象是完全同一的，或者说，作为认识主体的心和作为认识对象的心都彻底消失，既不存在作为认识主体的心，也不存在作为认识对象的心。这种理性直观的境界就是真理和智慧的显现。所以，理性直观知识是最高的绝对的知识。

这种理性直观知识和佛教的佛性如来藏思想非常相似。所谓佛性如来藏就是隐藏在现象事物的背后的真如本性。如果我们扬弃了这些表明的假象，返回到如来藏的清静光明，我们就能够由凡夫而成佛。《楞伽经》中把佛性如来藏称为真我。"内证智所行，清净真我相；此即如来藏，非外道所知。"① 《解深密经》中把真如称为"胜义谛"。"当知胜义谛是遍一切一味相。复次善现。修观行苾刍。通达一蕴真如胜义法无我性已。更不寻求各别余蕴诸处缘起。"② 《唯识三十颂》把真如称为诸法胜义。"此诸法胜义，亦即是真如，常如其性故，即唯识实性。"③《大乘起信论》中说："心真如者，即是一法界大总相法门体。所谓心性不生不灭，一切诸法唯依妄念而有差别，若离妄念则无一切境界之相。是故一切法从本已来，离言说相、离名字相、离心缘相，毕竟平等、无有变异、不可破坏。唯是一心故名真如，以一切言说假名无实，但随妄念不可得故。言真如者，亦无有相。谓言说之极因言遣言，此真如体无有可遣，以一切法悉皆真故；亦无可立，以一切法皆同如故。当知一切法不可说、不可念故，名为真如。"④ 所以修行的目标就是去除外在的染污，使自己的清静光明的如来藏本性显发出来。真正的理性直观知识是明心见性、直指本心的知识。

因此，理性直观知识是一种现量见到的实相知识，是一种内在的实证知识。在这种认识中，我们不需要借助于任何概念思维而直接把握事实-心性本身。这种理性直观知识是离言绝

---

① 《大乘入楞伽经》第 7 卷，《大正藏》第 16 册，第 637 页中。
② 《解深密经》第 1 卷，《大正藏》第 16 册，第 692 页上。
③ 《唯识三十论颂》，《大正藏》第 31 册，第 61 页上。
④ 《大乘起信论》，《大正藏》第 32 册，第 576 页上。

相的，是不可言说的。正如老子所说："道可道，非常道；名可名，非常名。"《中庸》也说："不思而中，不勉而得。"《心经》则说："无智亦无得。"禅宗说："开口便错，动念即乖"，"如人饮水，冷暖自知"。因为一切语言、概念、范畴等等都是描述现象界的事物的，本体界的事实是没有语言概念把握的。一旦有言词的介入，我们就不能如实见到事实本身，不能如实认识我们的心性本身。

因为理性直观知识不可言说，理性直观知识在表现上类似于无知之知。苏格拉底曾经反复提到了无知之知的智慧。在《申辩》中，他说："事实上神是智慧的，神谕的意思是人的智慧是很少的或者没有价值的，当它说苏格拉底这个人的时候，只是用我的名字作为例子来说，你们这些有死的人中最智慧的人苏格拉底知道自己的智慧是没有价值的。"(《申辩》23a)① 在《美诺》中，他也说："如果虹鱼自己就是麻痹的，然后它能麻痹别人，那么我就和它很像，但事实不是这样的，我在使他人困惑的时候，自己也不知道答案，当我使他人感到困惑时，我比他人更加困惑。"(《美诺》80c) 这种不可言说的无知之知是最高的智慧，这种无知之知在很多哲人和圣人那里表达过。孔子说："吾有知乎哉？无知也。有鄙夫问于我，空空如也；我叩其两端而竭焉。"(《论语·子罕》) 老子指出："知不知，上，不知不知，病。圣人不病，以其病病，是以不病。"(《道德经》第七十一章)"绝圣弃智，民利百倍；绝仁弃义，民复孝慈；绝巧弃利，盗贼无有。此三者以为文，不足。故令有

---

① Plato: *Complete Works*, Edited, with Introduction and Notes, by John M. Cooper, Hackett Publishing Company, 1997.

所属:见素抱朴,少思寡欲,绝学无忧。"(《道德经》第十八章)庄子在《人间世》指出:"闻以有翼飞者矣,未闻以无翼飞者也;闻以有知知者矣,未闻以无知知者也。""知止其所不知,至矣。孰知不言之辩,不道之道?若有能知,此之谓天府。注焉而不满,酌焉而不竭,而不知其所由来,此之谓葆光。"《庄子·齐物论》如果把所谓的学问当作智慧,那么就是穷尽生命也不能完结,真正的智慧不是去追求那些外在的学问,而是通过"坐忘""心斋"等方式达到无所不知而又无知无识的境界。佛教也认为真正的智慧是空性的智慧,但空性的智慧是不可言说的。僧肇《般若无知论》中指出:"夫有所知,则有所不知。以圣心无知,故无所不知。不知之知,乃曰一切知。故经云,圣心无所知无所不知,信矣。是以圣人虚其心而实其照,终日知而未尝知也。故能默耀韬光,虚心玄鉴,闭智塞聪,而独觉冥冥者矣。"可以说,直观知识就表现为无知之知。无知之知本质上是无所不知,但又显得一无所知。正如老子所说:"大智若愚,大辩若讷。"但是,我们现在已经对这种理性直观知识一无所知了。

第三节 沉思的幸福

我们前面分析了纯粹理论理性的认识对象和认识形式,没有涉及纯粹理论理性活动的情感方面。那么,纯粹理论理性活动是不是伴随情感活动呢?应该说,理论理性的活动仍然是伴随情感和欲望的活动。如果说在一般的理性活动中,情感和欲望的活动是比较强烈的,那么在理论理性的活动中,情感和欲望的活动则显得是沉静的、内在的。在理论理性的活动中，情感和欲望不是对抗理性的，而是伴随理性的，是从纯粹理论理性活动中产生出来的。这种直接从理论理性活动中产生的情感体验是理性活动的重要本质之一。如果我们认为纯粹理性活动是完全非情感的、非欲望的，这就是对理论理性活动的本质仍然缺乏认识，从而对人性的真实性质缺乏认识。只有认识到理性活动伴随着的情欲活动，我们才能真正认识人性的奥秘。应该说，对真理和至善的认识必然伴随最深刻的快乐。这种快乐是在一般的感官体验中不会产生的。我们可以把这种快乐称为极乐或者至乐。在古典哲学中，真、善、美、乐是一致的。

一、哲人的概念

古典哲学的最重要原则就是对哲人和俗人的区分。哲人就是过理论生活或者哲学生活的人，俗人就是过享乐生活和政治生活的人。毕达哥拉斯就曾经以运动会的比喻，把所有人区分为三种人，即卖饮料的商人、运动员和旁观者。商人是最低级的，也就是追求享乐者。运动员是政治人，是追求荣誉的人。旁观者是最高贵的，就是哲人，哲人不参与政治生活，过一种静观的理论生活。应该说，哲人和俗人并不是仅仅通过不同的教育或者习惯而养成的，而是更多因为自然天性的差异而养成的。

苏格拉底的哲学革命就来自对人的理性的自然差异的发现，并且把这种发现作为决定性的原则。"苏格拉底之有别于在他之前的哲人，乃因为这一事实：他在智性异质性（noetic heterogeneity)中发现了整全或自然的核心。整全不是一,也不是同质的,而是异质的。……正因为如此,苏格拉底创立了政治科学。只有存在本质上的异质性,才可能存在政治事物与非本质事物之间的本质差异。智性异质性的发现,使得我们可以让事物各是其是(let things be what they are),不再强求消除本质差异,混同万物。智性异质性的发现意味着我们为所谓常识(commen sense)者辩护。"[1] 首先,我们要对人类生活进行独立的研究,人类不同于其它动物,不能以其它动物的生活方式来理解人类生活。前苏格拉底哲学和智者哲学的错误就在于把依据其他动物的本性来理解人类的自然。其次,通过对人类生活的观察,我们就会发现人是理性的动物,人也是政治的动物。两者是相互联系的。人的理性特别表现为政治性。"逻各斯,言辞或者理性比其他一切都更具有形成社会的能力,因为没有逻各斯,就只可能具有一种感知,尤其是对快乐和痛苦的知觉。"[2] 而且,人和人的理性能力是不同的。有的人聪明一些,有的人愚笨一些。而且按照自然理性的原则,理性高的人应该统治或者管理理性低的人。这才是合乎自然的正义。最后,我们可以通过对人类生活的研究而找到通向自然的道路。如果我们对人类生活进行独立的研究,就不可能真正认识自然。宇宙的真理就包含在人性的真理中。这种发现使得苏格拉底创立了哲学目的论和古典政治哲学。古典政治哲学达到了整全的真理,在古典政治哲学中,哲学才完成了自身。

---

[1] 施特劳斯:《苏格拉底问题六讲》,载刘小枫、陈少明主编《苏格拉底问题》,华夏出版社,2005,第 49 页。

[2] 施特劳斯:《古典政治哲学引论——亚里士多德〈政治学〉讲疏(1965年)》,娄林译,华东师范大学出版社,2018,第 47 页。

柏拉图继承了哲人和俗人的区分。他认为爱智慧的人永远是少数,哲人永远是极少数人。大多数人都是热爱和追求名利的。他明确区分了知识和意见。知识是对永恒实体的认识,意见是对变化的现象的认识。哲人由于对永恒对象的追求而超越了人间世。"一个真正专心致志于真实存在的人是的确无暇关注琐碎人事,或者充满敌意和妒忌与人争吵不休的;他的注意力永远放在永恒不变的事物上,他看到这种事物相互间既不伤害也不被伤害,按照理性的要求有秩序地活动着,因而竭力模仿它们,并且尽可能使自己像它们。"(《理想国》500c)他也区分了哲人和智者。在《理想国》《智者》中,他认为智者是冒充哲人的人,是以贩卖知识为手段,为自己谋求名利的人。智者败坏了哲人的名声。"这些被政治家叫做诡辩派加以敌视的收取学费的私人教师,其实他们并不教授别的,也只教授众人在集会时所说出的意见,并称之为智慧。这完全像一个饲养野兽的人在饲养过程中了解野兽的习性和要求那样。他了解如何可以同它接近,何时何物能使它变得最为可怕或最为温驯,各种情况下它惯常发出几种什么叫声,什么声音能使它温驯,什么声音能使它发野。这人在不断饲养接触过程中掌握了所有这些知识,把它叫作智慧,组成一套技艺,并用以教人。至于这些意见和要求的真实,其中什么是美的什么是丑的,什么是善的什么是恶的,什么是正义的什么是不正义的,他全都一无所知。他只知道按猛兽的意见使用所有这些名词儿,猛兽所喜欢的,他就称之为善,猛兽所不喜欢的,他就称之为恶。他讲不出任何别的道理来,只知道称必然的东西为正义的和美的。他从未看到过,也没有能力给别人解释必然者和善者的本质实际上差别是多么的大。说真的,你不觉得这样一个人是一个荒谬的教师吗?"(《理想国》493a—c)真正的哲人以追求真理为生,对名利都是蔑视的。还有非常重要的一点是,因为哲人的智慧境界是内在的,所以我们不能从外在形象或者身份去认识哲人。哲学家并不比诸神更加容易觉察,哲学家可以多种面目显现自身,"这些真正的哲人,而不是冒牌的哲人,他们周游各国,高高在上地俯视人间。由于世人的无知,他们以各种形象显现出来。有人认为他们不值一提,有人认为他们高高在上;有时他们伪装成政治家,有时伪装成智者。有时候看上去就像是疯子。"(《智者》216d)① 柏拉图对话不但讨论了哲学问题,也展示了苏格拉底这一哲人的形象。他不但以哲学问题引导我们思考,而且以苏格拉底的哲人形象来引导我们去做一个哲人。人生唯一正确的目标和理想就是成为哲人。做人就是做哲人,做一个像苏格拉底那样的哲人。

亚里士多德同样继承了古典政治哲学的基本原则。他认为理性和求知是人的本性自然。在《形而上学》开篇,他就指出:"求知是人类的本性。"他也把重点放在对人类政治生活的研究上,并且通过对人类政治生活的观察而发现最终的真理。他的目的论和形而上学都基于对人类政治生活的研究。他也同样看到了人和人之间的理性差异性。一方面人和人是平等的,人是理性的动物,是城邦的动物。另一方面,人和人又是不平等的。有的人聪明一些,有的人愚笨一些。或者说,有的人天生是主人,有的人天生是奴隶。聪明的人应该统治愚笨的人,愚笨的人应该接受聪明的人的统治。这才是合乎自然的正义。

---

① Plato: *Sophist*, In *The Collected Dialogues of Plato*, Edited by Edith Hamilton and Huntington Cairns, Princeton University Press, 1963, 216d.

因此，在这些最重要的方面，他和柏拉图是没有区别的。

但是哲学始终是极少数人的生活方式。首先，哲学来自对自然的惊奇。"古今来人们开始哲理探索，都应起于对自然万物的惊异；他们先是惊异于种种迷惑的现象，逐渐积累一点一滴的解释，对一些较重大的问题，例如日月与星的运行以及宇宙之创生，作成说明。一个有所迷惑与惊异的人，每自愧愚蠢（因此神话所编录的全是怪异，凡爱好神话的人也是爱好智慧的人）；他们探索哲理只是为想脱出愚蠢，显然，他们为求知而从事学术，并无任何实用的目的。"（《形而上学》982b15）这种惊异和迷惑、无知相关。人是观念的动物，人在成长和学习的过程中接受了很多观念。多数人并不关心这些观点是不是正确，他们忙碌于外在的各种事务，忙碌于追名逐利。他们认为名利是最重要的。但是，极少数人却对这些意见和观念非常重视。他们的心灵是敏感而细腻的，他们发现这些观念之间存在相互矛盾和对立，他们对种种言论和思想都感到困惑。因此他们把注意力更多转向了对这些问题的思考，希望找到最可靠的答案和真理。对于他们来说，无知是染污，无知是罪恶。摆脱这种内心的困惑和无知才是最重要的，名利对他们来说毫无意义。所以哲学不追求实用的目的，而是为了灵魂的完善。只有哲学的智慧才能完善灵魂。如果我们没有意识到自己的无知，也没有意识到无知的羞耻，那么我们是不会学习哲学的。

其次，哲学必须以闲暇为前提。在《形而上学》中，亚里士多德指出："在所有这些发明相继建立以后，又出现了既不为生活所必需，也不以人世快乐为目的的一些知识，这些知识最先出现于人们开始有闲暇的地方。数学所以先兴于埃及，就因为那里的僧侣阶级特许有闲暇。"（《形而上学》981b20）在

《政治学》中,他也指出:"个人和城邦都应具备操持闲暇的品德;……智慧为闲暇活动所需的品德;……闲暇愈多,也就愈需要智慧。"(《政治学》1337b30)他认为勤劳与闲暇的确都是必需的。但是闲暇是勤劳的目的。闲暇比勤劳更高尚,人生忙碌勤劳的目的正是在于获得闲暇。闲暇不宜以游嬉来消遣,应该以高尚的学习和修养来操持。古语说:"奴隶无闲暇。"大多数人一生忙忙碌碌,被外物所役使,从来没有为了自己的品德和智慧而学习过。只有极少数人能够摆脱功名利禄,成败得失的忧虑,专心致志于自己的哲学思考和灵魂完善,所以只有他们才享有闲暇。正如苏格拉底的生活所显示的,哲人不追求物质财富和荣华富贵,不是因为他们应有尽有,而是因为他们知足少欲,清心寡欲,把所有的生命热情都投入对智慧的追求之中。他们的闲暇来自他们对功名富贵的蔑视和超越。他们是完全以理性支配欲望和情感的人,他们才是真正的自由人。忙碌于世间名利的人都没有闲暇,都是不能自主的奴隶。正如在我们当代社会,物质财富已经足够丰富,但是因为我们对财富的欲望永无止境,所以我们仍然没有闲暇。如果我们不能摆脱名利欲的控制,我们就不可能拥有闲暇,没有闲暇,我们也就不可能从事哲学。

最后,哲学是爱智慧。什么是智慧呢?在《尼各马可伦理学》中,亚里士多德认为智慧是科学和努斯的结合。智慧是最完善的、最高的。"智慧显然是各种科学中的最为完善者。有智慧的人不仅知道从始点推出的结论,而且真切地知道那些始点。所以智慧必定是努斯与科学的结合,必定是关于最高等的题材的、居首位的科学。"(《尼各马可伦理学》1141a20)或者说,科学是概念性的推理性的知识,而努斯则是直观性的知识。两种知识类似于佛教中的差别智和根本智。智慧不但是对实相本体了然于胸,而且也对全部现象无所不知,所以智慧必然是全知。在《形而上学》中,亚里士多德指出:"博学的特征必须属之具备最高级普遍知识的人;因为如有一物不明,就不能说是普遍。"(《形而上学》982a20)真正的智慧就是全知。① 古典哲学的目标就是对整全的认识。如果我们把事物分为不同的种类,那么全知是完全可能的。"整全的特征就是我称之为理智分析上的异质性。更简明地说,整全由类或种构成,靠人的感觉感知并不能充分地明瞭整全的特征。"② 在《形而上学》第一章中,亚里士多德指出:"我们先假定:哲人知道一切可知的事物,虽于每一事物的细节未必全知道;谁能懂得众人所难知的事物我们也称他有智慧(感觉既人人所同有而易得,这就不算智慧);又,谁能更擅于并更真切的教授各门知识之原因,谁也就该是更富于智慧;为这门学术本身而探求的知识总是较之为其应用而探求的知识更近于智慧,高级学术也较之次级学术更近于智慧;哲人应该施为,不应被施为,他不应听从他人,智慧较少的人应该听从他。"(《形而上学》982a10)这段话包含了五层含义。第一,无所不知是可能的。哲人或者最有智慧的人是无所不知的。达到无所不知的途径是对理念或者形式(种属)的认识。理念或者种属是有限的,所以完全的认识是可能的。第二,知道易知的事物并不称为智慧。能够认识难知的事物,才是智慧。对实体或者理念的认识是困难的,所以认识理念或者实体的人就是有智慧的。第三,

---

① 古代儒家也"以一事不知为耻"。
② 施特劳斯:《苏格拉底问题六讲》,载刘小枫、陈少明主编《苏格拉底问题》,华夏出版社,2005,第40页。

善于传授知识的人比不善于传授的人也是有智慧的。因为善于传授说明传授者对知识的理解更加透彻和清楚,他也知道如何把自己的智慧传授给别人。第四,为自身的学术比不为自身的学术要高。理论科学或者哲学是最高的,实践科学则低于理论科学。因为理论科学研究的是永恒不变的事物。第五,有智慧的人应该统治无智慧的人,无智慧的人应该服从于有智慧的人。正如"劳心者治人,劳力者治于人"。这就是自然的正义。因为有智慧的人对事实认识的更加清楚,他的判断就会更加正确,就不会导致失误和不幸。这里充分体现了亚里士多德的理性主义立场。

智慧是超越人类的政治生活的,智慧是关于永恒不变的实体的知识,而人类事务并不是永恒的和最高的。柏拉图就指出:"人世生活中的事本也没有什么值得太重视的。"(《理想国》604c)孔子也说:"饭疏食饮水,曲肱而枕之,乐亦在其中矣。不义而富且贵,于我如浮云。"智慧是超越世间的名利和幸福的。因为永恒的至善和实体是唯一的,所以智慧是唯一的。正如孔子所谓:"吾道一以贯之。"相反,和人类事务相关的明智则是多样的。"智慧不考虑那些增进人的幸福的事物,……明智是同对人而言的公正的高尚的善的事物相关的。"(《尼各马可伦理学》1143b20)智慧并不是促进人类进步的工具。智慧只和人的灵魂自身的完善或者净化相关。哲人对于自然、本体和至善的研究使哲人不再追求功名利禄,超越变化莫测的人世间,他的心灵逐渐和永恒不变的本体、至善结合在一起。所以哲人是超越政治人事的。如果我们的所有学习和活动都是为了个人的名利,那么我们的眼光和境界都是卑微的低贱的。"事事必求实用是不符合于豁达的胸襟和自由的精神的。"(《政治学》1138b）但是，一方面，现代人把哲学和知识看作是促进人类物质财富增长的工具，现代人不再相信存在永恒不变的至善和实体，不相信存在这种超越性的智慧。另一方面，现代人认为人类的理性是有限的，人类不可能获得全知意义上的智慧，理性只是服务于人的欲望的工具。我们不再相信古典哲学对全知的追求和获得全知的可能性。可以说，现代人关于智慧的理解是非常狭隘的。

在《尼各马可伦理学》中，亚里士多德指出，哲人思考和关心的问题都是重大的，是超出狭隘的人类事务的。"这样的人对自己的利益全不知晓，而他们知晓的都是一些罕见的、重大的、困难的、超乎常人想象而又没有实际用处的事情，因为他们并不追求对人有益的事务。"（《尼各马可伦理学》1141b5）那些只关心人类事务的人，是不可能真正伟大的。在古希腊哲人看来，人类只是宇宙的不同等级秩序之中的一个层次，并不是最高的等级。宇宙和诸神等存在都高于人类的存在。哲人超出时代和民族的局限性，超出了人类物种的有限性，追求永恒的至善和真理，所以他们的境界是崇高的神圣的，他们认识的真理是整全的、真实的。

因此，亚里士多德提出了"好人是万物的尺度"的观点。一般意义上的好人并不是真正的好人，这种好人往往只是循规蹈矩、安分守己的人而已。真正的好人是以智慧和美德而成为好人。好人是智慧和美德的具体人格化。在亚里士多德看来，哲人是严格意义上的好人。哲人具备了完满的智慧和德性。哲人完全以理性调伏了自己的情欲，他的情感和理性始终处于和谐一致的状态。他的情欲不会遮蔽和干扰他的理性认识，他的选择和决断都能够随时随地地切合事实本身，能够使事物处于最佳状态。所谓"成己成物","参天地之化育"。

他反对传统的"神是万物的尺度"的观点。在一般希腊人看来,神是万物的尺度,或者诗人荷马是万物的尺度。他们往往以神或者荷马来判断事物的好坏。但是亚里士多德看来,哲人才是万物的尺度。"事物对一个好人显得是什么样,它本身也就是什么样。……如果德性与好人——就他作为好人而言——是所有事物的尺度,那么对于他显得是快乐的东西就是快乐,令他感到愉悦的东西就是愉悦。"(《尼各马可伦理学》1176a15)哲人始终处于理性的清静光明的状态中。一切都在他的理性光明中清清楚楚地显现出来,他能够如实地认识万物的本质实相。因此哲人的理性判断是我们的判断的依据和标准。因为一般人的情欲的热烈和理性的幼稚,我们的理性认识不是完全的充分的,不能如实地认识事实本身。我们应该信赖和依靠哲人的认识,以哲人的是非为自己的是非,这样就可以使我们避免在认识和判断上犯错误。同样,哲人的爱恨才是正确的爱恨。我们应该爱哲人所爱,恨哲人所恨。我们的情感活动也应该和哲人保持一致。这样,我们就能够逐渐克服自己的理性的局限性,摆脱自己的情欲的支配,从而获得较高的道德理性的品质。

他也反对智者派关于"人是万物的尺度"的观点。普罗泰戈拉认为同一个事物对于不同的人显现得不同,这种显现都是同样真实的,不存在谁对谁错的问题。这个观点本质上是把每个人的感觉和判断作为真理的标准。这样一来,就从根本上否定了真理的标准,最终必然走向相对主义和感觉主义。亚里士多德指出:"好人对每种事物都判断得正确,每种事物真地是怎样,就对他显得是怎样……好人同其他人的最大的区别似乎就在于,他能在每种事物中看到真,他仿佛就是事物的标准和尺度。"(《尼各马可伦理学》1113a30—b1)我们的感觉和感受都是建立在思想观念的基础上的,没有真正的智慧,就不可能有真实的感受和感觉,情感活动也是在理性和智慧之中发生的。所谓"发乎情止乎礼",否则,放任我们的情感和感受,我们就生活得混乱而痛苦。事物只有对于好人的显现才是正确的,其他人的显现都是片面的、错误的。我们不能一视同仁,不能无差别。所以在确定什么判断是真实的正确的时候,我们应该依据有智慧和德性的哲人,而不是随便什么人。智者派的错误就在于他们没有区分人的理性的等级差异。

亚里士多德深刻地指出:"存在对好人来说是善。"(《尼各马可伦理学》1166a20)对于这句话,我们可以这样理解。首先,存在并不是无价值的。因为我们人类追求善,我们的生活是充满价值的,人类是宇宙存在的一部分。所以宇宙存在本身也必然是有价值的。① 但是在现代世界观宇宙论看来,存在本身是无价值和无意义的,意义都是人类自身赋予的,所以人类生活根本上是没有意义的。这就是现代虚无主义的绝望的来源。其次,存在和至善是一致的。这是存在本身的实相。正如柏拉图所说的,只有至善是实在的。但是一般人受到欲望的支配,并不能够认识存在的至善,他们只认识属于人类的善。"至善非善",存在本身并不是我们一般意义上的善。我们一般认为的善都是分别的对立的,都是人间性的,不同的国家和民族存在不同的善。但是至善或者存在是超出了人类性的,是不随时代和民族等因素而改变的。最后,存在的至善只有哲人才

---

① 例如儒家也认为天地具有大德,并不是现代意义上的无情物。

能完全认识。哲人超出了狭隘的人类的视野和利益,他们认识到了普遍的永恒的善。存在就是永恒的善,就是至善。相反,对于一般人来说,存在就不一定是善。因为他们都受到了情欲的限制,他们不能发现存在本身,也不能发现至善本身。"欲望与理性的基本对象相同。欲望所求为虚善[外表事物],理性所求为真善[真实事物]。但思想[理知]既为起点;欲望自应后于思想,而思想故当先于欲望。"(《政治学》1072a26)按照柏拉图的看法,他们只有意见,没有知识。他们的一生都仿佛在梦中。

亚里士多德还指出:"做一个好人与做一个好公民可能并不完全是一回事。"(《尼各马可伦理学》1130b28)这种看法在一般意义上可能是成立的。例如一个好人坚持自己的理性原则,可能危害了国家的一时的利益,这时他可能就不是一个好公民。但是在有的时候,这种观点也不一定成立。或者说,只有真正的好人才能是一个好公民。一个好公民把国家的义务和命令作为最高的使命。但是正如柏拉图在《理想国》第一卷所说的,如果国家的命令和法律是错误的,那么他越是忠诚地履行国家的法律,反而可能越是损害了国家的利益。相反,一个好人具有智慧和美德,他可能认识国家命令的错误之处,然后尽自己的能力纠正国家的错误,这样他就可能使国家免于陷入错误的深渊,维护国家的利益。"这是政治哲人最初出现于其中的形式:作为仲裁者(arbiter),不偏不倚的仲裁者,在主张各个对立的群体之间,一位仲裁者将会给予每一方各自应得的东西。因此,就原初意义来说,政治哲人就是最卓越的裁决人(umpire),是在根潜之处思考的存在:他是好公民,好公民的责任就在于结束民众纷争,并通过说服在公民之中达成一致。

他不必有其党派。"① 所以从最高意义上,好人和好公民是一致的。苏格拉底就是好人和好公民的统一。

哲人是万物的尺度。虽然亚里士多德比柏拉图更倾向于法律的统治,但他也保留了柏拉图意义上的哲人王的观念。在《形而上学》中,亚里士多德就指出:"哲人应该施为,不应被施为,他不应听从他人,智慧较少的人应该听从他。"(《形而上学》982a20)在《政治学》中,他也指出:"假如现在有一个人——或者若干人,而其数只是城邦的一部分,不足以组成城邦的全部体系——德行巍然,全邦其他的人于个人品德以及所表现的政治才能而论,谁都比不上他或者他们,这样的人或若干人就不能被囿于城邦一隅之内;他或者他们的德行才能既超越于其他所有的人,如果使他或他们同其余的人享有同等权利,这对他或他们就不公平了。这样卓异的人物就像人群中的神祇。法制只应该规约出身和能力相等的众人。对这样的人物,就不是律例所能约束的了。他们本身自成其为律例。谁要企图以法制来笼络这样的人物,可以说是愚蠢的。"(《政治学》1284a5)在另外一处,他也指出:"假使邦内出现一个善德特著的人,该怎么办?大家既不能说应该把这样的人驱除而流放他到邦外,可又不能强使他屈服为臣民。如果强使这样的人屈服为臣民,这就类于把宙斯神一并纳入人类的政治体系。唯一的解决方式,而且也是顺乎自然的方式,只有让全邦的人服从于这样的统治者:于是,他便成为城邦的终身君王。"(《政治学》1284b20)也就是说,亚里士多德虽然肯定了法律统治的

---

① 施特劳斯:《古典政治哲学引论——亚里士多德〈政治学〉讲疏(1965年)》,娄林译,华东师范大学出版社,2018,第36页。

必要性，但是他也同样看到了法律的局限性，所以他为"人治"保留的一定的余地。甚至可以说，所谓的法治也是以人治为前提的。如果没有忠实于法律的人，就不可能有真正的法治。色诺芬在《回忆苏格拉底》中也认为："君王和统治者并不是那些拥大权、持王笏的人，也不是那些由群众选举出来的人，也不是那些中了签的人，也不是那些用暴力或者凭欺骗手法取得政权的人，而是那些懂得怎样统治的人。"① 而现代政治科学则否定了哲人王的可能性，现代政治科学越来越远离了古典政治哲学的洞见和智慧。

在现代社会中，只有所谓的"哲学"，没有了真正的"哲人"。现代哲学也已经变成了政治意识形态，或者变为繁琐的庸俗的"学院哲学"。哲学已经不知道什么是哲人，也没有人追求成为哲人。哲学已经成了一种谋生的职业和工具。这无疑是哲学的最大败坏。正如尼采所说："哲学事实上已经允许自己被卷入现代教育的潮流之中。它决定没有控制这种教育。在最好的情况下，哲学变成了科学。"② 现代哲学意欲成为科学意味着哲学的没落。现代哲学面临内忧外患的艰难处境。人们身体力行一种哲学的勇气已经荡然无存了。哲学不再被看作是一种生活方式，不再与哲学学习者的个人生活、精神气质相关，而是成为一种与其他学科没有任何区别的学术和职业，成为人们谋生的工具。"现在哲学对哲学家有何影响呢？他们就像其他学者甚至政治家一样地生活。……根本不能通过一种特

---

① 色诺芬：《回忆苏格拉底》，吴永泉译，商务印书馆，1984，第118页。
② Nietzsche: *Philosophy and Truth*, ed. And tr. by Diniel Brezzeale, Humanities Press International Inc., 1979, p.123.

殊的生活方式把他们识别出来。"① 所以，什么是哲学？哲学何为？这是当代哲学应该思考的首要问题。

二、哲人的幸福

哲学只是一种抽象而枯燥的理论思维吗？哲学只是一种主义或者学说吗？哲学只是个人的随意的胡思乱想吗？这些对哲学的理解都是片面的。从古典哲学的意义看，哲学是一种生活方式，是极少数人的一种追求智慧的生活方式。但是，对智慧的追求并不仅仅是理性的思维活动。一切理性思维的活动都必然伴随情感活动。这是人类心灵的基本规律。追求智慧本身就是一种爱欲的活动。爱智慧也是一种爱。同样，在对智慧的追求中，理性活动本身也能够直接产生快乐。在《诗学》中，亚里士多德指出："因为求知不仅于哲学家，而且对一般人来说都是一件最快乐的事，尽管后者领略此类感觉的能力差一些。"（《诗学》1448b10）在他看来，求知可以带来快乐是不言自明的。相对于感官刺激带来的快乐而言，哲学理性思维带来的快乐是更加高贵而深刻的。这种理性的快乐既是我们追求智慧的动力，也是我们追求智慧的结果之一。如果我们看不到理性产生快乐的事实，我们就不可能理解理性和情欲的关系，也不可能对人的灵魂本质有真正的认识。

在《理想国》中，柏拉图认为快乐和快乐是不同的，而且

---

① Nietzsche: *Philosophy and Truth*, ed. And tr. by Diniel Brezzeale, Humanities Press International Inc., 1979, p. 110.

是具有等级差异的。他划分了三种人,三种人分别代表了三种不同的快乐。爱利者的快乐是一种享乐的肉体的快乐,爱胜者的快乐是一种来自他人的承认和赞扬的快乐,爱智慧者的快乐是一种来自理性的沉思的快乐。柏拉图认为哲人的快乐是真实的,俗人的快乐是不真实的。第一,因为理性是最真实的,所以哲人的快乐是最真实的。"三种快乐之中,灵魂中那个我们用以学习的部分的快乐是最真实的快乐,而这个部分在灵魂中占统治地位的那种人的生活也是最快乐的生活。"(《理想国》583a)"除了有智慧的人而外,别的任何人的快乐都不是真实的纯净的,而只是快乐的一种影象呀!"(《理想国》583b)第二,哲人可以体会到三种快乐,哲人拥有肉体,哲人可以从肉体的享乐中获得快乐。哲人的智慧也会为他带来名誉,这种名誉也可以带来快乐。哲人可以看到真实的实在,可以获得更加深层的快乐和满足。"看到事物实在这种快乐,除了哲学家而外别的任何人都是不能得到的。"(《理想国》582c)因此,哲人是最快乐的。在《斐德罗》中,柏拉图揭示了哲人的至乐迷狂。这种至乐迷狂是在对理念世界的直观中产生的。"在那个时候,美[本身]明亮得焯焯可见啊,当时,福乐的视见和观看由幸福的歌队相伴——我们[的灵魂]跟随着宙斯,其他人[的灵魂]跟随别的诸神——,按神的法规来讲,我们所圆成的是开悟中最为福乐的开悟。我们为这种开悟举行秘密仪式时,我们自身是整全的,尚未沾染[世间的]种种恶——[尽管]这些恶正在随后的时间里等候着我们。我们口占着秘诀,在洁净的光明中敬视彰显出来的那些整全、单纯、沉静和幸福。"(《斐德若》250b—c)大多数的俗人不能学习哲学,也就不能体会到这种至乐迷狂。哲学生活的至乐迷狂是哲学生活的奥秘之一。如果我们对哲学生活中的至乐迷狂一无所知，我们就不可能认识哲学生活的本质。

亚里士多德也继承了柏拉图的基本观念。在《尼各马可伦理学》中，亚里士多德对快乐进行了分析。避苦求乐是一切动物的本性。一切人的目标都是追求快乐和幸福。但是真正获得快乐幸福的人始终是极少数的，大多数人在追求快乐的过程中反而收获了更多痛苦。其中的原因就是在于他们对于快乐的本质缺乏真正的认识。他们把欲望的满足称为快乐。但是欲望的满足并不是真实的快乐，这种快乐仍然是一种痛苦，最多只是快乐的影像。真正的快乐不是欲求的满足，而是内心的理性的宁静。他认为："快乐更多地是在静止中，而不是在运动中。正像变化多的人是劣性的一样，变化多的本性也是劣性的：它既不是单纯的，也不是公道的。"（《尼各马可伦理学》1154b30）所以真实的快乐并不是和运动相关的，而是和静止相关的。静态的快乐更加真实和高贵，动态快乐是和动物性相关的。这种静态的快乐是一种理性的宁静状态，就是一种"不动心"的状态。柏拉图指出："那个理智的平静的精神状态，因为它几乎是永远不变的，所以是不容易模仿的，模仿起来也是不容易看懂的，尤其不是涌到剧场里来的那一大群杂七杂八的人所容易了解的。"（《理想国》604e）这种对"不动心"的追求在晚期希腊哲学中更加显著。

亚里士多德也认为"不动心"是真实的快乐，但是他认为应该对"不动心"进行规定。"有人就把德性规定为某种不动心或宁静的状态。但是他们说得过于绝对，没有加上正确或错误的方式、时间等等规定。"（《尼各马可伦理学》1104b25）也就是说，"不动心"应该和智慧、德行相应，而不应该和麻木、无知等相应。例如，怀疑主义为了达到"不动心"，就放弃一切理智的追求和沉思，这是错误的。真正的"不动心"应该是基于对本体实相的认识，以及因此对人世间的成败得失、荣华富贵的超然境界。因此不动心应该是一种无欲无求、自在逍遥的智慧境界。例如孟子就曾经说："我四十不动心。"所以"不动心"是哲人的共同的心境和智慧的表现。但是近代哲学家霍布斯否定了这种宁静或者"不动心"的快乐。他认为："心灵永恒的宁静在今世是不存在的。原因是生活本身就是一种运动，不可能没有欲望，也不可能没有畏惧，正如同不可能没有感觉一样。"① 于是，人类生活就越来越成为一种不断追逐各种欲望的过程，成为对快乐的毫无快乐的追求。或者，如叔本华所说的，人类的生活就像是在欲望不能满足的痛苦和欲望得到满足的无聊之间的钟摆。

哲学沉思的快乐是一种闲暇的快乐。"闲暇自有其内在的愉悦与快乐与人生的幸福境地；这些内在的快乐只有闲暇的人才能体会；若一生勤劳，他就永远不能领会这样的快乐。人当繁忙时，老在追逐某些尚未完成的事业，但幸福实为人生的止境；唯有安闲的快乐〔出于自得，不靠外求〕，才是完全没有痛苦的快乐。对于和幸福相谐和的快乐的本质，各人的认识各不相同。人们各以自己的品格（习性）估量快乐的本质，只有善德最大的人，感受最高尚的本源，才能拥有最高尚的快乐。"（《政治学》1338a）闲暇本身就是一种快乐，如果我们用它来学习智慧，那么就是加倍的快乐。如果我们不是把闲暇浪费在无聊的娱乐和消遣上，而是运用在智慧的学习和修养上，那么

---

① 霍布斯：《利维坦》，黎思复、黎廷弼译，商务印书馆，1985，第45页。

闲暇就是最宝贵的最重要的。但是大多数人对所谓的自由和闲暇是难以承受的,他们的自由和闲暇往往成为无聊和胡作非为的时间。他们无法享受轻松安适的快乐,而是让自己忙碌在各种琐碎无聊的事情上,以逃避自由和闲暇。

　　在《尼各马可伦理学》中,亚里士多德最后指出,沉思的哲学生活是最完善的幸福和德性。第一,沉思是最高级的实现活动,努斯是我们身上最高级的部分,努斯的对象是最好的对象。即努斯是以自身为对象的,所以努斯就是至善。只有在哲学沉思生活中,人才能完全实现自己的本质。第二,沉思是最为连续的获得,不会容易中断。当然,我们会认为沉思是间断的,但是这种间断性只是表面的,努斯的沉思是连续不断的。这种连续性是沉思的神圣性和高贵性的特征。第三,沉思活动是所有实现活动中最快乐的。这种快乐并不需要借助于任何外在的条件。智慧产生的快乐既纯净又持久。它是灵魂自身获得净化后的内在的快乐。获得智慧的人比追求智慧的人更加快乐。智慧并不仅仅是一种抽象的知识,它也是最真实的快乐的源泉。仅仅通过感官刺激获得的快乐是低级的。第四,沉思中包含最大的自足。而勇敢的人、节制的人、公正的人都依赖于外界才能实现。智慧的人只要依靠自己就可以沉思,并且越是这样就越是具有智慧。如果有他人在一起沉思也很好,但并不是必需的。智慧的独立和自由是智慧的必要内容。第五,沉思是唯一因其自身之故而被人喜爱的。它除了沉思的问题之外,不产生任何东西。在其他实现活动中,人们总是希望获得其他东西。例如政治生活中的荣誉依赖于他人的承认,但是沉思却一无所求,沉思的快乐远远超过其他一切快乐。第六,沉思还包含了闲暇。忙碌是为了获得闲暇。战争和政治都没有闲暇,政治总是追求政治之外的某种东西例如荣誉。政治和战争是最伟大的,但是它们都没有闲暇,都指向其他目的。沉思则只为自身,没有其他目的,并且沉思有其自身的快乐。

哲学生活才是真正属人的生活,政治生活只是第二等的生活。因为这些实现活动都是人的实现活动,都是在和他人的关系中产生的。例如慷慨的人需要财产,公正的人需要财产回报他人,一个沉思的人则不需要这些外在事物。沉思生活对外界的需要非常少。因此,道德德性不是纯粹的,都是属人的。理智德性则是纯粹的,属神的。人的最完善的幸福就在于沉思。"幸福与沉思同在。越能够沉思的存在越是幸福,不是因偶性,而是因沉思本身的性质。因为,沉思本身就是荣耀的。因此,幸福就在于某种沉思。"(《尼各马可伦理学》1178b30)沉思生活是一种比人的政治生活更好的生活。努斯是与人的东西不同的神性的东西,努斯是和肉体欲望分离的,这个部分虽然很小,它的能力与荣耀却远超过身体的其他部分。合于努斯的生活对于人是最好的、最愉悦的,因为努斯最属于人。所以哲学生活也是神性的永恒的生活,至少是最接近神性的生活。凭借理性或者努斯,人超出了动物的生活方式,而接近于神的生活。人的沉思和神的沉思是最接近的。"努力于努斯实现的活动,关照它,使它处于最好状态的人,似乎是神所最爱的。"智慧的人是最幸福的。总而言之,"幸福是灵魂的一种合于完满德性的实现活动"(《尼各马可伦理学》1102a5)。只有哲学生活才能真正发展人的理性,才能实现人的本质。只有在哲学生活中,人才能体验到最深刻和真实的快乐。发现真理的快乐是无与伦比的。如果我们想追求快乐,那就去学习哲学,过哲学生活。

如何具体理解哲人的最高的幸福呢？我们可以参照很多哲人的生活轨迹来理解。例如，哲人苏格拉底对生命、亲友、名声和财物等也非常淡漠，他一贫如洗、家徒四壁。他去逛市场，面对琳琅满目的商品，他说道："这么多东西啊，可是我一样也不需要。"因此，苏格拉底也是超越了世间的荣华富贵的圣人。即使面对死亡的判决，他也坚决不为所动，不会贪生怕死。他之所以能够做到这一点，恰恰在于他深刻体验到了哲学沉思带给他的快乐。这种快乐是任何其他事物无法给予的。可以说，如果他的内心没有体验到这种至乐，那么他的贫穷、献身等外在行为就不值得赞扬。正如他曾经对蒂欧根尼说："我透过你衣服上的破洞，看到了你的虚荣心。"而苏格拉底的内心体验和外在行为是完全一致的，否则他就是一个假道学和伪君子了。其次，苏格拉底的快乐也来自他的辩证法对话。他和他人的对话都是为了启蒙他人，这种启蒙就是消除他人的愚昧无知，从而获得真正的知识和快乐。他把这种启蒙教育活动看作是参与政治的方式。"参与政治的正确方法就是关注年轻人，并且使他们尽可能变好。"（《游叙弗伦》2d）① 色诺芬也记载了苏格拉底教导人如何做到孝道、友爱、善良等，使雅典人民尽可能地变得更加有道德守法律。"苏格拉底显然是普通人民的朋友，而且是热爱人类的人。……苏格拉底则是耗尽了他毕生的精力最大限度地嘉惠了那些愿意领受他的教益的人们，他使那些从他游学的人在和他分手的时候都成了更好的人。"② 这种快乐也是我们理解"苏格拉底问题"的重要角度。

---

① Plato: *The Collected Dialogues of Plato*, Edited by Edith Hamilton and Huntington Cairns, Princeton University Press, 1963, p.170.

② 色诺芬：《回忆苏格拉底》，吴永泉译,商务印书馆,1984,第20-21页。

这种幸福、快乐和儒家推崇的"安贫乐道""孔颜乐处"也是一致的。孔子如此描述自己的安乐境界："饭疏食饮水,曲肱而枕之,乐亦在其中矣。不义而富且贵,于我如浮云。"《论语·述而》他也非常称赞颜回的安贫乐道的生活:"贤哉,回也!一箪食,一瓢饮,在陋巷,人不堪其忧,回也不改其乐。贤哉,回也!"(《论语·雍也》)孟子认为:"万物皆备于我矣。反身而诚,乐莫大焉;强恕而行,求仁莫近焉。"君子有三乐:"君子有三乐,而王天下不与存焉。父母俱存,兄弟无故,一乐也;仰不愧于天,俯不怍于人,二乐也;得天下英才而教育之,三乐也。君子有三乐,而王天下不与存焉。"(《孟子·尽心上》)庄子也描述了很多餐风饮露的得道圣人的快乐生活。例如在《逍遥游》中,庄子说:"藐姑射之山,有神人居焉,肌肤若冰雪,淖约若处子。不食五谷,吸风饮露,乘云气,御飞龙,而游乎四海之外。其神凝,使物不疵疠而年谷熟。"(《庄子·逍遥游》)这些世外高人都充分表现了哲人的自足和安乐境界。

我们还可以结合佛教的出离心和慈悲心来理解这种幸福快乐。所谓出离心就是对世间的一切安乐和欲望都不追求,希求从轮回中解脱。佛教认为一切快乐都是不长久的,在快乐失去后会感到痛苦。如《佛子行》说:"三有乐如草尖露,乃是瞬间坏灭法。"世间的快乐就像是在饮用高浓度的盐水之后喝一点低浓度的盐水一样,快乐本质上也是痛苦。众生往往认为存在真实的快乐,拼命追求这些快乐,但是最后总是获得痛苦。如《入行论》所说:"众生欲除苦,反行痛苦因,愚人虽求乐,毁乐如灭仇。"所以世间的安乐就像是把人束缚在轮回中的毒药,感官欲望只会让我们越来越痛苦和不满足。修行人应该把一切身体、钱财、名声、地位、家庭、亲友等事物坚决舍弃。如《佛子行》所说："长伴亲友各分离，勤积之财留后世，识客终离身客店，舍弃今世佛子行。"对于世间的享受和幸福，修行人应该知足少欲，无欲无求。另一方面，慈悲心就是无私地利益他人的心态。所谓慈就是给他人以快乐，所谓悲就是消除他人的痛苦。佛教认为一切痛苦都来自自私自利，一切快乐都来自利益他人。《入行论》中也说："所有世间乐，悉从利他生，一切世间苦，咸由自利成。"这种慈悲心是哲人的快乐的最大来源。可以说，哲人的快乐和幸福完全是建立在理性和智慧的基础上的，和自私自利的欲望已经没有任何关系。正是从理性和智慧的基础上产生了最纯粹最深层的快乐和幸福。哲人是最广博而高远的人。他的情怀超过了凡人。哲人具有悲天悯人的情怀。所谓"前不见古人，后不见来者，念天地之悠悠，独怆然而涕下"。智慧和慈悲同时在哲人的胸中。

哲学生活是最快乐的生活，哲学生活是最值得追求的。哲学是真理的科学。"哲学被称为真理的知识自属确当。因为理论知识的目的在于真理，实用知识的目的则在其功用。……永恒事物的原理常为最真实原理（它们不仅是有时真实），它们无所赖于别的事物以成其实是，反之，它们却是别的事物所由成为实是的原因。所以每一事物之真理与各事物之实是必相符合。"（《形而上学》993b20—30）哲学探究的是永恒不变的对象。一切事物都围绕永恒实体而存在。只有对永恒不变的实体的研究才是真理。哲学是自由的科学。"我们不为任何其它利益而找寻智慧；只因人本自由，为自己的生存而生存，不为别人的生存而生存，所以我们认取哲学为唯一的自由学术而深加探索，这正是为学术自身而成立的唯一学术。"（《形而上学》

982b25）真正的自由是理性的发展和实现，是不为情欲所控制的。只有哲人才是严格意义上的自由人。哲学是独立自在的学术。哲学是神圣的科学。"因为最神圣的学术也是最光荣的，这学术必然在两方面均属神圣。于神最合适的学术正应是一门神圣的学术，任何讨论神圣事物的学术也必是神圣的；而哲学确正如此。"（《形而上学》983a5）希腊诗人认为，"自然的奥秘只许神知道"。人类应该安于自己的本分，不要妄图认识神和万物的奥秘。那些试图透露天机者往往遭遇不幸。但是哲人并不如此认为。哲学以理性取代神，认为理性或者至善是万物的原因。所以亚里士多德认为哲学或者形而上学就是神学。

哲学是最高的学术，不依赖于任何其他事物，不为任何其他事物服务。在《宇宙论》中，亚里士多德对哲学生活进行了热情洋溢的歌颂。"对我而言，哲学似乎常是一件真正的超自然的圣事（神业），每当我静焉独处的时候，此意尤为深切；哲学，悬想着宇宙之广大与高华，其思绪乃翱翔于万类之间，力图认识此中的真理，其它的杂学，则为其广大与高华所震炫，而回避着，不敢追求这个真理。"（《宇宙论》391a）在《形而上学》中，他也说："于是，宇宙自然与诸天就依存于这样一个原理。而我们俯仰于这样的宇宙之间，乐此最好的生命，虽其为欢愉也甚促〔宇宙长存，此乐与此理长存；而吾人不能是在此世间〕，然其为实现者既所同然，则其为乐也亦同。吾人由此所禀受之活动与实现，以为觉醒，以为视听，以为意想，遂无往而不盎然自适，迨其稍就安息又以为希望，以为回忆，亦无不悠然自得。而以纯理为活动与实现者尤佳，思想必致想于事物之最佳最高者，由此所启之思想方为嘉想。思想与所想者相接触，相参与，而两者循合于一体。凡能受致理知对象之怎是者，才得成其为理性。于思想活动之顷间亦正思想持获其所想对象之顷间。是以思想［理性］所涵若云容受神明，毋宁谓禀持神明，故默想〈神思〉为惟一胜业，其为乐与为善，达到了最高境界。"(《形而上学》1072b15—30)可以说，在整个宇宙中，哲学生活是最快乐、最高贵、最神圣的生活方式。哲学生活不可能也不应该服务于任何其他目的。哲学本身就是终极目的。哲学的崇高性或者至上性是古典哲学中最重要的思想。或者说，在古典哲学看来，哲学只服务于灵魂的净化。在哲学的沉思中，哲人的灵魂消除了贪嗔痴等各种欲望和情绪的干扰和遮蔽，达到了清静光明、寂静无为的至善境界。他无所不知，又寂静无为。这是人类的灵魂能够达到的最高成就和终极幸福。

但是在基督教兴起以后，哲学成了宗教信仰的婢女。哲学的崇高和神圣的地位被抛弃了，哲学的本质被扭曲了。在近现代以来，哲学试图摆脱基督教的控制，试图获得独立性。但是近现代哲学却又成了科学技术的婢女，成了政治生活的婢女。在笛卡尔的哲学中，形而上学成为了基础学科，整个哲学的目的就是为了征服自然，造福人类。在黑格尔的哲学中，哲学形而上学成为了特定的政治理想的辩护者和鼓吹者。哲学再也没有回归到古典哲学的真实意义。这种政治生活和哲学生活的混淆是危险的。正如施特劳斯指出的："现代性的黑暗始于17世纪直至今日，如果我没有全部说错的话，它的根本意图就是要混淆理论和实践的不同，这种混淆会导致实践被简化成理论（这就是所谓的理性主义的含义），随后，作为报复，理论会在实践的名义之下被抛弃，而这种实践却再也不能按照实践来理解了。"① 也就是说，在现代性中，哲学和政治、理论和实践的区分被抛弃了，这导致哲学理论生活的消失。人类生活没有了理论理性的认识和指导，就越来越变得盲目而冲动，人类再也不知道什么是好的，再也不关心什么是真理，只要是对实践有利的，就是值得追求的。最终实践本身也被抛弃了，只剩下盲目的冲动和无耻的疯狂。所以要纠正现代性的疯狂和无知，就需要重新思考古典哲学的意义，就需要复兴哲学生活。关键就是认识理性的本质和奥秘。只有理性主义才能克服现代性的虚无主义和享乐主义。"对虚无主义缺乏抵抗，其最终缘故似乎是对理性与科学的贬低（理性要么是唯一的，不变的，要么不存在）。因为如果理性是可变的，它就依赖于那些引起它变化的力量，就是感情的奴仆；一旦否认理性的统治，就很难在高贵与低下的感情之间作出并不武断随意的分别。"②

因此，我们应该重新思考古典政治哲学的教诲。政治生活应该以哲学生活为最高目标，只有包含了哲学生活的政治生活才是高贵的优良的生活。"对个人与对集体而言，人生的终极目的都属相同；最优良的个人目的也就是最优良的政体的目的。"(《政治学》1334a10)在亚里士多德看来，政治生活的目的并不是国家的富强和强大，而是培养高贵的独立的哲人。正如施特劳斯指出的："我们把文明理解为有意识的人性文化——人性文化就是那把人塑造为人的，也就是说，理解为有意识的理性文化。人类理性首先有两种能动方式：调节人的行

---

① 施特劳斯、沃格林：《信仰与政治哲学》，谢华育、张新樟译，华东师范大学出版社，2014，第93页。

② 施特劳斯：《德国虚无主义》，丁耘译，载刘小枫主编《施特劳斯与古典政治哲学》，三联书店，2002，第750页。

为,并且试着理解人所能够理解的随便什么东西;也就是实践理性和理论理性。因此,文明的支柱就是道德与科学,并且这两者是统一的。无道德的科学会沦为犬儒主义,这样也就摧毁了科学努力自身的根基;无科学的道德则沦为迷信,从而往往成为狂热的野蛮。"① 只有培养出真正的自由人的国家才是文明的和值得尊敬的。只有哲学生活的复兴,我们才能重建人类文明的大厦。

---

① 施特劳斯:《德国虚无主义》,丁耘译,载刘小枫主编《施特劳斯与古典政治哲学》,三联书店,2002,第752—753页。

参 考 文 献

[1] Aristotle. The Basic Works of Aristotle[M]. Edited by Richard McKeon. Introduction by C. D. C. Reeve. New York: University of North Carolina at Chapel Hill, 2001.

[2] Plato. The Collected Dialogues of Plato[M]. Edited by Edith Hamilton and Huntington Cairns. Princeton: Princeton University Press, 1963.

[3] Plato. Complete Works[M]. Edited, with Introduction and Notes, by John M. Cooper. Indianapolis/Cambridge: Hackett Publishing Company, 1997.

[4] Plato. The Laws of Plato[M]. Translated by Thomas L. Pangle, Basic Book, Inc., 1980.

[5] Leo Strauss. Persecution and the Art of Writings[M]. Chicago and London: the University of Chicago Press, 1952.

[6] Leo Strauss, Joseph Cropsey. History of Political Philosophy [M]. Chicago: Rand McNally Company, 1963.

[7] 亚里士多德.政治学[M].吴寿彭,译.北京:商务印书馆,1965.

[8] 亚里士多德.形而上学[M].吴寿彭,译.北京:商务印书馆,1959.

[9] 亚里士多德.尼各马可伦理学[M].廖申白,译.北京:商务印书馆,2003.

[10] 苗力田.古希腊哲学[M].北京:中国人民大学出版社,1989.

[11] 亚里士多德.诗学[M].陈中梅,译.北京:商务印书馆,1996.

[12] 亚里士多德.天象论宇宙论[M].吴寿彭,译.北京:商务印书馆,1999.

[13] 亚里士多德.灵魂论及其他[M].吴寿彭,译.北京:商务印书馆,1999.

[14] 亚里士多德.范畴篇 解释篇[M].方书春,译.北京:商务印书馆,2003.

[15] 亚里士多德.物理学[M].张竹明,译.北京:商务印书馆,1982.

[16] 亚里士多德.工具论(上、下)[M].余纪元等,译.北京:中国人民大学出版社,2003.

[17] 亚里士多德.诗学修辞学[M].罗念生,译.上海:上海人民出版社,2004.

[18] 汪子嵩,等.希腊哲学史第三卷[M].北京:人民出版社,2003.

[19] 斯塔斯.批评的希腊哲学史[M].庆泽彭,译.上海:华东师范大学出版社,2006.

[20] 严群.亚里士多德及其思想[M].北京:商务印书馆,2011.

[21] 法拉比.亚里士多德的哲学[M].程志敏,王建鲁,译.上海:华东师范大学出版社,2016.

[22] 李革新.哲学的颂歌——柏拉图对话的现代解读[M].上海:同济大学出版社,2015.

[23] 李革新.灵魂的净化——柏拉图哲学的内在精神[M].上海:同济大学出版社,2018.

[24] 柏拉图.柏拉图全集[M].王晓朝,译.北京:人民出版社,2003.

[25] 柏拉图.理想国[M].郭斌和,张竹明,译.北京:商务印书馆,1986.

[26] 柏拉图.柏拉图四书[M].刘小枫,译.北京:生活·读书·新知三联书店,2015.

[27] 色诺芬.回忆苏格拉底[M].吴永泉,译.北京:商务印书馆,1984.

[28] 施特劳斯.论柏拉图的《会饮》[M].邱立波,译.北京:华夏出版社,2012.

[29] 施特劳斯,等.回归古典政治哲学[M].朱雁冰,何鸿藻,译.北京:华夏出版社,2006.

[30] 施特劳斯,等.苏格拉底问题[C].刘小枫,编.北京:华夏出版社,2005.

[31] 施特劳斯.古典政治哲学引论——亚里士多德《政治学》讲疏(1965年)[M].娄林,译.上海:华东师范大学出版社,2018.

[32] 施特劳斯.修辞术与城邦[M].何博超,译.上海:华东师范大学出版社,2016.

[33] 施特劳斯.修辞、政治与哲学[M].李致远,译.上海:华东师范大学出版社,2017.

[34] 施特劳斯,等.政治哲学中的摩西[C].刘小枫,编.北京:华夏出版社,2006.

[35] 施特劳斯,等.修昔底德的春秋笔法[C].刘小枫,编.北京:华夏出版社,2007.

[36] 施特劳斯,等.苏格拉底问题与现代性(卷二)[C].彭磊,丁耘,译.北京:华夏出版社,2008.

[37] 施特劳斯.霍布斯的宗教批判[M].杨丽,等,译.北京:华夏出版社,2012.

[38] 施特劳斯.自然权利与历史[M].彭刚,译.北京:生活·读书·新知三联书店,2006.

[39] 施特劳斯.关于马基雅维里的思考[M].申彤,译.南京:译林出版社,2003.

[40] 施特劳斯,科耶夫.论僭政[M].何地,译.北京:华夏出版社,2006.

[41] 施特劳斯,沃格林.信仰与政治哲学[M].谢华育,张新樟,译.上海:华东师范大学出版社,2014.

[42] 施特劳斯,等.施特劳斯与古典政治哲学[C].张新樟,等,译.上海:三联书店,2002.

[43] 霍布斯.利维坦[M].黎思复,黎廷弼,译.北京:商务印书馆,1985.

[44] 卢梭.社会契约论[M].何兆武,译.北京:商务印书馆,2003.

[45] 康德. 纯粹理性批判[M]. 邓晓芒, 译. 北京：人民出版社, 2004.

[46] 康德. 实践理性批判[M]. 韩水法, 译. 北京：商务印书馆, 1999.

[47] 黑格尔. 精神现象学[M]. 贺麟, 译. 北京：商务印书馆, 1979.

[48] 黑格尔. 精神哲学[M]. 杨祖陶, 译. 北京：人民出版社, 2006.

[49] 荷尔德林. 荷尔德林文集[M]. 戴晖, 译. 北京：商务印书馆, 1999.

[50] 尼采. 苏鲁支语录[M]. 徐梵澄, 译. 北京：商务印书馆, 1992.

[51] 尼采. 悲剧的诞生[M]. 周国平, 译. 北京：生活·读书·新知三联书店, 1986.

[52] 尼采. 权力意志[M]. 孙周兴, 译. 北京：商务印书馆, 2007.

[53] 尼采. 哲学与真理[M]. 田立年, 译. 上海：上海社会科学院出版社, 1993.

[54] 胡塞尔. 哲学作为严格的科学[M]. 倪梁康, 译. 北京：商务印书馆, 1999.

[55] 胡塞尔. 逻辑研究（第二卷第一部分）[M]. 倪梁康, 译. 上海：上海译文出版社, 1999.

[56] 海德格尔. 海德格尔选集[M]. 孙周兴, 编译. 上海：三联书店, 1996.

[57] 海德格尔. 存在与时间[M]. 陈嘉映, 译. 北京：生活·读书·新知三联书店, 1999.

[58] 维特根斯坦. 逻辑哲学论[M]. 贺绍甲, 译. 北京：商务印书馆, 1996.

[59] 策勒尔. 古希腊哲学史纲[M]. 翁绍军, 译. 济南：山东人民出版社, 1992.

[60] 阿尔法拉比. 柏拉图的哲学[M]. 程志敏, 译. 上海：华东师范大学出版社, 2006.

[61] 朱熹. 四书章句集注[M]. 沈阳：辽宁教育出版社, 1998.

[62] 礼记译注[M]. 杨天宇, 注. 上海：上海古籍出版社, 2007.

[63] 钱穆著.论语新解[M].北京:生活·读书·新知三联书店,2012.
[64] 老子道德经校释[M].王弼,注,楼宇烈,校释.北京:中华书局,2008.
[65] 庄子今注今译[M].陈鼓应,注译.北京:商务印书馆,2007.
[66] 孟子译注[M].金良年,撰.上海:上海古籍出版社,1995.
[67] 坛经[M].尚荣,译注.北京:中华书局,2010.
[68] 佛经精华[M].李淼,主编.北京:时代文艺出版社,1998.
[69] 维摩诘经[M].赖永海,译注.北京:中华书局,2010.
[70] 僧肇.肇论校释[M].张春波,校释.北京:中华书局,2010.
[71] 释印顺.杂阿含经论会编[M].北京:中华书局,2011.
[72] 更敦群培.中观精要[M].白玛旺杰,译.兰州:甘肃民族出版社,2009.

后　记

　　本书并不是对亚里士多德哲学的一种单纯学术性的研究，而是包含了强烈的现实关怀，尝试在哲学史和现代性问题的背景下展开。面对现代社会，我内心充满了困惑和焦虑，不知道应该何去何从，我希望从古典哲学中寻找答案。所以整个写作的思路都是贯穿了这种困惑和思考，其中涉及中西之争、古今之争等问题。我们应该以学术的方式关怀现实生活。我们对现代性的反思和批判并不是要完全否定现代性，现代性中同样包含了真理的颗粒，而是为了使现代性变得更加稳健和智慧，不至于变得越来越疯狂和无知。

　　在最初写作之际，我面临的首要问题是如何组织本书的思路和结构。因为亚里士多德的著作非常多，而且后世的研究著作也不计其数。如何在哲学史和现代性的前提下，揭示出亚里士多德哲学的真实意义呢？当我看到亚里士多德在《尼各马可伦理学》中把人类的生活分为三种方式，即享乐生活、政治生活和哲学生活时，我觉得找到了想要的答案。于是我把三种生活和三种理性对应起来，即技术理性、实践理性和理论理性。三种理性又分别和人的情感欲望的活动相关。技术理性的本质是理性服务于欲望。理性被用作欲望的工具，用来满足欲望，达到享乐的目的。实践理性是理性节制情欲。理性引导情欲。所谓"发乎情，止乎礼"。理论理性就是纯粹的理性思维，理论理性同样和情欲相关，恰恰在纯粹理论理性的活动中产生了最真实、最高尚的快乐和幸福。理性产生快乐，这是人的灵魂的基本规律之一。忽视了这一点，就不可能理解理性和情感的本质，也就不能理解人性和灵魂的本质。所以，本书的结构和精神最终都是围绕理性和情欲的关系展开的。我试图揭示亚里士多德哲学中蕴含的理性和情欲的关系问题，这个问题对于我们具有永恒性的价值和意义。

正如我在写作柏拉图的时候一样，我参考了中国古典哲学的一些著作和思想，试图在中西文化之间做一些交流汇通的工作，同时也试图丰富和深化我们对古希腊哲学的理解。之前的研究者往往"唯西方马首是瞻"，认为西方学者的研究一定是更有价值的。这种研究不能说没有意义，但是如果我们对古希腊经典著作的研究始终跟随现代西方人的思路，那么我们的研究就很难有所突破，甚至可能很难理解古典哲学家及其著作。我们必须寻找到自己的研究思路和视野。当然，其中最重要的还是对人性的事实和真理的认识。人性的事实和真理才是我们一切哲学研究的根本基础。如果我们对这个基础缺乏认识，我们的研究就不可能获得真实的价值和意义。

本书的内容涉及哲学史和中国哲学的方方面面，我不可能对每个问题都有专门的研究，所以肯定存在一些误解和片面。我的目的主要是在引发思考，而不是精确的分析。我觉得当代哲学应该首先在大框架和大格局上有一个准确的定位，在此基础上，再进行一些细节方面的研究。所以本书的写作侧重于大框架和大格局的规划和界定，但愿在整体的思路和框架上能够对相关学者有所帮助，也希望各位老师、朋友提出宝贵的意见和建议。

李革新

2019 年 5 月